ESPAÑA

FUENTES

LECTURA Y REDACCIÓN

Donald N. Tuten
University of Wisconsin-Madison

Carmelo Esterrich
Denison University

Lucía Caycedo Garner
University of Wisconsin-Madison

with the collaboration of
Debbie Rusch   Boston College
Marcela Domínguez   University of California, Los Angeles

Houghton Mifflin Company   Boston   Toronto
Geneva, Illinois   Palo Alto   Princeton, New Jersey

Sponsoring Editor: E. Kristina Baer
Senior Development Editor: Sandra Guadano
Project Editor: Helen Bronk
Production/Design Coordinator: Jennifer Waddell
Senior Manufacturing Coordinator: Priscilla Bailey

Cover

Designer: Linda Manly Wade, Wade Design.
Image: "Power of the Old Guard" by Humberto Calzada, Miami, Florida.
Photography by Mark Koven.

Text Permissions

The authors and editors thank the following persons and publishers for permission to
use copyrighted material.

Preliminary Chapter: pages 4–5, Reprinted with permission of La Universidad de las
Americas, Puebla; 8, 10, Reprinted with permission from *Ajoblanco*, Barcelona, Spain;
Chapter 1; pages 21–22, Printed with permission from *Más/Univisión*, New York, NY.

Credits for the remaining texts and for photos, illustrations, realia, and simulated
realia are continued at the end of the book.

Printed in the U.S.A.
Student Edition ISBN: 0-395-68837-X

Library of Congress Catalog Card Number: 95-76983

5 6 7 8 9-DC-99   98

Contents

CAPÍTULO 4:
La América indígena: Ayer y hoy 62

CAPÍTULO 5:
El sabor africano del Caribe 80

CAPÍTULO 6:
Dictadura y democracia 98

CAPÍTULO 7:
La crisis ecológica 118

CAPÍTULO 8:
En busca de seguridad económica 137

CAPÍTULO 9:
Arte e identidad 159

CAPÍTULO 10:
Lo femenino y lo masculino 182

CAPÍTULO 11:
Actos criminales 205

CAPÍTULO 12:
Latinos americanos 224

To the Student

Fuentes: Lectura y redacción is a reader for intermediate Spanish courses, intended for use with *Fuentes: Conversación y gramática*, though it may also be used independently. *Fuentes: Lectura* is designed to help you perfect your ability to read and write in Spanish and expand your knowledge of Hispanic cultures and societies.

The following description of the chapter elements includes study tips to help you get the most from studying with *Fuentes: Lectura*.

1. **Chapter opener:** Each chapter begins with visuals such as photos and artwork and an activity that introduces the chapter theme. These activities often ask you to brainstorm ideas and vocabulary that you will need as you do the readings and writing assignments.

2. **Readings:** Most chapters in *Fuentes: Lectura* contain three primary readings that tie in with themes discussed in *Fuentes: Conversación*.

- **Lectura 1** is generally an authentic selection from a newspaper or magazine that serves as a first approach to the chapter topic.
- **Lectura 2 (Panorama cultural)** is a reading that provides detailed information on some aspect of Hispanic culture and society.
- **Lectura 3** is generally a literary reading that further explores the chapter topic.

In order to understand these texts, you must draw on and develop three types of knowledge. First, each time you read, you must apply your knowledge of Spanish grammar and vocabulary. In so doing, you will actually be reinforcing your knowledge of these areas. Second, to read successfully, you must also apply certain reading strategies, strategies that you probably apply unconsciously when reading in English. Through clear explanations and practice, *Fuentes: Lectura* will help you develop a conscious awareness of such strategies so that you can utilize them to read more effectively in Spanish. These strategies are particularly valuable for reading authentic texts written for native speakers since they contain a wide range of vocabulary and grammar structures that you probably will not know. Third, understanding a text means more than understanding the language; you must also understand something of the culture and society to which the text refers as well as specific areas of knowledge with which it deals. The Panorama cultural aims at providing this kind of information.

Activities in *Fuentes: Lectura* are designed both to help you understand particular readings and to help you develop and apply the three types of knowledge needed for successful reading in Spanish. In particular, each activity practices a specific reading strategy. Activities are divided into prereading, active reading, and postreading. Prereading activities generally focus on vocabulary and background knowledge needed to do the reading. Active-reading activities help you focus your reading by giving it a specific goal. Postreading activities will lead you to a more thorough understanding of each reading.

Tips for reading:

- Read for meaning or "gist." Avoid using the dictionary or glossary on your first reading. After doing prereading activities, you will probably know enough about the topic and the vocabulary to read through the texts without stopping. It is perfectly acceptable to skip words that you do not understand as long as you get the general idea.
- If you find some parts of a text confusing, mark them for later study and try to continue reading. If the part you don't understand is very important, however, you may need to stop and decipher it.
- Try to make spontaneous use of the strategies studied and practiced in class since this is the natural way in which you will want to employ them when reading texts outside of *Fuentes: Lectura.*
- Talk about the readings with classmates or friends, in or out of class. Discussing a reading and considering its implications is one of the best ways to improve your understanding.
- Don't be afraid to disagree with what you read. Many readings have been chosen precisely because not everyone will agree with what they assert or on how to interpret them.
- Number paragraphs for each reading and use these numbers to indicate where you found the answers for the postreading exercises. This will make it easier for you to justify your answers with quotes from the text during class.
- Read each text at least a second time or perhaps a third time after completing activities in class. You will often notice details you missed during the first reading.

3. Writing: The types of writing you do will depend on the design of the course you are taking, but you will probably be asked to do some informal writing, in which you focus on simply writing down your thoughts, and some formal writing, in which your thoughts are the basis but where you must make careful decisions on content and organization, as well as vocabulary, grammar, spelling, and punctuation. These two types of writing are reflected in the two writing programs incorporated into *Fuentes: Lectura.*

- **Cuaderno personal:** The journal entry suggestions at the end of each reading encourage you to consider the topic in more personal terms and to compare Hispanic culture and society with your own. Your instructor may ask you to do these entries in a journal notebook or as individual microthemes. In addition, you may be asked to make other kinds of entries as well. You should focus primarily on generating and expressing ideas in Spanish and only secondarily on details of grammar.
- **Redacción:** More structured writing (composition) is practiced in this section (two in Chapters 1–8, one in Chapters 9–12). You will have the opportunity to write a variety of texts: personal ads, letters, travel itineraries, news reports, film reviews, stories, myths, a résumé, and essays of various sorts. A variety of strategies are presented and practiced in the Redacción sections to help you become a better writer. An important assumption of these activities is that writing is not just a finished product but rather a process. *Fuentes: Lectura* will help you learn and practice parts of this process, which applies equally in

Spanish and English. For example, most writing requires you to brainstorm and select ideas, then organize these ideas, write them out, and polish your written text for details of content, organization, style, grammar, vocabulary, spelling, and punctuation. You may need to revise the text several times and ask for feedback from classmates and your instructor. Not every text needs to be polished, but you may be asked to do at least a few writing projects that take you from the beginning to the end of the writing process.

Tips for writing:

- Always brainstorm ideas before starting to write.
- Decide who your audience is and why you are writing.
- Get a good bilingual dictionary and learn how to use it.
- Try new things and take risks. If you see an interesting expression in one of the readings, try to incorporate it into your own writing.
- Talk about your ideas for writing with classmates, your instructor, or friends.
- Don't try to "pump out" compositions overnight. Write on one day and revise on another.
- Try to make spontaneous use of the strategies that are presented and practiced in *Fuentes: Lectura*. Even though an activity may focus on a particular strategy, you may also be able to use previously-studied strategies in your own writing.

4. Vocabulary: As you read, you will encounter a greater number and variety of words and expressions than you have seen before. While the reading strategies will help you deal with much of this, there is no doubt that the more extensive your vocabulary, the easier your reading will be. Activities before each reading will provide you with the key vocabulary and also increase your active vocabulary, but by consciously reflecting on what you read, you can also develop your passive vocabulary, that is, the words and expressions that you recognize but don't necessarily use in conversation.

Tips for building your vocabulary:

- Try to use the key words from the activities in your informal writing.
- Keep a list of useful or interesting vocabulary that you want to learn as you study each chapter. Use these words in your informal writing.
- If you notice that a word is repeated in one or several readings, look it up and learn it. Such words are easier to learn since you have already encountered them several times.

5. Culture: Though vocabulary, grammar, and strategies are all important in becoming a better reader, writer, or speaker of Spanish, to acquire true fluency in a language you also need to learn about the cultures and societies in which that language is used. For this reason, the study of Hispanic culture is a primary focus of this text.

Tips for studying culture:

- As you work through the text, compare and contrast Hispanic cultures and societies with your own. Use your informal writing to explore these ideas and learn about your own underlying beliefs.
- Try to relate what you study and write about in this text with current events or material you are studying in other classes.

6. Spanish-English Vocabulary: A comprehensive vocabulary list at the back of the book contains most of the words used in the readings and exercises. Try to consult it only when you can't decipher the meaning of a word by applying strategies or when you need the meaning to complete an activity.

As you work through *Fuentes: Lectura*, remember that learning to read and write is a process. In fact, you are probably still learning to write well in your native language. But you can make this process flow more easily by reading and writing something in Spanish every day, even if it is just a note. More important, stop every now and then to check your progress. Read something in Spanish that has nothing to do with class; you may not understand everything, but you will probably understand at least part of it.

Finally, the authors of this text hope that you find it both informative and interesting. Though it is often forgotten, the fact is that people do much of their reading and writing for fun, and we hope that at least some of the readings and writing activities in this text will spark your imagination.

Acknowledgments

The publisher and authors would like to thank the following instructors and professors for reviewing the manuscript of *Fuentes: Lectura y redacción*. Their comments and suggestions were invaluable to the development of the final version of the text:

Leela Bingham, Miramar College
Kathleen G. Boykin, Slippery Rock University
Cida S. Chase, Oklahoma State University, Stillwater
Malcolm Alan Compitello, Michigan State University
William H. Conrad, Point Loma Nazarene College
Richard K. Curry, Texas A&M University
Rosa M. Fernández, University of New Mexico, Albuquerque
Natalia M. Francis, University of Wisconsin-Madison
Herschel Frey, University of Pittsburgh
Robert K. Fritz, Ball State University
Adine Golemba, Oakland University
George D. Greenia, College of William and Mary
Jeannette M. Harker, Florida Atlantic University
Ray Harris-Northall, University of Wisconsin-Madison
Paula R. Heusinkveld, Clemson University
Teresa H. Johnson, Saint Louis University
Keith Mason, Princeton University
Ana Menéndez Collera, State University of New York, Stony Brook
Louise C. Neary, University of Illinois, Urbana-Champaign
Paul E. O'Donnell, University of Michigan, Flint
Theresa L. Pettit, Syracuse University
Delia E. Sánchez, Phoenix College
Sally W. Thornton, Indiana University of Pennsylvania
Nicasio Urbina, Tulane University
M. Stanley Whitley, Wake Forest University

Special thanks and appreciation are due to the following individuals for their thorough and constructive review of the entire manuscript:

Robert L. Davis, University of Oregon
Linda C. Fox, Indiana University–Purdue University, Fort Wayne
Janice Wright, College of Charleston

The authors also wish to extend their thanks to the following individuals for their help in the creation of *Fuentes: Lectura y redacción:* Michael Pratt (University of North Carolina, Chapel Hill), Rubén Medina (University of Wisconsin-Madison), and most especially, Nancy Kason (University of Georgia), for their suggestions regarding literary selections; Ray Harris-Northall (University of Wisconsin-Madison) for advice on language use and variation; Brad Hughes and

Sandy Arfa (University of Wisconsin-Madison) for serving as consultants on the treatment of reading and writing; John Fields, Mikel Valladares, Vicente Benet, Olga Tedias Montero, and Victoria Junco de Meyer for willingly providing feedback and advice on numerous aspects of the text; Bruno Browning for assistance with computers; Emily Hoffmire and Diana Accurso for assistance with permission searches; Vasco van Roosmalen for help with manuscript preparation; and our colleagues at the University of Wisconsin-Madison and Denison University for offering encouragement, input, and advice during the course of this project.

Finally, special thanks go to Sandy Guadano, senior editor of the project, for her unending patience, willingness to listen, and numerous and invaluable contributions to the development of *Fuentes: Lectura y redacción*.

We dedicate this book to George and André Garner, Joseph Myers, Jean and Don Tuten, and Nieves and Josué Valderrama and their family.

Nuevas clases, nuevas amistades

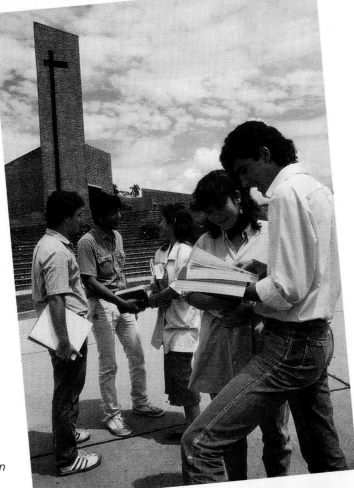

▶ El principio de curso en la Universidad Javeriana en Bogotá, Colombia.

Activating Background Knowledge

To understand a reading, you must employ the knowledge you already have about the topic. Thinking about your background knowledge before reading also helps you contextualize the topic; in other words, it helps you know what kinds of information and vocabulary are likely to be mentioned in a given reading. A mind map (**un mapa mental**) is a useful technique for activating background knowledge, as it permits a visual representation of knowledge and relationships between facts. To create a mind map, begin with a main topic in a capsule, then add key concepts in capsules around it and connect the capsules with lines. Brainstorm related ideas and add them with connecting lines to the appropriate parts of the mind map.

Actividad 1: El mapa mental   En parejas, hagan un mapa mental sobre la vida estudiantil. Usando la siguiente lista y sus propias ideas, completen el mapa según su situación en particular. Después, comparen su mapa mental con el de sus compañeros. ¿Qué diferencias hay?

las vacaciones	la Florida	Cancún
las clases	el horario	las notas
los trabajos escritos	los profesores	los exámenes
los libros	el dinero	la cuenta bancaria
la familia	los días de fiesta	las fiestas
la vida social	los deportes	el amor
los amigos	los novios	la residencia
las metas	la graduación	las profesiones
los clubes	el alcohol	las drogas
los compañeros de cuarto	el comedor universitario	
el trabajo a tiempo completo	el trabajo a tiempo parcial	

Lectura 1: Un catálogo universitario

Actividad 2: La clase más . . .   En grupos de tres, respondan a las siguientes preguntas sobre las clases en su universidad.

- ¿Cuál es la clase más popular?
- ¿Cuál es la clase más difícil?
- ¿Cuál es la clase más fácil?

Activating background knowledge

ESTRATEGIAS DE LECTURA

Scanning

Scanning involves searching for specific details in a text without worrying about superfluous information. For example, when trying to decide what movie to go see, you often scan the film section of the paper for titles.

Identifying Cognates

Spanish and English share the Latin alphabet and many words of Latin origin. When reading Spanish, you can often determine the meaning of much of the text by depending on these similar words, or cognates. For example, **similar** and **determinar** are cognates.

Actividad 3: En busca de información   A continuación hay un catálogo con algunas clases de la Universidad de las Américas en Puebla, México. Basándote en las descripciones, escribe el título de las clases indicadas en la siguiente lista. Hay más de una respuesta en algunos casos. Lee sólo lo suficiente para identificar la clase y recuerda que los cognados te ayudan a entender palabras nuevas.

Scanning and identifying cognates

Una clase . . .

1. sobre la cocina de diferentes países: _____
2. del estudio de los aztecas: _____
3. sobre la urbanización: _____
4. para ingenieros: _____
5. para artistas: _____
6. de análisis de telenovelas y documentales: _____
7. sobre el subdesarrollo en Latinoamérica: _____

Universidad de las Américas, Puebla, México
CATÁLOGO DE CLASES

AN-226 Geología
Requisito: Ninguno
Estudio de las formaciones de rocas y suelos sobre los que se desarrolló la vida humana. Reconocimiento de materiales. El curso incluye práctica de campo y en gabinete.

AN-281 Historia Antigua de México
Requisito: Ninguno
El desarrollo de los distintos grupos de Mesoamérica en las épocas que se han documentado por fuentes y material no arqueológico y su derivación de las tradiciones de estos grupos.

AN-431 Mito, Magia y Religión
Requisito: Antropología 333
Estudio comparativo de las creencias y rituales míticos, mágicos y religiosos mediante los cuales las diversas culturas intentan explicar sus orígenes, legitimar sus relaciones socioeconómicas, dar sentido y orientación a su vida y porvenir.

AN-601 Historia y Teoría de la Ciudad
Requisito: Antropología 521
Estudio del origen y la evolución de la ciudad: su impacto sobre la organización socioeconómica del hombre; las corrientes teóricas desarrolladas por los científicos sociales para explicar estos procesos. Se presta atención especial a la urbanización en América Latina.

AP-313 Arte Digital I
Requisito: Ingeniería en Sistemas Computacionales 160
Conocimiento y uso de los elementos que ofrece la computadora como herramienta para la generación de arte.

CO-435 Géneros Televisivos
Requisito: Comunicación 470
Análisis, definición y aprendizaje de los principales géneros de la producción televisiva, con especial énfasis en los formatos de la televisión educativa: noticiarios, documentales, telenovelas, infantiles, educación continua, musicales y de entretenimiento, programas científicos, culturales e históricos.

CP-178 Contabilidad en Hotelería
Requisito: Ninguno
Introducción a la técnica contable y aplicación de conocimientos específicos en el diseño e implementación de un sistema contable en la hotelería.

CP-361 Derecho Constitucional y Administrativo
Requisito: Contaduría 361
Importancia del derecho constitucional, la Carta Magna y las causas socioeconómicas que la formaron; estructura y funcionamiento del poder ejecutivo; el origen administrativo del país y su influencia social, política y económica.

DG-202 Historia del Arte Contemporáneo y del Diseño
Requisito: Diseño Gráfico 142
Estudio y comprensión del arte contemporáneo en todas sus manifestaciones y su ubicación en el contexto histórico general. Desarrollo del diseño en el contexto histórico.

EC-410 Problemas Económicos de América Latina
Requisito: Economía 402
El curso intenta describir y analizar los diversos problemas económicos a los cuales se han enfrentado los países latinoamericanos en su proceso de desarrollo económico y las teorías que se han creado para explicar el subdesarrollo de la región. Se estudian los problemas que han aquejado a Latinoamérica: inflación, desequilibrio en el comercio exterior, inversión extranjera, distribución del ingreso, estancamiento agrícola y deuda pública.

HO-255 Gastronomía
Requisito: Hotelería 250
Exploración y análisis de los diferentes tipos de cocinas internacionales. Creación de diferentes tipos de menús en forma lógica y rentable. Se requiere un trabajo de investigación y presentación final.

II-160 Introducción a la Ingeniería Industrial
Requisitos: Ingeniería Mecánica 130 y 131
Historia de la ingeniería industrial; aspectos administrativos, localización de fábricas, distribución de planta; ingeniería de manufactura; ingeniería de métodos y estudio de tiempos; planeación de la producción, aspectos de control y evaluación; lecturas.

IS-467 Procesamiento de Datos
Requisito: Ingeniería en Sistemas de Computación 185
Estructuras de datos avanzados. Medios y técnica de almacenamiento y organización de datos. Visión general de inteligencia artificial.

MA-235 Cálculo Avanzado
Requisito: Matemáticas 230 - Cálculo Vectorial
Tópicos de variable compleja; análisis matricial y vectorial; ecuaciones diferenciales; transformadas discretas; transformadas de Laplace y Fourier; variables de estado.

PS-577 Seminario sobre Aplicaciones Psicológicas a la Industria
Requisito: Ninguno
Análisis de problemas en la industria; aplicación de conceptos psicológicos para su solución.

SO-320 Ecología y Sociedad
Requisito: Ninguno
Estudio básico de los ecosistemas, procesos e interrelaciones; consideración de los problemas ecológicos de la sociedad moderna, tales como el ruido, los desechos y la contaminación ambiental; necesidad de una relación armónica de los sistemas ecológicos para elevar la calidad de vida humana.

Actividad 4: Pensando en el futuro En grupos de tres, determinen qué clases son apropiadas para una persona que quiera ser:

Scanning

1. abogado/a
2. ingeniero/a
3. arquitecto/a
4. psicólogo/a
5. hombre/mujer de negocios
6. asistente social

▼ *La plaza principal y la catedral de Puebla, una de las ciudades más antiguas de México y sede de la Universidad de las Américas.*

P-1

CUADERNO PERSONAL

Escribe uno o dos párrafos sobre las clases que tienes este semestre o trimestre. Usa estas expresiones:

Estoy matriculado/a en . . . (*I am enrolled in . . .*)

(No) Estoy muy interesado/a en . . . (*I am (not) very interested in . . .*)

Esta clase trata de . . . (*This class is about . . .*)

Me parece que va a ser . . . (*It seems that it's going to be . . .*)

Redacción 1: Una carta formal

E S T R A T E G I A
D E   R E D A C C I Ó N

Using Models

One way to improve your writing is to use examples of texts as models and to imitate their style and/or format. This is frequently done when preparing documents with fixed formats such as formal letters.

Actividad 5: ¡Malas noticias!   Parte A: Llegas tarde a la universidad y todas las clases están llenas. Por eso tienes que escribir una breve carta al director del Programa para Estudiantes Extranjeros para poder matricularte en las clases que deseas tomar. En grupos de cuatro, determinen qué información se necesita para la carta.

Activating background knowledge

Parte B: Ahora, individualmente, antes de escribir su propia carta, lean rápidamente la siguiente carta.

```
                        Puebla, 27 de septiembre de 1995


    Sr. José Guerrero Ortiz
    Director
    Programa para Estudiantes Extranjeros
    Universidad de las Américas
    Puebla, México


    Estimado Sr. Director:

    Me llamo Michael Rodríguez y soy un nuevo estudiante de
intercambio en esta universidad. Estudio historia y
literatura y me interesa tomar la clase sobre la Historia
antigua de México (AN-281). Como soy de Los Angeles y mi
familia es chicana, el tema es de gran interés para mí.
    Acabo de llegar a Puebla y no he podido matricularme a
tiempo en la clase. Sin embargo, quisiera con su permiso
entrar en ella.
    Gracias por su atención. Se despide de usted atentamente,

          Michael Rodríguez
                                     Michael Rodríguez
```

Capital letters often appear in print without accent marks. (e.g., **ángeles** but **Angeles**).

Actividad 6: Un análisis de la carta   Después de leer la carta, analiza con un/a compañero/a los siguientes aspectos.

Scanning

1. ¿Cómo se escribe la fecha?
2. ¿Dónde está Michael Rodríguez? ¿Cómo lo sabes?
3. En esta carta, ¿cuáles son los equivalentes de *Dear* y *Sincerely*?
4. ¿Qué secciones de la carta tienes que cambiar para tu carta?

Actividad 7: Tu carta   Usando la carta de Michael como modelo, escribe una carta para solicitar la clase que prefieres. Escribe individualmente, pero consulta y compara con un/a compañero/a mientras escribas.

Using models

Lectura 2: Los anuncios personales

Actividad 8: ¿Cómo hacer amigos?   **Parte A:** Piensa en cómo has conocido a otras personas en la universidad. Luego, en grupos de tres, hagan una lista de las maneras tradicionales de conocer gente y traten de inventar algunas formas nuevas.

Activating background knowledge

Parte B: Uds. tienen muchos amigos desesperados en busca de amor y amistad que les piden consejos. En parejas, denle dos o tres recomendaciones de cómo conocer gente a cada persona indicada.

➤   una chica a quien le gusta el tenis
    debes hacerte miembro de un equipo

1. un chico a quien le fascina coleccionar estampillas
2. un muchacho a quien le molesta fumar y beber
3. una joven estudiosa
4. un joven a quien le encanta bailar
5. una muchacha muy, pero muy tímida

Actividad 9: En busca de información   Mira rápidamente los anuncios personales que siguen y escribe el nombre o número de referencia de una persona que corresponda a cada una de las siguientes descripciones:

Scanning and identifying cognates.

1. _____ alguien que busque un amigo de verdad
2. _____ alguien que sea rubio, alto y delgado
3. _____ alguien a quien le fascine la fantasía y la magia
4. _____ alguien que sea estudiante de medicina
5. _____ alguien que busque una chica con sentido del humor
6. _____ alguien a quien le interese conseguir material de grupos de rock
7. _____ alguien que sea culto, atractivo y divertido
8. _____ alguien que quiera cartearse con gente extranjera

AJOBLANCO

Páginas amarillas

INTIMIDADES

♥ Hola. Soy una mujer **divorciada de 34 años** que busca un hombre afín. Como no soy especialmente atractiva, el físico me da igual y la situación social o económica no me importa tampoco. Pero es importante que sea inteligente, sensible, culto y con sentido del humor. Besos. Beatriz. Málaga, España. Ref. G-1.

♥ Soy un muchacho de 23 años. Estudio y trabajo pues estoy en el último año de medicina interna, y me interesaría saber de cómo se desarrolla esta especialidad en otros países. Soy **soltero,** tengo pocas amistades y deseo relacionarme con otros amigos de diferentes nacionalidades e intercambiar ideas y experiencias. "Dr." Carlos. La Habana, Cuba. Ref. G-2.

♥ Tengo 25 años. Necesito compartir **sueños y proyectos** con chica no más de 35 años con sentido del humor para compartir amistad y, quién sabe, a lo mejor algo más. Ref. G-3.

♥ Tengo 31 años, me gustaría encontrar una **mujer que gustara de conversar, viajar,** vida sana y compartir un proyecto futuro. Soy varón y prometo contestar. Ref. G-4

♥ Deseo conocer a una **mujer inteligente, culta, atractiva e interesante** entre 30 y 40 años. Soy un hombre de 30 años, culto, atractivo, divertido y con muchas inquietudes. Me encanta viajar, leer, teatro, música, bailar, etc. Escríbeme, te contestaré. Vicente. Valencia, España. Ref. G-5.

♥ Somos dos chicas de Zaragoza y nos gustaría **cartearnos con gente argentina o mexicana.** Son dos países que nos gustaría conocer, pero no los podemos visitar por falta de dinero. Preferimos personas mayores de 25 años. Ref. G-6.

♥ Deseo intercambiar correspondencia con gente de todas partes de España, especialmente con gente "alivianada", que le interese **el rock, los libros, el cómic y el cine.** Realmente es casi una necesidad patológica comunicarme con gente de España. Me interesa conseguir material de "Siniestro Total", "No me pises que llevo chanclas" y otros grupos de rock español. Prometo contestar todas las cartas y mandar a España lo que pueda ser de interés para cualquiera de ustedes. Un saludo de un "manito". Daniel. Jalisco, México. Ref. G-7.

♥ Chico sincero **cansado de estar solo,** creyendo que tenía amigos, busca nuevas amistades sinceras. Mándame foto, prometo hacer lo mismo. Ref. G-8.

♥ Hola. Soy una adolescente de treinta y pico años que busca **la magia y lo inesperado.** Aunque las apariencias engañen, incluso Madrid podría convertirse en un bosque encantado. Si a ti te fascinan las leyendas y la fantasía, escríbeme ya. María "Byron". Madrid, España. Ref. G-9.

♥ Chico busca compañero para todo; alguien con quien conversar, salir . . . y, si llega el caso, compartir. En definitiva, **un amigo de verdad.** Yo 25. ¿Tú? . . . lo que sea. Juanma. C/Cirilo Amorós 54-1a, 46004 Valencia, España. Ref. G-10.

♥ Chico, 21 años, rubio, ojos verdes azulados, delgado y alto, busca a alguien que valore la amistad, la sensibilidad, la ternura y el amor. Te ofrezco comprensión, ternura y tal vez relación. Me gustaría conocer a alguien hasta 28 años. **Vivo solo en San Juan.** Si quieres venir para conocerme o conocer San Juan, la invitación ya está hecha. Escríbeme. César. Ref. G-11.

♥ Busco **hombre** separado de 46-48 años **con ganas de vivir,** carácter abierto e inquietudes culturales y sociales. Separada, 47, de espíritu joven. Alrededores de Barcelona. Ref. G-12.

♥ Hola, me llamo Javier, tengo 22 años y vivo en Salamanca. Escribo a la revista porque todavía **no he encontrado a la mujer de mi vida.** Soy alto y atractivo. Sé que tengo mucho que ofrecer y espero poder demostrarlo algún día. Mis aficiones van desde bailar en una discoteca, practicar algún deporte, pasar un fin de semana en el campo, observar las estrellas en una noche oscura o conocer alguna ciudad de España. Si tienes aficiones similares a las mías es que somos dos almas gemelas, y por mi parte puedo ofrecerte sinceridad y amistad. Ref. G-13.

♥ Soy un **joven cubano** de 25 años de edad y me gustaría mucho mantener correspondencia con españoles. Estoy interesado en obtener amigos mediante *Ajoblanco.* Mi dirección es: Ricardo Morales López. Apartado Postal No. 15. Regla 12. Ciudad de la Habana, Cuba. Saludos y muchas gracias. Ref. G-14.

♥ Soy un chico que quiere conocer a una chica. Una chica que, a su vez, conozca a Boris Vian y a John Cage; a Aalto y a la Bauhaus. Que sea **dulce, divertida, inteligente, delgada,** española o extranjera, que viva permanentemente en Madrid y que hable al menos dos idiomas. Tengo 31, soltero, 1,68, castaño. Madrid. Ref. G-15.

Ajoblanco es una revista publicada en España y leída por muchos estudiantes e intelectuales en España e Hispanoamérica. Contiene de todo, desde artículos de filosofía hasta anuncios personales muy interesantes.

Actividad 10: Las parejas perfectas En parejas, miren los anuncios otra vez. Busquen dos personas que se complementen perfectamente. Luego, explíquenle a la clase por qué han seleccionado a esas dos personas.

Scanning

P-2
CUADERNO PERSONAL
Imagina que estás muy solitario/a y decides poner un anuncio personal en el periódico. Escribe un anuncio como los que acabas de leer.

Redacción 2: Un anuncio personal

Actividad 11: Un corazón solitario **Parte A:** En parejas, escojan una de estas fotos. Imaginen cómo es la personalidad de la persona, usando las siguientes preguntas como guía:

Brainstorming

1. ¿Quién es? ¿Cómo se llama?
2. ¿Qué hace? (profesión)
3. ¿Cuántos años tiene?
4. ¿Cómo es físicamente?
5. ¿Qué le fascina hacer? (tres cosas)
6. ¿Qué no le gusta hacer? (tres cosas)
7. ¿Cómo es su personalidad? (tres adjetivos)
8. ¿Cómo es su pareja o amigo/a ideal?

1

2

3

4

5

6

Parte B: En parejas, escriban en una hoja en blanco un anuncio para esta persona, usando los detalles de la Parte A. Usen el siguiente anuncio de modelo.

Using models

> ♥ Deseo conocer a una **mujer inteligente, culta, atractiva e interesante** entre 30 y 40 años. Soy un hombre de 30 años, culto, atractivo, divertido y con muchas inquietudes. Me encanta viajar, leer, teatro, música, bailar, etc. Escríbeme, te contestaré. Vicente. Valencia, España. Ref. G-5.

Parte C: Después de terminar el anuncio, intercámbienlo con otra pareja, lean el anuncio de la otra pareja y averigüen a qué foto pertenece.

Lo hispano

Antonio Banderas ★ Fernando Botero ★ Oscar Arias ★ Sandra Cisneros ★ José Canseco ★ Juan Luis Guerra ★ Gabriela Sabatini ★ César Chávez ★ Tito Puente ★ Plácido Domingo ★ Néstor Almendros ★ Myriam Colón ★ Julio Iglesias ★ Isabel Pantoja ★ Cristina Saralegui ★ Lola Flores ★ Juan Carlos I y Sofía ★ Bianca Jagger ★ Paul Rodríguez ★ Rigoberta Menchú ★ Camilo José Cela ★ Jon Secada ★ Violeta Barrios de Chamorro ★ Maradona ★ Oscar de la Renta ★ Fernando Valenzuela ★ Myriam Santos ★ Linda Ronstadt ★ Fidel Castro ★ Pedro Almodóvar ★ Alicia Alonso ★ Luis Miguel ★ Emilio Estévez ★ Andy García ★ Victoria Abril ★ Rubén Blades ★ Mario Vargas Llosa ★ Carlos Fuentes ★ John Leguizamo ★ Vicki Carr ★ Gloria Estefan ★ Edward Olmos ★ Freddy Ferrer ★ Octavio Paz ★ Geraldo Rivera ★ Lorenzo Lamas ★ Daniel Santos ★ Monserrat Caballé ★ Javier Pérez de Cuéllar ★ Celia Cruz ★ Rita Moreno ★ Catalina Vázquez Villalpando ★ Luis Rafael Sánchez ★ José Carreras ★ Gerardo ★ Carlos Salinas de Gortari ★ Raúl Julia ★ Miguel Bosé ★ Rosie Pérez ★ Felipe González ★ Gabriel García Márquez ★ Mariah Carey ★ Isabel Allende ★ Josie de Guzmán ★ Miguel Ferrer ★ Pedro Delgado ★ Arantxa Sánchez ★ Miguel Induráin ★ Pedro Zamora ★ Henry Cisneros ★ Elena Poniatowska ★ Salvador Dalí ★ Maria José González ★

Actividad 1: Los hispanos famosos   Todos los nombres que aparecen en la
página anterior son de personas famosas. Algunos viven en los Estados Unidos,
otros en América Latina o España. Algunos son famosos en los Estados Unidos,
otros tienen fama internacional y otros son conocidos en los países hispanos. En
grupos de tres, identifiquen cinco personas que Uds. conocen. Hagan una lista de
las personas contestando estas preguntas para cada caso: ¿Cuál es el origen de su
familia? ¿Qué hace?

Activating background
knowledge

Lectura 1: Artículos breves

**E S T R A T E G I A
D E   L E C T U R A**

Using Format to Predict Content

The content of a reading passage is often reflected in its format. Before
reading, always look at the layout, titles and subtitles, and photographs or
other graphics for clues to content.

Actividad 2: El formato   En parejas, lean el título y los subtítulos, miren las fotos
y determinen el tema general de la siguiente lectura, "Gente hispana". Digan si la
selección es de:

un periódico	un catálogo	un documento oficial
una carta	una revista popular	una revista literaria

**E S T R A T E G I A
D E   L E C T U R A**

Skimming

When you first glance over an article to see if it is worth reading, you are
skimming. The goal of skimming is to get the main idea only. To skim, read
the first lines of a few paragraphs and perhaps a few highlighted words.

Actividad 3: La idea básica   Lee rápidamente los artículos de "Gente hispana" e
indica qué descripción corresponde a cada persona famosa. Después, compara tus
resultados con los de otros compañeros.

1. _____ es conocido por su talento y por sus locuras.
2. _____ es muy respetada por su profesionalismo.
3. _____ baila y actúa en películas.
4. _____ escribe historias y novelas.
5. _____ canta, actúa en películas y participa en política.
6. _____ es un actor español que ha actuado en muchas
   películas.

Gente
hispana

Cuadrangulares... y controversia

Algunos lo describen como arrogante, peligroso y egoísta; otros dicen que es un ídolo del béisbol moderno, una figura singular malentendida por el público. Es conocido por sus locuras: fue arrestado en San Francisco por poseer una pistola semiautomática; fue denunciado en Miami por conducir a 120 millas por hora, y las relaciones con su ex esposa fueron tormentosas. Pero es, sin lugar a dudas, un gran campeón de los jonrones y las carreras empujadas, y sus batazos se han hecho famosos por las grandes distancias que alcanzan. En 1990 se convirtió en el jugador mejor pagado de la historia al firmar un contrato por 23,5 millones de dólares. Es de origen cubano, pero es una leyenda del béisbol americano. Aunque ha pasado por épocas buenas y malas—fue cambiado de los Oakland A's a los Texas Rangers en 1992—no le pide disculpas a nadie. Ha sufrido bastante, incluso de graves problemas físicos, pero **José Canseco** siempre será, como él mismo ha dicho, "insustituible".

"Don Juan" en Hollywood

Madonna lo ha llamado el hombre más *sexy* del mundo y él ha conquistado el corazón de muchos otros admiradores. Pero el actor español **Antonio Banderas** no se ha dormido sobre sus laureles. En su breve carrera profesional, ya ha hecho más de 40 películas, en Europa, Latinoamérica y Hollywood. A los trece años empezó a actuar en el teatro, y más tarde, hizo sus primeras películas con el director español Carlos Saura. Pero la fama lo alcanzó cuando comenzó a trabajar con el irreverente director español, Pedro Almodóvar, en películas como *La ley del deseo*, *Mujeres al borde de un ataque de nervios* y la controvertida *Atame*. De ahí pasó a trabajar

en el cine norteamericano, primero en *Los reyes del mambo* y luego en películas tan conocidas como *Filadelfia* y *Entrevista con el vampiro*. Y sigue siendo colmado de ofertas y oportunidades. Es conocido entre sus colegas por su seguridad, humor, comprensión y vitalidad, y es también respetado por su disposición a aceptar papeles difíciles y controvertidos.

Decisiones

Como los protagonistas de su conocidísima canción "Decisiones", **Rubén Blades** siempre tiene la dificultad de tomar decisiones. Pero en su caso no se trata de un verdadero problema, ya que son sus muchos talentos lo que lo impulsa a tomar decisiones: es cantante, director de orquesta, actor, abogado y político. Blades, quien nació y se crió en un barrio obrero de Panamá, estudió derecho en su país, pero se fue a Nueva York en 1974 con el sueño de hacerse cantante de salsa. Tuvo un éxito enorme, y su álbum *Buscando América* estuvo entre los 10 mejores de 1984. A pesar de su éxito, se retiró de la música para volver a las leyes y sacó un título de derecho internacional en la Universidad de Harvard. Después se dedicó a realizar otro sueño suyo: ser actor de cine. Consiguió papeles importantes en *The Milagro Beanfield War*, *Crossover Dreams* y otras películas. Pero le llamaba su tierra natal. Volvió a Panamá en 1992 para organizar el partido político *Papá Egoró* ("madre tierra" en lengua indígena) y se presentó como candidato para presidente en las elecciones de 1992. No ganó, pero sigue participando en la política panameña porque su verdadero sueño es ayudar a su pueblo.

Un modelo para los demás

Gabriela Sabatini empezó a jugar al tenis profesional a los 14 años, y desde hace más de diez años se encuentra entre las diez mejores jugadoras del mundo. Ha tenido altibajos: en 1990 fue ganadora del Abierto de los EE.UU., pero en otras épocas se ha sentido muy frustrada. A pesar de eso, nunca se da por vencida. En el mundo del tenis, es reconocida como un modelo de conducta profesional y de compor-

tamiento decente en la cancha. Nunca fue a la universidad y no tiene la intención de ir. Cree que lo más importante es lo que el mundo enseña. Es muy independiente, pero mantiene relaciones muy estrechas con su familia en Buenos Aires, donde nació y se crió. Se dedica de lleno a su deporte, pero lee constantemente y le encanta pensar. Le gusta andar en motocicleta y poner sus pensamientos y sentimientos en poesía. Considera que el tenis es maravilloso, pero que lo más importante es ser feliz.

Sueños y recuerdos

Inicialmente se la reconocía por su apellido, pero pronto **Isabel Allende** empezó a disfrutar de un éxito enorme, real y bien merecido. Su primera novela, *La casa de los espíritus*, ha vendido más de 6.000.000 de ejemplares en 27 idiomas, y en 1994 fue convertida en película de Hollywood. La inspiración para sus novelas proviene de los espíritus de sus antepasados y de sus sueños y memorias de Chile, su tierra natal, la cual abandonó en 1975, dos años después del asesinato de su tío, el presidente Salvador Allende. Empezó a escribir *La casa de los espíritus* como una carta a su abuelo moribundo, pero luego las palabras se convirtieron en una manera de recrear la historia y la realidad mágica de su familia y su país. Los protagonistas de la obra se basan en sus abuelos: él, dominante y conservador; ella, espiritual y clarividente. Sus novelas y cuentos han atraído a lectores, directores de cine y dramaturgos. Además de la película, sus *Cuentos de Eva Luna* han sido convertidos en drama. Allende explica que su éxito se debe a que le gusta conmover a sus lectores con sus historias.

Con ganas y sin miedo

Nació en una familia puertorriqueña pobre de Nueva York y ha tenido que luchar contra la pobreza y el racismo. Una maestra de baile le dijo que no tenía ritmo, pero nada ha podido detener a **Rosie Pérez**. Conoció su primer éxito cuando un coordinador de "Soul Train" la vio bailando y le dio trabajo como bailarina en el programa. Luego, consiguió trabajo haciendo coreografías para videos de Bobby Brown,

Diana Ross y otros cantantes. Spike Lee la conoció y le ofreció el papel de Tina en su película *Do the Right Thing*. Y desde entonces, ha aparecido en muchas películas: *White Men Can't Jump*, *Fearless*, *It Could Happen to You* y otras. También pasó una temporada haciendo coreografías para las bailarinas del programa de televisión "In Living Color". Pero sus proyectos no se limitan a hacer películas. Cuando no está en el escenario, es la gerente de un grupo de mujeres cantantes que se llama 5 A.M. También

ha producido otros espectáculos, como el especial que hizo para HBO en el que incluyó rap y reggae.

Actividad 4: Detalles y pormenores En parejas, lean los artículos limitándose a buscar la información necesaria para contestar las siguientes preguntas.

Scanning

1. ¿En qué películas de Almodóvar ha actuado Antonio Banderas?
2. ¿De quién es el álbum *Buscando América*?
3. ¿Quién trabajó con el director Spike Lee?
4. ¿Dónde vive la familia de Gabriela Sabatini?
5. ¿Cómo se llama la novela más conocida de Isabel Allende?
6. ¿Cómo se describe a sí mismo José Canseco?
7. ¿A qué edad empezó a actuar Antonio Banderas?
8. ¿Cómo se llama el partido político de Rubén Blades?

Actividad 5: ¿Blanco, negro o gris? En parejas, decidan cuál de los siguientes adjetivos describe mejor a estas personas famosas. Justifiquen cada respuesta con una cita o un ejemplo del texto.

Skimming and Scanning

1. José Canseco: presumido / humilde / atrevido
2. Antonio Banderas: talentoso / comprensivo / insoportable
3. Rubén Blades: polifacético / inteligente / apolítico
4. Gabriela Sabatini: tenaz / decente / egoísta
5. Rosie Pérez: enérgica / pasiva / decidida
6. Isabel Allende: imaginativa / exitosa / insufrible

1-1

CUADERNO PERSONAL

¿Quién ha aparecido en las noticias últimamente? Escribe sobre una persona famosa y sobre sus actividades actuales.

Redacción 1: Una descripción

ESTRATEGIA DE REDACCIÓN

Recognizing and Creating Descriptions

Many types of writing include descriptions of persons, places, things, or activities. Good descriptions employ a variety of ways to present information. They may use adjectives and nouns for characteristics and verbs and adverbs for typical activities. For example, the following three sentences communicate similar information: John is hardworking; John is known for his hard work; John works hard.

Actividad 6: ¿Cómo son?   Aquí tienes una lista de adjetivos que se pueden usar para describir a una persona. En parejas, decidan cuáles de estos adjetivos son apropiados para las cuatro personas siguientes:

Creating descriptions

OprahWinfrey   Madonna   Andy García   Michael Jackson

responsable	inteligente	luchador/a
persistente	controvertido/a	único/a
interesante	especial	popular
seguro/a	arriesgado/a	aventurero/a
excepcional	exitoso/a	idealista
realista	inconforme	rebelde
radical	escandaloso/a	independiente
respetado/a	prestigioso/a	elegante
cortés	poderoso/a	rico/a
amable	insoportable	insufrible
creativo/a	sociable	artístico/a
altruista	enérgico/a	trabajador/a
entusiasta	egoísta	disciplinado/a
guapo/a	cómico/a	divertido/a
pervertido/a	sexy	malicioso/a
raro/a	brillante	atrevido/a

ESTRATEGIA DE REDACCIÓN

Defining Audience and Purpose

An effective writer defines and keeps in mind an audience. The audience may be the writer him- or herself, another person, a specific group, or the general public. At the same time, the writer must define and keep in mind a clear purpose. For example, a writer may want to brainstorm or explore ideas, express love, provide information, explain and/or convince. Defining and considering your audience and purpose will help you decide what to discuss and how to express your thoughts.

Actividad 7: La persona X   **Parte A:** Lee la siguiente descripción. ¿Puedes adivinar a quién se refiere?

Using models

Es bastante alto y delgado. Tiene el pelo lacio negro y ojos castaños. Además, tiene orejas únicas, ya que no es exactamente humano. En su tiempo libre, le gusta jugar al ajedrez tridimensional y tocar sus intrumentos musicales. Conoce perfectamente todas las ciencias. Es sumamente lógico, disciplinado y leal. No es emotivo y, por eso, a algunas personas no les cae muy bien.

La persona X es _____

Parte B: Hay muchas maneras de describir a una persona. ¿Cuáles de los siguientes aspectos aparecen en el modelo? ¿Cuáles no aparecen?

_____ la edad	_____ el origen	_____ la personalidad
_____ la profesión	_____ los logros	_____ las actividades preferidas
_____ los gustos	_____ los disgustos	_____ la apariencia física
_____ las metas	_____ la familia	_____ las experiencias especiales

Parte C: Ahora, en parejas, escojan a una persona famosa. Pensando en el modelo, escriban una descripción de su propia persona X para que después otros estudiantes adivinen su identidad.

Lectura 2: Panorama cultural

Actividad 8: Hispanos, latinos y americanos Antes de leer "La dificultad de llamarse 'hispano'," en grupos de tres, decidan cuáles de estos tres términos, **hispano**, **latino**, o **americano**, se pueden usar para describir a una persona de los siguientes países. Luego, decidan qué otros términos se pueden usar en cada caso.

Activating background knowledge/Anticipating

México	Francia	Canadá
España	Cuba	Chile
los EE.UU.	Brasil	Guatemala

Actividad 9: La idea general Lee por encima la siguiente lectura y decide cuál de estas ideas representa mejor la idea general.

Skimming

_____ Es una descripción de tres hispanos: Orlando, Rosa y Rocío.

_____ Es una descripción de la geografía y la cultura hispanas.

_____ Es una explicación de palabras que describen distinciones raciales, culturales y geográficas.

Actividad 10: Encuentra los cognados En la siguiente lectura hay muchos cognados. Encuentra el equivalente en español de los siguientes términos:

Scanning and identifying cognates

the Caribbean	Latin America	South America
Central America	Latin American	Spanish America
Hispanic	North America	
Latin	North American	

▶ La parte del mapa
indicada con rayas
representa Hispanoamérica;
combinada con la parte
gris, forma Latinoamérica.

LA DIFICULTAD DE LLAMARSE "HISPANO"

Hispano es más frecuente que **hispánico.**

Indígena americano = *Native American*

El rumano también es una lengua romance, pero la cultura de Rumania es más bien eslava.

En los Estados Unidos, **latino** = **hispano.**

Norteamérica = la América del Norte; Centroamérica = la América Central; Suramérica/ Sudamérica = la América del Sur.

Orlando es de Buenos Aires, tiene la piel blanca y el pelo rubio. ¿Es hispano, latino o blanco? Rosa es de Venezuela, tiene la piel muy oscura y el pelo negro y rizado. ¿Es hispana o negra? Rocío es de México, tiene la piel morena, el pelo negro y rasgos indígenas. ¿Es mexicana, hispana o indígena?

Como se puede ver, el uso de estos términos no está nada claro. Los términos *hispano* y *latino* se confunden con otros más bien raciales: indígena, negro, blanco, asiático. Sin embargo, *hispano* y *latino* no se basan en distinciones de raza sino en distinciones de cultura. *Latino* es un término de significado bastante amplio que denomina a las personas que hablan lenguas romances como el portugués, el español, el catalán, el francés y el italiano, lenguas que tienen su origen en el latín, y por eso también se llaman lenguas *latinas*. Como la cultura y la lengua van íntimamente relacionadas, el término *latino* es tanto cultural como lingüístico. *Hispano* es un término que denomina a un habitante de la antigua provincia romana de Hispania, hoy España, y se usa actualmente para referirse a todas las personas de habla española y su cultura.

El uso de los términos *latino* e *hispano* con connotaciones raciales es incorrecto, ya que hay hispanos blancos, negros, asiáticos e indígenas y mezclas de estos grupos. En realidad, *latino* es una abreviatura de *latinoamericano*, término que incluye no sólo a los hispanos, sino también a los brasileños (de habla portuguesa) y a los haitianos (de habla francesa). Al mismo tiempo, excluye a muchos habitantes indígenas que no hablan español ni portugués y que no se consideran latinos.

Estos problemas de nomenclatura no acaban aquí. También se confunden los términos geográfico-culturales con otros exclusivamente geográficos. *Latinoamérica* e *Hispanoamérica* pertenecen al primer grupo. Latinoamérica incluye a todos los países de lengua y cultura latinas, mientras que Hispanoamérica se compone de los diecinueve países de lengua española y cultura hispana. Otros términos puramente geográficos son *Norteamérica*, *Centroamérica*, *Suramérica* y el *Caribe*. En español, el nombre América no se refiere a ningún país, sino al continente que se extiende desde el Ártico hasta Tierra del Fuego. Por esta razón, la palabra española *americano* no se debe usar para referirse a personas de los Estados Unidos, ya que todo habitante de las Américas es americano. Como resultado, se han buscado alternativas, como *estadounidense* y *norteamericano*. Surge todavía más confusión, sin embargo, al usar *norteamericano* para hablar de personas de los Estados Unidos, porque los canadienses y los mexicanos también son norteamericanos. Y la palabra *estadounidense*, formal y burocrática, simplemente no le gusta a nadie; así que, por falta de algo mejor, muchísimas personas dicen *americano* cuando hablan de la gente de los Estados Unidos.

Muchas culturas, razas e idiomas coexisten en el continente americano, una tierra de gran diversidad y complejidad. El uso de diversos nombres refleja su complicada realidad y las muchas diferencias que también existen dentro del mundo hispano.

ESTRATEGIA DE LECTURA

Identifying the Main Idea of a Paragraph

Most writing is organized into paragraphs. Good paragraphs refer to a central idea, which may be found in a topic sentence, often the first sentence, or simply inferred. If the main idea must be inferred, you will need to read the entire paragraph and formulate the main idea in your own words.

Actividad 11: Las ideas principales   Hay cinco párrafos en la lectura anterior. Pon un número (1-5) al lado de la oración que exprese mejor la idea principal de cada párrafo.

_____ los orígenes de **latino** e **hispano**

_____ ejemplos del uso confuso de algunos términos

_____ el uso incorrecto de **latino** e **hispano**

_____ la complicada realidad complica el uso de estos términos

_____ términos geográfico-culturales y términos geográficos

Actividad 12: Definiciones   En parejas, busquen en la lectura anterior las definiciones de las siguientes palabras y cópienlas. Luego, comparen sus definiciones con las de otras personas.

Scanning

1. latino   a. _____
           b. _____
2. hispano _____
3. americano   a. _____
              b. _____
4. Hispanoamérica _____
5. Latinoamérica _____
6. estadounidense _____

1-2

CUADERNO PERSONAL

¿Qué término es mejor: americano, norteamericano o estadounidense? Justifica tu opinión.

Lectura 3: Una reseña biográfica

Actividad 13: Los hispanos en los Estados Unidos   Como preparación a la lectura sobre un hispano importante, en grupos de tres, contesten y comenten las siguientes preguntas.

Activating background knowledge

1. ¿Cuáles son los grupos hispanos principales en los Estados Unidos?
2. ¿En qué estados o ciudades se encuentran?
3. ¿Conocen ustedes a algún político hispano?

Actividad 14:   Henry Cisneros Vas a leer un artículo sobre Henry Cisneros, un político de origen méxicoamericano muy importante en los Estados Unidos. De 1981 a 1989 fue alcalde de San Antonio, Texas, y más tarde fue nombrado Secretario del Departamento de Vivienda y Desarrollo Urbano. Lee rápidamente el artículo y marca los temas que aparecen.

Skimming

_____ la violencia urbana

_____ la influencia política de los hispanos

_____ la religión

_____ la pobreza

_____ el pasado de Henry Cisneros

_____ la influencia de la cultura hispana

Read only for main ideas. Rely on known words and cognates.

La unidad latina es la misión de

Henry

CISNEROS

por Enrique Fernández

▲ *Henry Cisneros, antiguo alcalde de San Antonio, Texas, es uno de los líderes hispanos más importantes de los Estados Unidos.*

Durante todo el caliente verano de campaña electoral en 1992, se prestó poca atención a cuestiones o figuras hispanas. La desunión política entre nuestros grupos nacionales nos hundía. En Texas, alguien veía la situación a través de un lente menos opaco: el ex alcalde de San Antonio, Henry Cisneros. Cisneros, quien se incorporó al gabinete de Clinton en 1993, mantiene una visión optimista. La aparente falta de liderazgo o consenso político entre los latinos no le provoca ningún fatalismo. Al contrario, en 1991 ayudó a fundar una organización política sin precedentes, el National Hispanic Leadership Agenda, que reúne a líderes de las mayores organizaciones hispanas y funcionarios elegidos.

Cisneros unió los diversos grupos hispanos y aprendió que había que dejar a un lado los puntos divisorios. La unidad latina se da primero a través de la cultura, por ejemplo, la religión. "Aquí hay una estatua de la Virgen de Guadalupe[1] que ha comenzado a echar lágrimas. Yo mismo lo vi. La iglesia se ha llenado de miles de hispanos. Pobres y ricos. Todos regresamos a las mismas fuentes espirituales".

El triunfo de artistas como el puertorriqueño Tito Puente, la cubana Gloria Estefan o los chicanos Los Lobos, no le parece un dato insignificante. Ni el que los norteamericanos consuman hoy más salsa mexicana que *ketchup*. "El cambio más interesante que veremos en la sociedad americana en los próximos quince años es lo que yo he llamado 'la hispanización de los Estados Unidos'".

Henry Cisneros es el nieto de un inmigrante mexicano, en cuya casa en el lado oeste de San Antonio vive todavía. Henry se ha forjado un destino político. Hay algo de un Kennedy hispano en su imagen progresista, en su preparación académica e inquietudes intelectuales, hasta en su ropa conservadora en un estado donde es una honra vestirse de *cowboy*. Pero su destino siguió otro paralelo con el de la familia irlandesamericana: su vida privada enmarañó su vida pública. En 1988, este atractivo alcalde de la ciudad más atractiva de Texas, se retiró súbitamente de la política y, anticipándose a un posible escándalo, explicó públicamente que su matrimonio estaba en crisis y que sostenía relaciones con una asistente.

Cisneros se retiró de la política hasta 1993, a pesar de que se hablaba de la posibilidad de una candidatura vicepresidencial, la primera en la historia para un hispano. Se dedicó al desarrollo de una oficina de inversión, el Cisneros Group. Y volvió al lado de su esposa, a quien le unían no sólo los votos matrimoniales, sino también un dolor compartido: su hijo menor sufría de una seria condición cardíaca.

¿Por qué no llenó Henry Cisneros el vacío de liderazgo de nuestro pueblo durante esos cuatro años? Su respuesta es que no había tal vacío. "Ya tenemos figuras importantes. Freddy Ferrer en Nueva York, Miriam Santos en Chicago, Gloria Molina en Los Ángeles, Dan Morales y Lena Guerrero en Texas, Ileana Ros-Lehtinen en Miami". Lo cierto es que su peso político no dejó de sentirse durante esos años. Están ahí su trabajo a favor de candidatos demócratas en su estado, y su fundación del National Hispanic Leadership Agenda.

De lo que Cisneros sí está seguro es de que la cultura norteamericana necesita de la cultura latina. "Esta influencia viene en tres etapas. Primero hay una fase puramente sensorial, la que vivimos ahora, en la cual se disfruta la música, comida, arquitectura, literatura, todo el estilo latino. Después viene una etapa de negociaciones, que ya ha comenzado con el Tratado de Libre Comercio[2] con México. Esto significa intercambios profesionales, viajes, noticias y, sobre todo, que los norteamericanos y los latinoamericanos han comenzado a negociar de igual a igual".

"Y después viene el reconocimiento. El decir 'yo no sabía que las universidades latinoamericanas[3] son las más antiguas del continente, yo no sabía que escritores como Octavio Paz tienen tanto que decir, yo no sabía que la Constitución Mexicana es admirada en todo el mundo por la manera en que trata los derechos civiles'. Para esto se necesita un proceso de concienciación que es responsabilidad nuestra. "Tenemos que decir de una manera vigorosa la verdad sobre la historia de este país, que la mitad de este país ha sido hispana. Nada puede ser más quintaesencialmente americano que la ciudad que llamamos L.A., pero que se llama Nuestra Señora de Los Ángeles de la Purísima Concepción. O Santa Fe de la Cruz de Jesús".

[1] La Virgen de Guadalupe es la santa patrona de México.

[2] Tratado de Libre Comercio (TLC) = NAFTA.

[3] La Universidad de Santo Domingo fue fundada en 1538 y las de México y San Marcos (Lima, Perú) en 1551.

Actividad 15: Las ideas principales   Normalmente los párrafos contienen una oración principal *(topic sentence)* que resume la idea central. En parejas, busquen y <u>subrayen</u> la oración principal de cada párrafo en esta lectura. Si no hay oración principal explícita, escriban una original.

Identifying the main idea of a paragraph.

Actividad 16: ¿Quién es Henry Cisneros?   En grupos de tres, localicen en el texto la información que contesta las siguientes preguntas.

Scanning

1. ¿Cuándo nombró el presidente Clinton a Henry Cisneros como miembro de su gabinete?
2. ¿Cuándo ayudó a fundar el National Hispanic Leadership Agenda?
3. Según Cisneros, ¿cuál es el cambio más interesante que veremos en la sociedad americana?
4. ¿Con qué presidente se compara a Cisneros?
5. ¿Cuándo se retiró de la política y por qué?
6. ¿Cuándo volvió a la política?
7. ¿Cuáles de estos adjetivos describen a Henry Cisneros?

fatalista	progresista	pesimista	inteligente	egoísta
religioso	orgulloso	responsable	atractivo	cariñoso

> **1–3**
> **CUADERNO PERSONAL**
> Henry Cisneros es un político muy respetado. ¿A qué político respetas tú y por qué? Si no respetas a ninguno, explica por qué.

Actividad 17: Henry Cisneros y la cultura latina   Henry Cisneros dice que la influencia hispana en los EE.UU. es antigua y profunda. Marca con una X los aspectos de la cultura afectados por la influencia hispana que menciona Cisneros.

Scanning

_____ la arquitectura	_____ la religión	_____ la música
_____ la comida	_____ la política	_____ el arte
_____ la ropa	_____ los negocios	_____ la literatura
_____ el cine	_____ las leyes	_____ la historia

Redacción 2: Una entrevista

ESTRATEGIA DE REDACCIÓN

Reported Speech

The following activities will lead you to write an article based on an interview. In order to do this, you will need to convert direct speech to reported speech. Examine the following examples:

Direct Speech (estilo directo)	**Reported Speech (estilo indirecto)**
—Soy bella, elegante y rica.	**Dice que** es bella, elegante y rica.
—¡¡Yo no soy gordo!!	**Insiste en que** no es gordo.

Other expressions used to introduce reported speech:

Opina que	Piensa que	Cree que	Le parece que
Cuenta que	Afirma que	Explica que	Contesta/Responde que

Actividad 18: Un poco de práctica Cambia las siguientes frases del estilo directo al estilo indirecto.

Reported speech

1. En realidad, me llamo Luisa Ciccone.
2. Tengo el pelo rizado y ojos amarillos.
3. Me gusta viajar en mi yate.
4. Voy a dirigir una obra de teatro en San Francisco.
5. Creo que soy muy impaciente.

Luisa Ciccone = Madonna

Actividad 19: La entrevista En parejas, uno de Uds. es periodista y la otra persona es una persona famosa. Sigan las instrucciones para su papel. Cuando terminen, cambien de papel.

Gathering information

periodista	persona famosa
Tienes que escribir un artículo sobre una persona famosa. Por supuesto, necesitas información. Usa el siguiente cuestionario y entrevista a una persona famosa. Consigue toda la información que puedas. ¡Pídele detalles íntimos! Toma buenos apuntes para escribir el artículo.	Eres una persona famosa (real o ficticia) y te va a entrevistar un/a periodista para un artículo. Contesta sus preguntas detalladamente.

1. ¿Cuál es su nombre verdadero?
2. ¿Le importa a Ud. si le pregunto su edad?
3. ¿Qué características físicas considera positivas en Ud.?
4. ¿Cuáles considera negativas?
5. ¿Qué características de su personalidad son responsables de su fama?
6. ¿Hay detalles de su personalidad que considera negativos? ¿Cuáles?
7. ¿Cuáles son sus actividades favoritas?
8. ¿Qué piensa Ud. sobre _____ ?
9. ¿Qué planes tiene para el futuro?
10. ¿Tiene Ud. algún mensaje para nuestros lectores?

Actividad 20: El artículo Parte A: Estudia la información que tienes sobre la persona famosa. Las respuestas de la entrevista se pueden dividir en cuatro categorías:

- apariencia física
- personalidad
- opiniones y actividades preferidas
- planes

Cada una de estas categorías puede formar la idea principal de un párrafo. Sin embargo, si tienes poca información en una categoría, puedes incluir esa información en otro párrafo. Por ejemplo, puedes combinar apariencia física y personalidad. Ahora escribe el artículo.

Parte B: Después de escribir tu artículo, muéstraselo a la persona famosa que entrevistaste para ver si la información es correcta.

La vida moderna

Actividad 1: La vida moderna En la página anterior hay un dibujo que muestra algunas de las ventajas y desventajas de la vida moderna. En grupos de tres, hagan una lista de cinco aspectos positivos y otra de cinco aspectos negativos de la vida moderna.

Activating background knowledge.

➤ (positivo) La tecnología hace la vida más cómoda.

(negativo) Las personas ya no hablan mucho con los vecinos.

ya no = no longer, not anymore

Lectura 1: Un artículo

ESTRATEGIA DE LECTURA

Guessing Meaning from Context

When reading, you will often come across words that are unfamiliar to you. In many cases these may be cognates and easily understood. In other cases, however, you will need to look at the wider *context* to guess the meaning of unfamiliar words. The parts of a passage that surround a particular word often limit what that word can and cannot mean. Though you may be tempted to look up each unfamiliar word in the glossary or dictionary, it is often faster and just as helpful to guess the meaning of a word from its context, or even to skip it if it seems unimportant.

Actividad 2: Adivinar el significado según el contexto Las expresiones indicadas en **negrita** aparecen en el artículo que vas a leer. Usando el contexto de la oración, determina qué expresión explica mejor el significado de cada expresión.

Guessing meaning from context, Building vocabulary

1. Tengo mucho sueño hoy porque pasé toda la noche **sin pegar ojo**.
   a. sin poder dormirme   b. sin tener un sueño   c. sin despertarme
2. Trato de dormir pero no puedo; siempre sigo igual de **despejado**.
   a. preocupado   b. triste   c. despierto
3. El uso **inadecuado** de drogas incluye el no tomar las medicinas cuando se debe o tomar más de lo que se debe.
   a. insuficiente   b. inapropiado   c. exagerado
4. Lo peor del **ingreso** a un hospital es tener que ponerse esa camisita que está abierta por detrás.
   a. entrada   b. salida   c. depósito
5. Uno de los efectos físicos de la menopausia son los **bochornos**.
   a. miedo a la oscuridad   b. sensaciones de calor
   c. fluctuaciones violentas de peso
6. Su médico le recetó la **cimetidina** para la úlcera.
   a. una comida   b. una bebida   c. una medicina
7. Ella sufre de una condición cardíaca, así que siente **angustia** por su salud.
   a. dolor fuerte   b. preocupación extrema   c. nostalgia
8. A causa de los nervios, me es difícil **conciliar el sueño**.
   a. poder dormirse   b. tener sueños agradables
   c. quedarse despierto

9. El farmacéutico no te da la medicina sin **receta** médica.
   a. recibo que comprueba que no es una droga ilegal
   b. instrucciones para la preparación de un té de hierbas
   c. permiso e instrucciones de uso para una medicina

Actividad 3: ¡No puedo dormir!   Como preparación a la lectura sobre el insomnio, comenten en parejas las siguientes preguntas y luego compartan sus ideas con la clase.

Activating background knowledge

1. ¿En qué situaciones no pueden dormir las personas?
2. ¿Qué haces tú en caso de insomnio?

Actividad 4: Para familiarizarse con el texto   Después de mirar el título y los subtítulos, busca la siguiente información en los cuatro primeros párrafos de la lectura.

Skimming and scanning. When you read, remember to identify cognates and to guess meaning from context.

1. De cada tres adultos, ¿cuántos han tenido problemas para dormir?
2. ¿Qué es "lo cierto" si una persona no duerme lo suficiente?
3. ¿Cuál es una necesidad del cuerpo?

Histérico toda la noche y sin pegar un ojo

Para dormirse, lo más importante es saber relajarse

POR ALIZA LIFSHITZ, M.D.

Uno empieza a dar vueltas y más vueltas, ahueca la almohada, estira las sábanas, pone orden en la cama como si ése fuera el problema de que no pueda pegar ojo. Y nada, el sueño no llega. Incluso se pone a contar ovejas, o vacas, o cualquier animal capaz de saltar la vallita. Pero acaba con todo el rebaño y sigue igual de despejado. Si en medio de esa lucha reconoce que lo que no le deja dormir es el café de la cena, el hecho de que mañana tenga un viaje o un examen que pasar, entonces no debe desesperarse.

Porque de cada tres adultos, uno ha tenido problemas para dormir, ya sea para lograr conciliar el sueño o permanecer dormido las horas necesarias. A esto se le conoce como insomnio.

Al margen de que usted sea una persona acostumbrada a dormir mucho o poco, lo cierto es que si no duerme lo suficiente puede disminuir su habilidad para trabajar, perder la rapidez de sus reflejos (por ejemplo cuando maneja), y verse afectada su capacidad intelectual y de concentración. Y, por supuesto, no se sentirá bien. Cuando el caso es severo, debe consultar a un médico, ya que la falta de sueño puede llevar al uso inadecuado de medicinas e incluso al alcohol u otras drogas que pueden aumentar el problema o convertirlo en crónico.

Pero, ¿realmente necesitamos dormir? Los expertos dicen que sí. Hay varias teorías del por qué. Una de ellas se refiere a la necesidad del cuerpo de "recuperarse". Las horas necesarias de sueño son distintas para cada persona; como promedio, se requieren entre siete y nueve horas diarias. Lo importante es cómo se siente la persona. Entre las causas más comunes de insomnio se hallan:

- **Factores de estilo de vida**, como fumar, tomar café o bebidas que contienen cafeína, el alcohol, cambios en el horario de trabajo, *jet lag* (desorientación causada por cambios bruscos de horario cuando se viaja de un país a otro).

- **Factores ambientales**, como el ruido (del tráfico), cambios en la temperatura o en la luz, ingreso a un hospital.

- **Factores físicos**, debidos a problemas médicos, que pueden ser respiratorios, dolores crónicos, bochornos en la menopausia, etc. También pueden causar insomnio ciertas medicinas como la reserpina para la presión arterial, la teofilina para tratar el asma, la cimetidina para la úlcera, hormonas como la cortisona, pastillas anticonceptivas, algunos descongestionantes nasales y las pastillas que son para bajar de peso.

- **Factores psicológicos**, cambios en el trabajo, pérdida de puesto laboral, un examen, preocupaciones familiares o personales (divorcio), angustia por la salud, una operación o incluso inquietud por el mismo insomnio.

Cualquier actividad que le relaje puede ayudarle a conciliar el sueño. Por ejemplo, tomar un baño caliente o perfumado, oscurecer la habitación y poner una música suave, si le gusta. También ayuda tomarse un vaso de leche caliente o un té de tila. Existen técnicas de relajación, como la meditación, que también puede utilizar para conciliar el sueño. Sólo si nada de esto funciona, puede recurrir a alguna medicina. En cualquier caso, es mejor si consulta antes con el doctor, porque incluso si toma

algún remedio que no exige receta médica, aunque le ayude a dormir, puede causarle somnolencia durante el día. Otras medicinas pueden crearle adicción o efectos secundarios no deseados.

PARA COMBATIR EL INSOMNIO

- Evite por completo la cafeína, o, por lo menos, no la tome seis horas antes de acostarse.
- No beba alcohol ni fume, o, al menos, no lo haga dos horas antes de acostarse.
- No duerma siestas.
- Establezca ciertos rituales antes de acostarse, como leer o tomar un baño.
- No se acueste hasta que tenga sueño. No vea televisión en la cama.
- Despiértese todos los días a la misma hora, independientemente de la hora en que se haya acostado.
- Aumente su actividad física, especialmente por la mañana.
- Si suele pensar en todos sus problemas apenas se acuesta, dedique unos minutos cada día, por ejemplo después de cenar, para estudiar sus problemas y tratar de encontrar las soluciones posibles.
- Si no puede conciliar el sueño a los diez o quince minutos, no se quede en la cama, vaya a otro cuarto a leer o a ver televisión. Distráigase con alguna actividad relajante para no pensar en que no puede dormir y espere a que le llegue el sueño.

Actividad 5: La organización de la lectura Una buena lectura está organizada a base de un esquema o bosquejo *(outline)*. ¿Cuál de los siguientes bosquejos refleja mejor la organización de la lectura anterior?

Understanding text organization

I. El insomnio	II. El insomnio	III. El insomnio
A. Las soluciones	A. Las causas	A. Los efectos
B. Los efectos	B. Los efectos	B. Las causas
C. Las causas	C. Las soluciones	C. Las soluciones

Actividad 6: ¿Es verdad?   Después de leer, determina si las siguientes oraciones son ciertas (C) o falsas (F). Luego en parejas, comparen respuestas y corrijan las oraciones falsas. Miren el texto otra vez si es necesario.

Scanning

1. _____ La persona que sufre de insomnio no debe desesperarse.

2. _____ Aunque el insomnio puede afectar la capacidad intelectual, no afecta la capacidad de manejar un carro.

3. _____ La autora del artículo recomienda una visita al médico cuando uno no puede dormir bien.

4. _____ Según los expertos, se necesitan seis o siete horas de sueño por día.

5. _____ Los factores psicológicos son la causa principal del insomnio.

6. _____ Las medicinas modernas son muy buenas y son la mejor solución para el insomnio.

2-1
CUADERNO PERSONAL

El estrés es una de las causas del insomnio. ¿Tienes actualmente mucho estrés en tu vida? ¿Por qué? ¿Qué efectos tiene el estrés? ¿Qué haces para combatirlo?

Actividad 7: Para combatir el insomnio   En la última parte de la lectura se ofrecen varias sugerencias y reglas de comportamiento para conciliar el sueño. En parejas, digan cuál de las técnicas es la más eficaz y cuál es la menos eficaz. Después compartan sus ideas con la clase.

Scanning

➤ Nos parece que la técnica más eficaz es evitar la cafeína.

Redacción 1: Reglas y sugerencias

ESTRATEGIA DE REDACCIÓN

Variety in Structure and Form

In the preceding reading, you saw a list of suggestions and rules for avoiding insomnia, all expressed using direct commands. While it is often useful to repeat the same form or structure in a passage, to maintain parallel structures or to emphasize an idea, it is also advantageous to vary the forms and structures you use when writing in order to achieve a more interesting style. Notice in the following examples some alternatives to direct commands for giving general rules and suggestions:

(No) Se debe + infinitivo	You/One must (not). . .
(No) Se tiene que + infinitivo	You (do not) have to. . .
(No) Se puede + infinitivo	You can (cannot). . .
(No) Es necesario/preciso + infinitivo	It is (not) necessary to. . .
(No) Es obligatorio + infinitivo	It is (not) obligatory to. . .
(No) Hay que + infinitivo	You must (not). . .
Se prohíbe + infinitivo	(Verb + -*ing*) is prohibited.
No + infinitivo	Don't . . .

hay que = es necesario. No hay que is often stronger than **no es necesario**, and may indicate prohibition of an action: **No hay que fumar en la clase.**

Actividad 8: Reglamento para una vida mejor   Parte A: En parejas, escojan **en secreto** uno de los temas de la lista. Escriban de seis a diez reglas o sugerencias para su tema. Usen las frases de la Estrategia de redacción. No escriban el tema, sólo las reglas.

> **reglas para. . .**
> * trabajar con computadoras
> * vivir con un/a compañero/a de cuarto
> * cuidar a un niño
> * tener un perro o un gato en casa
> * fumar en los EE.UU.
> * hacer feliz a tu esposo/a
> * hacer una fiesta
> * sacar A en la clase de español
> * sobrevivir por un mes con doscientos dólares

Parte B: Ahora, intercambien sus reglas con otra pareja. Lean las reglas de sus compañeros y averigüen cuál es el tema que ellos escogieron.

Lectura 2: Panorama cultural

ESTRATEGIA DE LECTURA

Using Sentence Structure and Parts of Speech to Guess Meaning

When using context to guess the meaning of unfamiliar vocabulary, you usually focus on the meaning of surrounding words. However, at times it is also useful to focus on the basic sentence structure and its parts. The larger parts of a sentence (subject, verb, object, prepositional phrase) can often be broken down into individual words, which can then be identified with a particular function or part of speech (noun, adjective, verb, adverb).

The parts of speech (**las partes de la oración**) include the following:

* **el sustantivo:** a noun is a person, place, thing or concept: **el jefe, el parque, la albóndiga, el impresionismo.**
* **el verbo:** a verb refers to an action or state: **subir, correr, estar.** Verbs can be transitive (they take a direct object—**Canto ópera.**) or intransitive (no direct object—**Estoy bien.**)
* **el adjetivo:** an adjective describes **(grande, impresionante, completo)** or limits **(algunos, este, doce)** a noun.
* **el adverbio:** an adverb describes the action of a verb **(despacio, rápidamente, temprano)** or describes the degree of an adjective **(muy, poco, increíblemente).**

- **el artículo:** an article marks the gender, number, and definite or indefinite nature of a noun: **el, la, los, las, un, una, unos, unas.**
- **la preposición:** a preposition identifies the links between other words: **a, con, de, desde, en, entre, hacia, hasta, para, por, sin, sobre,** etc.
- **la conjunción:** a conjunction connects elements within a sentence: **y, o, pero, sino.**
- **el pronombre relativo:** a relative pronoun connects a subordinate verbal clause to another element in the sentence: **que, quien, donde, el cual,** etc.

Identifying parts of speech may give you just enough information to determine the basic relationships within a sentence. Try this sentence written in nonsense Spanish. What information can you safely determine about the words?

El manículo golupeó calamente a Paco en la cloba gara.

Start with the familiar: **El** and **la** mark the nouns **manículo** and **cloba. En** is a preposition and marks off at least **la cloba** as part of a prepositional phrase. **Paco** is a common Spanish name, so the **a** could be a preposition *(to)* or **a** personal. Where's the verb? **Golupeó** looks likely since it follows the first noun (often the subject), ends in the preterit **-ó,** and is followed by an adverb ending in **-mente. Gara** is probably an adjective since it follows a noun and agrees with it in gender.

This sort of analysis can be useful in helping you understand difficult passages. Often, in order to get the gist of an idea, it is enough to know that something or someone did something in a certain way to someone else. The natural redundancy of language will often result in the same idea being repeated or referred to with different vocabulary farther on in the passage.

Actividad 9: Las partes de la oración   En parejas, determinen las partes de las siguientes oraciones.

Determining parts of speech

1. La tecnología y el comercio invaden todos los sectores de la vida.
2. Muchos hispanos mantienen una actitud diferente.
3. El progreso también trae problemas.
4. En los EE.UU., empezamos a percibir que el progreso puede traer nuevos problemas.
5. Una comprensión de los valores dominantes de cada cultura puede facilitar la comunicación.

Actividad 10: Del contexto al significado   Antes de leer "El cambio en el mundo hispano", determina en cada caso cuál de las tres expresiones refleja el significado de la expresión en negrita.

Guessing meaning from context

1. Muchas personas estudian y trabajan para **triunfar** en la vida.
   a. ganar un premio   b. tener éxito   c. divertirse
2. Los postres y los dulces son deliciosos, pero **engordan** mucho.
   a. hacen que las personas aumenten de peso   b. son difíciles de comer
   c. contienen mucha grasa

3. **La finalidad** de estudiar es aprender.
   a. La conclusión   b. La última vez   c. El objetivo
4. Para triunfar en la vida, es **imprescindible** trabajar duro y tener suerte.
   a. innecesario   b. importante   c. indispensable
5. Cuando **la tasa de mortalidad** baja, la población crece.
   a. el número de mortales   b. el número de muertos
   c. las maneras de morir
6. Es difícil progresar sin tener **metas** claras.
   a. amigas   b. objetivos   c. clases

Actividad 11: Las generalizaciones y los estereotipos   Al hablar de la cultura o la sociedad, casi siempre es necesario hacer generalizaciones, pero éstas pueden ser problemáticas. En parejas, miren la siguiente lista y contesten las preguntas. Después, compartan sus ideas con la clase, y por último escriban una definición de "estereotipo" y otra de "generalización".   *Activating background knowledge*

- ¿Cuáles de las oraciones representan generalizaciones válidas o erróneas?
- ¿Cuáles representan estereotipos?

1. Todos los norteamericanos comen con frecuencia en McDonald's.
2. Comer bien y hacer ejercicio es muy importante para todos los norteamericanos.
3. A los norteamericanos ya no les gusta fumar.
4. Los norteamericanos creen que la investigación científica y la tecnología son buenas.
5. Todos los norteamericanos quieren triunfar.
6. Los norteamericanos son como niños grandes.
7. Todos los norteamericanos llevan armas.
8. Los norteamericanos viven en casas grandes con piscinas.

Actividad 12: La idea central   Lee rápidamente el título y los dos primeros párrafos de la siguiente lectura. Di cuál de estas ideas resume mejor la idea central de la lectura.   *Skimming and scanning*

1. Tanto los norteamericanos como los hispanos son bastante fatalistas.
2. Los hispanos y los norteamericanos a menudo tienen ideas diferentes sobre la vida y el cambio.
3. Los hispanos aceptan el cambio más fácilmente que los norteamericanos.

EL CAMBIO EN EL MUNDO HISPANO

Muchos norteamericanos, aunque no todos, se sorprenden al llegar a España u otros países hispanos. ¡Todo el mundo fuma! ¡Y bebe! O por lo menos así parece. Y, mientras el norteamericano suele tomar en serio las últimas investigaciones científicas que dicen que cierta comida o bebida tradicional puede ser dañina para la salud, muchos hispanos responden con un irónico "lo que no mata, engorda", seguido de una risa.

▲ *Una terraza, Mallorca, España. Fumar sigue siendo una costumbre popular y aceptada en la vida social de los países hispanos.*

Muchos hispanos, aunque no todos, mantienen una actitud hacia la vida bastante diferente de la norteamericana. En los Estados Unidos los avisos
10 sobre los peligros de comer mal, fumar y beber tienen un mensaje claro: hay que cambiar los malos hábitos y las costumbres malsanas. El hispano, sin embargo, tiende a cuestionar la finalidad de todas estas nuevas reglas. "Si estoy bien ahora, ¿para qué
15 sufrir tanto? ¡¿Por cinco añitos más de vida?!" Esta actitud viene, en parte de una perspectiva conocida como el fatalismo. El fatalismo se asocia con tradiciones rurales y agrarias y se encuentra en muchas culturas tradicionales, entre ellas, varias de las
20 que contribuyeron a la cultura hispana moderna. El fatalista cree que la vida ya está determinada, que es imposible cambiar el destino. Por lo tanto, favorece una tendencia a disfrutar del momento actual y a despreocuparse de lo que ocurrirá en veinte o treinta
25 años. Además, si las circunstancias no son favorables, simplemente las acepta. De todas formas, la actitud tradicional hispana hacia el cambio no ha sido especialmente positiva.

Los norteamericanos, en cambio, suelen creer en
30 el valor positivo del cambio. Creen en el progreso, ya que éste es el cambio que elimina los problemas del pasado. El progreso es una filosofía que reconoce el

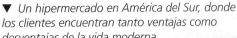

▼ *Un hipermercado en América del Sur, donde los clientes encuentran tanto ventajas como desventajas de la vida moderna.*

valor del individuo y la responsabilidad que tiene por su propia vida, o sea, la responsabilidad de
35 mejorar su vida. En los Estados Unidos, la glorificación del progreso se manifiesta en todos los aspectos de la sociedad, desde las conversiones religiosas de los cristianos evangélicos hasta el activismo político más liberal. El concepto del
40 progreso también infunde la creencia en el valor de la investigación científica, del desarrollo de la tecnología y de la productividad en general. Hoy día este modo de vivir y pensar también existe en el mundo hispano. La tecnología y el
45 comercio abundan, las computadoras se encuentran por todas partes y mirar televisión y videos es casi tan común como en los Estados Unidos. El hipermercado reemplaza al mercado tradicional. El coche se hace imprescindible; la
50 siesta desaparece y se almuerza en una hora o

▲ *La vida urbana: el tráfico congestionado de Caracas, Venezuela.*

media hora. Con todos estos cambios surgen ideas nuevas. Los jóvenes quieren triunfar y cada vez hay más personas que creen en la posibilidad de mejorar su situación y la de su comunidad. Los
55 cambios tecnológicos traen mayor productividad y más posibilidades de entretenimiento y de éxito profesional.

    Sin embargo, el progreso también trae sus problemas. Un buen ejemplo es el de los avances
60 médicos que han reducido la tasa de mortalidad, pero que al mismo tiempo han contribuido a la catastrófica explosión demográfica. En las ciudades cada vez hay más personas que sufren de estrés y de insomnio. La depresión, la
65 competitividad y la soledad llegan a ser sinónimos de la vida moderna. De hecho, es en la ciudad donde mejor se ven los problemas que ocasiona el progreso. Desde 1945, la población hispanoamericana ha pasado
70 de ser predominantemente rural a ser predominantemente urbana. Esto ha ocurrido porque la ciudad representa la posibilidad del cambio, de poder hacer algo mejor en la vida. Sin embargo, el enorme traslado de tantas personas ha causado y sigue causando graves dificultades. La capital de México, por ejemplo, ha llegado a ser la ciudad más grande del mundo. No hay suficientes
75 casas para todos sus habitantes y hay altísimos niveles de contaminación. Otros efectos de la urbanización ya se conocen en los Estados Unidos: la crisis de la estructura familiar, el abuso de las drogas, el crimen y la falta de trabajo.

    Entonces, ¿cuál es la solución? Quizás se pueda encontrar un término medio. El fatalismo y el progreso representan dos extremos de una gama. En
80 los Estados Unidos ya se ve que el progreso puede traer nuevos problemas. En el mundo hispano, en cambio, empieza a aceptarse la idea de que el cambio puede representar un bien. Cualquier extremo causa problemas, pero si se logra escoger con cuidado las metas de la sociedad, también será posible decidir cuándo es útil el progreso y cuándo no. Además, una comprensión de
85 los valores dominantes de otras culturas puede facilitar la comunicación . . . ¡y reducir el estrés de todos!

Actividad 13: Las ideas principales Después de numerar los párrafos, indica a qué párrafo (2-6) corresponde cada una de estas ideas.

Identifying main ideas of paragraphs

  a. _____ la aceptación del progreso en el mundo hispano

  b. _____ el concepto del progreso

  c. _____ el concepto del fatalismo

  d. _____ la posible síntesis de las dos perspectivas

  e. _____ los problemas que ocasiona el progreso

Actividad 14: ¿El progreso o el fatalismo?   En la lectura se mencionan muchas características del progreso y del fatalismo. En grupos de tres, miren la siguiente lista y decidan a qué perspectiva pertenece cada elemento.

Checking comprehension

la vida rural
la participación en la política
la pasividad
la capacidad de triunfar
la preocupación por el futuro
el estrés

la vida urbana
la búsqueda del cambio
la felicidad
la estabilidad
los avances médicos
la destrucción del medio ambiente

2-2

CUADERNO PERSONAL

¿Cuál refleja mejor tu visión de la vida, el fatalismo o el progreso? Piensa en ejemplos concretos de tu propia vida.

Lectura 3: Literatura

E S T R A T E G I A
D E   L E C T U R A

Using the Dictionary

Reading exposes you to new ideas and new words. As a general rule, the most efficient strategy for dealing with unfamiliar words is to try to guess their meaning from the context, or to skip over them if they do not seem important. However, there will be cases when you either need to look up a word in order to understand the passage, or are simply curious to know more. If you finally decide to use the dictionary, here are some guidelines to help you:

1. Determine the part of speech.

2. Consider the context and try to guess its meaning. This may help you when you look up the word and are presented with numerous possibilities.

3. Look up the word in the Spanish half of a good bilingual dictionary. Be sure to check and compare all the possibilities given. Use the dictionary abbreviations to help you:

>   **m.** masculine noun
>   **f.** feminine noun
>   **adj.** adjective (often given in masculine form)
>   **adv.** adverb
>   **v. tr.** transitive verb
>   **v. int.** intransitive verb
>   **v. r. (ref., pr.** or **prn.)** reflexive verb

The **pr.** or **prn.** refers to the reflexive pronoun that accompanies reflexive verbs.

4. Scan the entry to see if the word you are looking up is actually part of an idiom. Idioms are included toward the end of an entry.

Actividad 15: Cómo buscar palabras Busca el significado de las siguientes palabras que aparecen en el cuento "El abecedario". Luego, lee el cuento para averiguar si tienes el significado correcto. Si no, vuelve a buscar la palabra, pero esta vez pensando en el contexto.

Using the dictionary

albóndiga   aguardiente
anduvo   antifaz
birló   cabo
decimotercera hecho (sustantivo)

a·guar·dien·te m. spirits, liquor ♦ **a. de caña** rum.
al·bón·di·ga f. meatball.
an·dar¹ §O5, §G9 intr. (caminar) to walk; (marchar) to go, move; (funcionar) to work, function; (transcurrir) to go by, elapse; FIG. (estar) to be <andan escribiendo they are writing>; (sentirse) to be, feel <a. alegre to be happy> ♦
an·ti·faz m. [pl. -fa·ces] (máscara) mask; (velo) veil.
bir·lar tr. FIG., COLL. (derribar) to kill or knock down with one blow; (robar) to steal, swipe.
ca·bo m. (extremo) end, extremity <el c. de la soga the end of the rope>; (fin) end, conclusion <llegar al c. de una tarea to arrive at the end of a task>; (pedazo) stub, bit; handle <c. de hacha ax handle>; (bulto) package, bundle; GEOG. cape, point; MARIT. rope, cable; MIL. corporal ♦ **al c. de** at the end of • **al fin y al c.** FIG. after all, in the end • **atar cabos** FIG. to put two and two together • **c. de año** RELIG. anniversary mass
de·ci·mo·ter·ce·ro, -ra adj. thirteenth.
he·cho, -cha I. past part. see **hacer II.** adj. (perfecto) perfect, complete; (terminado) done, finished; (acostumbrado) accustomed, used to; (proporcionado) proportioned <bien h. well-proportioned>; (maduro) mature; FIG. (semejante a) like <h. un demonio like a devil>; CUL. done, cooked <muy h. overcooked>; SEW. (ropa) ready-made ♦ **h. y derecho** complete, perfect, in every respect **III.** m. (acto) act, action; (hazaña) deed, feat; (suceso) event; (realidad) fact <el h. es que the fact is that>; (asunto) point, matter at hand <volvamos al h. let's get back to the point>

Actividad 16: Un ritmo nuevo A veces llegamos a la conclusión de que es hora de hacer cambios en la vida. Esto puede ser por frustración o aburrimiento. En parejas, hablen de las dos o tres cosas menos interesantes de su rutina diaria. Después, hablen de dos cambios que a Uds. les gustaría hacer. Usen frases como **todos los días, todas las mañanas/las tardes, normalmente, me gustaría, quisiera,** etc.

Activating background knowledge

Actividad 17: La idea central y unos detalles Lee rápidamente el primer párrafo de "El abecedario". Di cuál es la resolución fundamental del protagonista.

Skimming

1. Estudiar las reglas del arte.
2. Respetar los códigos legales.
3. Vivir metódicamente.
4. Aprender el abecedario (alfabeto).

Lee sólo para comprender las ideas generales. No es necesario entender todas las palabras.

Luisa Valenzuela nace en Argentina en 1938. Es una autora conocida por sus novelas y cuentos, en los que usa la fantasía, el humor y la ironía. En ellos cuestiona el dogma, el fanatismo, la política represiva y la discriminación hacia la mujer. Cree que el cambio es bueno y necesario para vivir intensamente, a la vez que reconoce que la vida es precaria y peligrosa.

EL ABECEDARIO   *Luisa Valenzuela*

Valenzuela usa un alfabeto sin incluir las letras españolas tradicionales **ch, ll** y **ñ**. De éstas, sólo la **ñ** se sigue considerando una letra independiente en el alfabeto español contemporáneo.

E l primer día de enero se despertó al alba y ese hecho fortuito determinó que resolviera ser metódico en su vida. En adelante actuaría con todas las reglas del arte. Se ajustaría a todos los códigos. Respetaría, sobre todo, el viejo y buen abecedario que, al fin y al cabo, es la base del entendimiento
5   humano.

Para cumplir con este plan empezó como es natural por la letra A. Por lo tanto la primera semana amó a Ana; almorzó albóndigas, arroz con azafrán, asado a la árabe y ananás. Adquirió anís, aguardiente y hasta un poco de alcohol. Solamente anduvo en auto, asistió asiduamente al cine Arizona, leyó
10   Amalia, exclamó ¡ahijuna! y también ¡aleluya! y ¡albricias! Ascendió a un árbol, adquirió un antifaz para asaltar un almacén y amaestró una alondra.

Todo iba a pedir de boca. Y de vocabulario. Siempre respetuoso del orden de las letras la segunda semana birló una bicicleta, besó a Beatriz, bebió Borgoña. La tercera cazó cocodrilos, corrió carreras, cortejó a Clara y cerró
15   una cuenta. La cuarta semana se declaró a Desirée, dirigió un diario, dibujó diagramas. La quinta semana engulló empanadas y enfermó del estómago.

Cumplía una experiencia esencial que habría aportado mucho a la humanidad de no ser por el accidente que le impidió llegar a la Z. La decimotercera semana, sin tenerlo previsto, murió de meningitis.

A   B   C   D

E   F   G   H

I   J   K   L

M   N   O   . . .

Actividad 18: Asimilación de detalles   Indica si cada oración es cierta (C) o falsa (F) según el cuento. Corrige las oraciones falsas. Si es necesario, consulta el cuento.

Checking comprehension

1. _____ El protagonista es un hombre.
2. _____ El cambio en su vida probablemente fue una promesa de Año Nuevo.
3. _____ La base del conocimiento humano es el abecedario.
4. _____ El protagonista bebió ron en la tercera semana.
5. _____ El protagonista nadó a Noruega.
6. _____ En la decimotercera semana el protagonista llegó a la Z.
7. _____ Su muerte fue una sorpresa, pero también fue lógica.

Actividad 19: Adivina según el contexto   Con los cognados, el vocabulario conocido y el contexto de una oración es posible adivinar el significado de muchas palabras. Otro factor que facilita la comprensión es el contexto **total** de la lectura. Escoge el sinónimo de cada palabra o frase indicada según el contexto de cada oración y el contexto general del cuento.

1. El primer día de enero se despertó **al alba**. . .
   a. muy temprano por la mañana   b. al mediodía   c. por la tarde
2. Para **cumplir con** este plan, empezó como es natural por la letra A.
   a. perfeccionar   b. cambiar   c. ejecutar
3. . . . el accidente que le **impidió** llegar a la Z.
   a. hizo imposible   b. facilitó   c. permitió
4. . . . bebió **Borgoña**.
   a. un vino   b. un color   c. una región de Francia
5. . . . engulló **empanadas** y enfermó del estómago.
   a. libros pequeños   b. una comida típica   c. zapatos para niños

Guessing meaning from context. Remember: Context = a few words, a sentence, a paragraph, or a whole text.

2-3
CUADERNO PERSONAL
¿Crees que este cuento representa una visión totalmente fatalista de la vida?

Redacción 2: Una carta personal

ESTRATEGIA DE REDACCIÓN

Using the Dictionary

When you write, try to express yourself as much as possible with vocabulary that is already known to you. This will make it easier for you to compose directly in Spanish. Nevertheless, there will be cases when you need to look up specific vocabulary in order to communicate your thoughts. Here are some guidelines to help you better use the dictionary when writing.

1. Determine the part of speech of the word you want. If you need to look up a phrase or idiom, look under the key word or words.
2. Look up the word in the English-Spanish section of the dictionary. Find the equivalents that match the same part of speech. If the word you are seeking is part of an English idiom, it may be listed later in the entry or under another key word. Remember that the Spanish equivalent may be quite different from the English, as in *to be 10 years old* and **tener 10 años**.
3. If you find more than one Spanish equivalent, you may need to crosscheck each of these in the Spanish-English section of the dictionary.

When looking up a verb, determine whether you need to use it as transitive, intransitive, or reflexive, in which case the verb is used with a reflexive pronoun. Read the examples to determine what preposition(s) should be used with the verb. Be certain that you do not try to translate English phrasal verbs (such as *to get up, to get off, to get over*, etc.) too literally. Many such verbs have a specific Spanish equivalent that may or may not be accompanied by a preposition.

Actividad 20: Los equivalentes en español   La palabra *light* tiene varios equivalentes en español. Busca la traducción española de *light* según el contexto de cada oración.

Using the dictionary

1. Could you turn off the lights?
2. Have you got a light?
3. Now he sees it in a different light.
4. I always light candles.
5. Should we paint the wall light blue?
6. They prefer to travel light.

light¹ (līt) **I.** s. *(lamp)* luz *f* <*turn the lights on* enciende las luces>; *(radiation)* luz <*ultraviolet l.* luz ultravioleta>; *(illumination)* luz, iluminación *f*; *(daylight)* luz <*the l. of the day* la luz del día>; *(streetlamp)* luz, farol *m*; *(traffic light)* luz, semáforo; *(window)* ventana; *(skylight)* claraboya; *(headlight)* luz, faro; *(lighthouse)* faro, fanal *m*; *(flame)* fuego <*have you got a l.?* ¿me puedes dar fuego?>; FIG. *(spiritual awareness)* luz, iluminación; *(viewpoint)* aspecto, punto de vista <*I never saw the matter in that light* nunca vi el asunto desde ese punto de vista>; *(luminary)* lumbrera, eminencia <*he is one of the leading lights of science* él es una de las destacadas lumbreras de la ciencia>; *(gleam)* brillo <*the l. in her eyes* el brillo en sus ojos>; PINT. luz <*l. and shade* luz y sombra> ♦ **at first l.** al rayar la luz del día • **in l. of** en vista de, considerando • **in the cold l. of day** FIG. fríamente, desapasionadamente • **lights** FIG. *(opinions)* luces, conocimientos • **to bring to l.** FIG. sacar a luz, revelar • **to shed** *o* **throw l. on** FIG. arrojar luz sobre, aclarar • **to come to l.** salir a la luz, ser revelado • **to give the green l.** FIG. aprobar la realización (de un proyecto) • **to see in a different l.** FIG. mirar con otros ojos, mirar desde otro punto de vista • **to see the l.** FIG., RELIG. iluminarse; *(to understand)* comprender, darse cuenta • **to see the l. of day** salir a luz, nacer **II.** tr. **light·ed** *o* **lit** (līt), **light·ing** *(to ignite)* encender; *(to turn on)* encender, prender <*who lit this lamp?* ¿quién encendió esta lámpara?>; **light²** (līt) **I.** adj. **-er, -est** *(lightweight)* ligero, liviano; FIG. *(easily digested)* ligero, liviano; *(not forceful)* suave, leve; *(slight)* fino <*a l. rain* una lluvia fina>; *(faint)* débil *(easy)* ligero, liviano <*l. work* trabajo liviano>; *(frivolous)* superficial, de poca importancia <*a l. chat* una charla de poca importancia>; *(blithe)* alegre, contento <*a l. heart* un corazón alegre>; *(low in alcohol)* de bajo contenido alcohólico ♦ **as l. as air** liviano como el aire • **l. in the head** mareado • **to be l. on one's feet** ser ligero de pies, moverse con agilidad • **to make l. of** no tomar en serio, restar importancia a **II.** adv. **-er, -est** ligeramente ♦ **to travel l.** viajar con poco equipaje

Actividad 21: Los verbos ingleses Busca los equivalentes de las expresiones indicadas en cada oración. Da sólo los infinitivos.

Using the dictionary

1. He needs *to get away from* work.
2. She can't *get over* him.
3. When do we *get off* the bus?
4. I can't wait *to get back* home.
5. What time does this plane *get in*?
6. I'll never *get used to* the cold weather in Wisconsin.

get (gĕt) tr. **got** (gŏt), **got** o **got·ten** (gŏt´n), **get·ting** *(to obtain)* obtener, conseguir <*did you g. the job?* ¿conseguiste el empleo?>; *(to receive)* recibir; *(to win)* sacar <*he got a prize* sacó un premio>; agarrar, capturar; *(to catch)* coger, contraer <*to g. the flu* coger la gripe> ♦ **I can't g. over it** no lo puedo creer • **to g. across** *(to make understood)* hacer comprender; *(to cross)* cruzar • **to g. along on** arreglárselas con • **to g. along with** *(someone)* llevarse bien con • **to g. along without** pasar sin, prescindir de • **to g. around** *(something)* lograr pasar; *(someone)* engatusar • **to g. around to** encontrar tiempo para • **to g. at** averiguar, descubrir (la verdad, un motivo) • **to g. away from** *(place)* escaparse de; *(person)* librarse de • **to g. (something) away from** quitar (algo) a • **to g. away with** *(to succeed in)* conseguir *(decir mentiras)*; *(to steal successfully)* llevarse • **to g. back** recuperar, recobrar • **to g. back at** vengarse de, desquitarse de • **to g. in with** trabar amistad con • **to g. into** *(clothes)* ponerse (prendas); *(car)* subir a; *(bed, trouble)* meterse en; *(bad habits)* adquirir malas costumbres • **to g. off** apearse de, bajar de (tren) • **to g. (someone) off** *(to send off)* mandar, enviar <*she finally got the kids off to school* finalmente mandó a los chicos a escuela>; *(to secure release or lesser penalty for)* lograr la absolución o una pena leve para • **to g. (something) out of** *(to pry out of)* sonsacar (información); *(to profit from)* sacar de, obtener de; *(to borrow from a library)* sacar; *(to take out of)* sacar <*g. the car out of the garage* saca el automóvil de garaje> • **to g. over** *(illness)* reponerse de; *(shyness, disappointment)* superar; *(person)* olvidar; *(difficulty)* vencer; *(loss)* sobreponerse de; *(to become accustomed to)* acostumbrarse a • **to g. (something) over** o **over with** acabar con • **to g. through** pasar • **to g. through to (someone)** *(to reach by phone)* conseguir comunicación con; *(to be understood)* hacer comprender • **to g. at** *(to suggest)* insinuar; *(to try to express)* explicar • **to g. away** *(to escape)* escaparse; *(to manage to leave)* conseguir irse o marcharse; *(to go away)* irse, marcharse; *(to go on vacation)* ir de vacaciones • **to g. back** *(to return)* regresar, volver; *(to return home)* regresar o volver a casa • **to g. by** *(something)* lograr pasar; *(someone)* eludir, pasar inadvertido; *(to manage)* arreglárselas • **to g. down** bajar, descender • **to g. in** *(to arrive)* llegar <*what time does his plane g. in?* ¿a qué hora llega su avión?>; *(place)* entrar <*the theater was so crowded we couldn't g. in* el teatro estaba tan lleno que no pudimos entrar>; POL. *(to be elected)* ser elegido; *(to recieve)* recibir; *(to return home)* volver o regresar a casa • **to g. through** *(tax bill, exam)* aprobar; *(the day, crowd)* pasar; *(to reach by phone)* lograr comunicar; *(to manage to arrive)* llegar a su destino (provisiones, mensaje); *(to finish)* terminar • **to g. together** *(to meet)* reunirse, juntarse; *(to agree)* ponerse de acuerdo • **to g. up** *(stand up)* ponerse de pie, levantarse; *(out of bed)* levantarse (de la cama) • **to g. used to** acostumbrarse a.

Actividad 22: Los cambios del siglo XX   Parte A: Imagina—y es fundamental imaginar—que cuando H.G. Wells inventó la máquina del tiempo, también abrió una agencia de viajes. Tú también vas a viajar al futuro y escribir una carta. Para tener un modelo, lee la carta que escribió un joven cliente de esa agencia y fíjate en la comparación que hace entre el Puerto Rico de 1896 y el de 1996.

Using models

Parte B: Después de leer la carta, contesta las siguientes preguntas.

Scanning

1. ¿Qué siguen comiendo?
2. ¿Qué medios de transporte usan y qué medios ya no usan?
3. ¿Estudian? ¿Van a la universidad?
4. ¿Qué dinero usan?
5. ¿Qué ropa llevan?
6. ¿Van de compras?

Saludos comunes en tarjetas y cartas informales: **Querido/a** + nombre o simplemente **¡Hola!** (generalmente seguidos de dos puntos).

San Juan, el 13 de junio de 1996

Querida mamá:

¡Es increíble! Puerto Rico es otro mundo en 1996. San Juan es muchísimo más grande y hay edificios muy, muy altos. Creo que ya no hay trenes (la estación cerca de la Plaza de Colón ya no existe). La gente siempre usa unas máquinas que van muy rápido por las calles y continuamente se escucha música dentro de ellas. No tienen rieles, sino que se mueven sobre el camino con unos tubos de goma.

Hace tres semanas que estoy aquí. El dinero no es español, sino de los Estados Unidos; está escrito en inglés. La ropa que llevo es muy diferente. Los pantalones no son de algodón normal, sino de un material azul muy resistente. Las camisas no tienen botones y son un poco elásticas. Son de muchos colores. Algunas tienen grabadas las letras OP. No sé por qué.

Estoy viviendo en una pensión de estudiantes en Río Piedras. Ahora en Río Piedras hay una universidad. Dicen que es muy buena y que mucha gente viene de toda la isla para estudiar aquí. En la pensión hay luz que llaman "eléctrica" y que se enciende con un botón, y agua caliente que sale directamente a la bañera. Aquí se sigue comiendo arroz con habichuelas y plátanos fritos, pero no tan bueno como el tuyo, mamá.

Por la noche a los estudiantes les encanta mirar una caja con luz (un poco como la linterna mágica de papá). La caja presenta escenas a veces románticas, otras veces cómicas o melodramáticas. La llaman el televisor. Todos los viernes y sábados por la noche los estudiantes van en sus máquinas (muchas de ellas se llaman Toyota) a bailar y a beber en salones. Creo que se llaman discotecas o bares, pero no entiendo la diferencia todavía. A menudo se quedan allí hasta la madrugada.

Bueno mamá, termino la carta porque voy a ir a un "centro comercial" donde hay muchas tiendas en un edificio. ¡Qué raro!, ¿no? Se llama Plaza las Américas.

Un beso,

José María

José María

Despedidas comunes: **Un beso, Besos, Un abrazo, Abrazos,** y **Besos y abrazos.** Estas despedidas no indican interés romántico. **Jesús, María** y **José** aparecen en nombres tanto de hombre como de mujer. Para los hombres, **María** sigue al nombre masculino: **Jesús María, José María.** Para las mujeres, **María** va primero: **María José, María Jesús, María del Carmen.**

ESTRATEGIA DE REDACCIÓN

Remember the use of **soler** as in **suelo ir** = I usually go, and **ya no** = no longer/not any more.

Using Adverbs to Describe Actions

Adverbs serve to describe actions more precisely. Here is a list of adverbs and adverbial expressions you can use to describe the frequency of repeated or habitual actions.

todos los días	everyday
todos los lunes, etc.	every Monday, etc.
siempre	always
con frecuencia/frecuentemente	frequently
a menudo	often
de vez en cuando	once in a while
a veces	sometimes
continuamente	continually
constantemente	constantly
normalmente/por lo general	usually
rara vez	rarely, infrequently

Actividad 23: La perspectiva desde el año 2100   Parte A: Uds. están en el año 2100 y ven cosas diferentes y nuevas y también cosas que siguen iguales. En parejas, hagan tres listas:

Activating background knowledge

1. dos o tres actividades que ya no hace la gente
2. dos o tres actividades que son completamente nuevas
3. dos o tres actividades que sigue haciendo la gente

Consideren los siguientes aspectos: horario del día, comidas, bebidas, horario de comidas, trabajo, enfermedades, diversiones y pasatiempos, medios de transporte, ropa, problemas, contaminación, descanso, educación, casas, relaciones personales.

Parte B: Por fin hacen el viaje a los Estados Unidos en el año 2100. Después de una semana, le escriben una carta a su madre u otro pariente (se puede mandar en la máquina del tiempo). Tienen que incluir información sobre cosas que son diferentes, pero también sobre cosas que son conocidas. Usen el formato de la carta de José María en la Act. 22 y también los adverbios y las ideas de la Parte A.

España: Cruce de culturas

Mezquita, Córdoba

Catedral gótica, Burgos

Iglesia románica, Ripoll

El Generalife (La Alhambra), Granada

Sinagoga de Santa María La
Blanca, Toledo

Pinturas, Cuevas de Altamira

Teatro romano, Mérida

Acueducto romano, Segovia

CAPÍTULO

3

Actividad 1: Los monumentos históricos   Los monumentos históricos de cualquier país muchas veces reflejan la influencia de culturas anteriores. En grupos de tres, miren el mapa, los nombres de los monumentos y las fotos, y adivinen cuáles de las siguientes culturas están representadas. Luego, determinen con qué cultura se asocia cada monumento.

Activating background knowledge

Las culturas representadas:

_____ la ibérica prehistórica   _____ la griega

_____ la romana   _____ la visigoda

_____ la árabe (mora)   _____ la judía

_____ la cristiana medieval   _____ la francesa

_____ la inglesa

Lectura 1: Un itinerario

ESTRATEGIA DE LECTURA

Recognizing Chronological Organization

Understanding how a text is organized aids comprehension. One of the most common ways to organize a text is to follow a chronological sequence. Examples of a schematic use of chronological organization include recipes, trip itineraries, and instructions for putting things together or repairing things. These sorts of texts are often characterized by numbering or clear divisions between stages or events. Other more fully-developed examples include certain types of news reports, histories, short stories, and novels. These last are generally referred to as examples of narrative.

Actividad 2: Primera mirada   Mira rápidamente los dos itinerarios de viaje y completa las siguientes oraciones:

Skimming and scanning

1. La división cronológica es:

    _____ la hora   _____ el día   _____ la semana   _____ el mes

2. Son itinerarios de:

    _____ avión   _____ tren   _____ autobús   _____ barco

3. La primera excursión es para visitar lugares en esta región de España:

    _____ el norte   _____ el sur   _____ el este   _____ el oeste

    _____ el centro

4. La segunda excursión es para visitar lugares en esta región de España:

    _____ el norte   _____ el sur   _____ el este   _____ el oeste

    _____ el centro

5. Se ven más monumentos de la cultura árabe en el itinerario de:

_____ el Viaje a Andalucía   _____ el Viaje de la Castilla Imperial

6. Las dos excursiones parten de:

_____ Toledo   _____ Barcelona   _____ Sevilla   _____ Granada

_____ Madrid

Actividad 3: Paradas y destinos   Quieres hacer un viaje a España pero tienes poco tiempo y deseas saber con qué excursión puedes ver más lugares de los que están en la lista. Lee rápidamente los itinerarios y marca en cuál (itinerario 1 ó 2) se puede ver cada uno de estos lugares. Luego, compara con un/a compañero/a para ver si tienen la misma información.

Scanning

La **o** aquí lleva acento. ¿Por qué?

➤ __1__ Viaje a Andalucía
    __2__ Viaje de la Castilla Imperial

_____ El Parque de María Luisa   _____ El Alcázar de Sevilla

_____ El Escorial   _____ La Plaza Mayor de Salamanca

_____ La Alhambra   _____ La plaza de toros de Ronda

_____ La mezquita de Córdoba   _____ El monumento de Santa Teresa

_____ El Alcázar de Segovia   _____ La sinagoga de Santa María la
                                            Blanca

Al-Andalus es un tren de lujo, compuesto de coches restaurados de los años veinte y treinta, que recorre Andalucía y otras regiones de España.

ESTRATEGIA DE LECTURA

Transferring Information to Maps and Charts

Using information included in titles, pictures, and format, before reading, can help you predict the content of a passage. After reading, you may be able to better understand the information presented by transferring it to a diagram, map, chart, or graph.

Actividad 4: ¿Cómo es el recorrido?   Mira cada itinerario y dibuja flechas (→) en el mapa para mostrar el recorrido de cada excursión. Luego, compara con un/a compañero/a para ver si lo hicieron bien.

▲ *El Ave tarda tan sólo 2 h. 15 m. desde Madrid hasta Sevilla.*

Al-Andalus Expreso
3 ó 5 días
Viaje a Andalucía

Andalucía es una de las partes más bellas y singulares de España. La región que fue ocupada por los moros durante siete importantes siglos y donde nacieron el flamenco y las tapas, constituye hoy un escenario de montañas, jardines y ornamentada arquitectura religiosa.

El Viaje a Andalucía recorre los lugares más importantes de la España andaluza. Tras un corto viaje desde Madrid en el AVE (Alta Velocidad Española)—un tren expreso que viaja a 240 kilómetros por hora— los pasajeros suben al 'Al-Andalus' en la antigua ciudad de Sevilla. Las primeras paradas son Córdoba y Granada, dos de las grandes ciudades moras de España, continuando por Málaga, en la Costa del Sol y Ronda, una de las ciudades más viejas de España. Después de una visita a Jerez, regresa a Madrid vía Sevilla.

Día 1: Los señores pasajeros toman el AVE al mediodía en la estación de Atocha, en Madrid, para hacer un viaje de tres horas a Sevilla. Se sirve la comida durante el viaje. Una vez en Sevilla los pasajeros se acomodan en el 'Al-Andalus', para luego ir a una excursión por toda la ciudad.

Día 2: Después de la comida a bordo del tren, los pasajeros emprenden otro recorrido turístico por la ciudad de Sevilla. Algunos puntos importantes de esta ciudad son la catedral, el Alcázar y el Parque de María Luisa, uno de los más bellos de España. A continuación toman el 'Al-Andalus' hacia Córdoba, con almuerzo en el viaje, llegando a la ciudad por la tarde y con tiempo para una corta excursión. Puntos importantes de esta ciudad son la mezquita, el espléndido palacio del Alcázar y la judería. Por la noche, el tren sale hacia Granada, con cena a bordo.

Día 3: Los pasajeros se despiertan en Granada donde después del desayuno, visitan la Alhambra y los jardines del Generalife, el palacio de verano de los reyes moros nazaríes. Con comida en el tren, el 'Al-Andalus' se dirige a Málaga. Aquí termina el viaje de tres días "Vistazo a Andalucía". Los pasajeros que continúan tienen la tarde libre antes de subir al tren para la cena y partir hacia la antigua Ronda.

Día 4: Después del desayuno, los pasajeros visitan la ciudad de Ronda, el último estandarte de los moros en contra de los Reyes Fernando e Isabel. Regresan al tren para comer mientras se dirigen a Jerez, ciudad del finísimo vino blanco español. Después de la cena, visitan el casino de la villa pesquera del Puerto de Santa María.

▼ *La plaza de toros de Ronda, ciudad de origen del arte taurino.*

▲ *Vista exterior del palacio de La Alhambra.*

Día 5: La visita a los puntos de interés comienza después del desayuno, con recorridos por las bodegas de Jerez y a la Real Escuela Andaluza del Arte Ecuestre. Al regresar al tren, los señores pasajeros disfrutan de una comida de camino a Sevilla, donde abandonan el 'Al-Andalus' para tomar el AVE hacia Madrid.

▲ *El espectacular alcázar de Segovia.*

Al-Andalus Expreso
4 días
Viaje de la Castilla Imperial

Este itinerario explora Castilla, una región árida y azotada por el viento que recibió su nombre por la cantidad de castillos que existieron allí desde la época medieval. Famosa por su cielo despejado y sus vistas espectaculares, Castilla está asociada con algunas de las figuras más importantes de Europa. Además de ofrecer el escenario para *El Quijote* de Cervantes, el Cid, Santa Teresa, San Juan de la Cruz y El Greco vivieron, trabajaron, meditaron y lucharon en la meseta castellana.

El Viaje de la Castilla Imperial comienza en Madrid, donde los señores pasajeros suben al 'Al-Andalus' en la estación de Chamartín. De ahí, el tren viaja hacia el noroeste, al monasterio de El Escorial y continúa hacia el oeste a la ciudad amurallada de Ávila y a Salamanca, cuna del renacimiento español. Desde allí, el 'Al-Andalus' se dirige nuevamente hacia el centro de la meseta con paradas en Segovia, ciudad importante desde el período romano, y Toledo, vinculada para siempre a El Greco. El viaje termina en Madrid.

Día 1: Los señores pasajeros toman el tren por la mañana, con desayuno de camino a El Escorial. Este inmenso monasterio de granito fue construido por el rey Felipe II para conmemorar una victoria española en 1557. Después de esta visita, los señores pasajeros suben al 'Al-Andalus' para almorzar de camino a Ávila, ciudad rodeada por una muralla medieval con sus torres y puertas. El viaje también incluye una visita a la catedral gótica y al monumento de Santa Teresa de Jesús. A continuación, el tren sale para Salamanca con cena y música a bordo.

Día 2: Después del desayuno en el tren, los señores pasajeros visitan la Catedral Vieja y la Catedral Nueva, la Universidad con sus edificios medievales, la enorme iglesia de San Esteban con su monasterio, el convento de Las Dueñas y la Plaza Mayor. Luego de comer en la ciudad, tienen la tarde y parte de la noche libre. Ya en el tren, se ofrece a los pasajeros un espectáculo musical y una cena a última hora, de camino a Segovia.

Día 3: Desayuno en Segovia. Durante la mañana los pasajeros visitan el acueducto romano, la magnífica catedral gótica y el imponente fuerte del Alcázar. Comida en el parador local y la tarde libre antes de regresar al 'Al-Andalus' para cenar con música mientras el tren se dirige a Toledo.

Día 4: Después del desayuno, los señores pasajeros exploran la ciudad de murallas y almenas. La excursión incluye una visita a la sinagoga de Santa María la Blanca (del siglo XII), la iglesia de Santo Tomé que guarda el famoso cuadro "El entierro del conde de Orgaz" de El Greco, la catedral, y el hospital de Talavera que posee en su colección "El bautismo de Cristo" de El Greco.

▲ *El vagón restaurante del Al-Andalus.*

Después de su comida en el Parador de Toledo, tienen la tarde libre. A continuación regresan a bordo del 'Al-Andalus' para volver a Madrid, donde termina la travesía.

Redacción 1: Un itinerario

Actividad 5: Organización de un viaje   Parte A Vas a trabajar de agente de viajes   Using chronological
y preparar un itinerario de viaje para los Estados Unidos. Primero, determina el tipo   organization, and maps
de información que puedes incluir en el itinerario usando los itinerarios de
Al-Andalus como modelo.

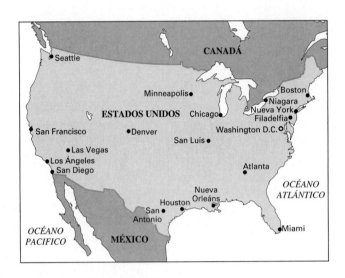

Parte B: El itinerario debe incluir únicamente cinco ciudades de las indicadas en el
mapa. En parejas, hagan una lista de las ciudades de su itinerario y dos o tres cosas
interesantes que se pueden hacer en cada una de ellas.

Parte C: En parejas, escriban un itinerario, de lujo o económico, para un viaje de
siete días a las cinco ciudades. Hagan el itinerario tan interesante como sea
posible, ya que un buen itinerario ayuda a vender el viaje.

3-1

CUADERNO PERSONAL

Al-Andalus es una excursión de lujo. Explica si te
gustaría hacer un viaje como éste o si quisieras hacer
otro tipo de viaje (un viaje de estudiantes, un viaje
solo), y por qué.

Lectura 2: Panorama cultural

Using Syntax and Word Order to Understand Meaning

In the previous chapter, you practiced analyzing sentences in terms of parts of speech. These small units are organized into larger units that are fundamental to the meaning of a sentence.

- **El verbo:** The verb describes an action or state; it may be simple, compound, or linked in a series to form a verb phrase **(frase verbal)** such as **El hijo de Carmen no** *pudo ir.* All sentences contain either a verb or verb phrase.
- **El sujeto:** Nearly every verb has a subject with which it agrees. A subject may be one word or several: *El hijo de Carmen* **no pudo ir.** Remember that the subject is often not explicitly expressed in Spanish. In this case, it is necessary to look at surrounding context to determine the subject. A few verbs have no subject: *Hay* **veinte personas aquí.**
- **El complemento directo:** The direct object receives the action of the verb. It can be one word or more as in **Yo vi** *al hijo de Carmen.* Notice that persons or person-like things are introduced by the **a personal**.
- **El complemento indirecto:** The indirect object is the recipient of the direct object or the beneficiary of the action of the verb: **Paco** *le* **dio un libro** *al hijo de Carmen.* Notice in the example that the indirect object is also preceded by the preposition **a** and often indicated redundantly with the indirect object pronoun **le**.
- **El complemento circunstancial:** This unit tells under what circumstances the action occurs (when, where, how, why) and often begins with a preposition such as **a, de, en, con, por, para. El hijo de Carmen llegó** *a la fiesta* **y se quedó** *hasta las doce.*

If you have problems understanding a sentence, you may want to slow down, analyze the sentence, and figure out *who* did *what* to *whom when*, while remembering that the subject, verb, and objects are often groups of words. It helps to locate the verb first, determine its number, and look for a subject that corresponds. In Spanish, the subject may appear before the verb (as in English), after the verb, or at the end of the sentence. For example, these two sentences are both true in the following reading, yet they differ greatly in meaning:

> Conquistaron los moros a los cristianos.
> Conquistaron a los moros los cristianos.

Can you explain this difference in meaning?

Actividad 6: La estructura de las oraciones   En parejas, analicen las siguientes oraciones que van a ver en la lectura sobre la España medieval e identifiquen en cada una si hay sujeto (S), verbo (V), complemento directo (CD), complemento indirecto (CI) o complemento circunstancial (CC). Subráyenlos si aparecen.

Using syntax and word order to understand meaning

1. Los visigodos, una de estas tribus, controlaron la península durante unos tres siglos . . .
2. En el año 711 d. de C., los moros invadieron la península . . .
3. En el español moderno, todavía existen unos 4.000 vocablos . . .
4. . . . la llegada de los moros no significó la desaparición de los cristianos . . .
5. En enero de 1492 tomaron la ciudad de Granada . . .
6. La cultura desarrollada durante los casi ocho siglos de Reconquista de la península no desapareció con la expulsión de los árabes.

a. de C. = B.C.

d. de C. = A.D.

Actividad 7: Para hablar de historia   **Parte A:** Pon la letra de la definición más apropiada al lado de cada palabra. Puedes usar el diccionario o el glosario si es necesario.

Building vocabulary

1. _____ mezcla
2. _____ pueblos
3. _____ llevar a cabo
4. _____ huella
5. _____ gozar
6. _____ duradero
7. _____ reino
8. _____ cruce
9. _____ lograr

a. grupos étnicos/culturales
b. hacer y terminar, realizar
c. una marca
d. que no desaparece
e. la combinación de elementos diferentes
f. poder hacer algo
g. disfrutar, beneficiarse
h. el territorio de un rey
i. intersección

Parte B: En parejas, miren las siguientes expresiones y determinen cómo se deben leer.

1. 218 a. de C. – 409 d. de C.
2. 4.000
3. Alfonso X, el Sabio
4. 711 d. de C.
5. 1252 – 1284
6. el siglo XV

Parte C: El tema de la siguiente lectura es la España medieval. En parejas, hagan una lista de temas y elementos que esperan encontrar en este tipo de historia. Luego, lean para ver cuántos de éstos aparecen.

Active Reading

HISPANIA, SEFARAD, AL-ANDALUS: *ESPAÑA*

La formación de la cultura española se produjo de la interacción de diversas culturas que coexistieron durante muchos siglos en lo que hoy día conocemos como la Península Ibérica. Muchos pueblos llegaron a la península, pero fueron los romanos los que realmente sentaron las bases principales para el
5 desarrollo de la cultura española durante un largo período de dominio (218 a. de

C. – 409 d. de C.) y más tarde, durante la Edad Media, hubo otro período de mezcla cultural aún más importante.

Los seis siglos de dominio romano sobre Hispania vieron el establecimiento de costumbres y leyes romanas, además de la adopción casi completa del latín
10 como lengua común. Incluso cuando cayó el imperio, las tribus germánicas que invadieron la península no pudieron afectar mucho la cultura de los habitantes hispano-romanos. Los visigodos, una de estas tribus, controlaron la península durante unos tres siglos. Sin embargo, los visigodos mantuvieron el uso del latín como idioma administrativo y además permitieron que los habitantes que no eran
15 visigodos continuaran usando las leyes romanas. Después de tres siglos, los visigodos, a su vez, fueron reemplazados por otro pueblo que dejó una huella más duradera: los moros.

En el año 711 d. de C., los moros invadieron la península, derrotaron al rey visigodo, y en siete años conquistaron casi todo el territorio, al que llamaron Al-
20 Andalus. Los moros, un grupo compuesto de árabes del Medio Oriente y bereberes del norte de África, trajeron consigo la religión musulmana y una cultura avanzada que los árabes habían absorbido de sus contactos con Grecia, Persia e India. Al-Andalus, con Córdoba como capital, se convirtió en el lugar más civilizado de la Europa medieval. Los moros gozaron de un gran prestigio por sus
25 conocimientos de matemáticas, astronomía, agronomía y filosofía, entre otras ciencias. La música y la poesía, junto con el idioma árabe, tuvieron una gran influencia en la península. En el español moderno, todavía existen unos 4.000 vocablos, muchos de uso común, que vienen directamente del árabe, tales como alquilar, alcázar, alcalde, alfombra, alcohol, álgebra, azúcar, tarea, asesino y ojalá.
30 Sin embargo, la presencia de los moros no significó la eliminación de los cristianos. Muchos de éstos se refugiaron en el norte, en los Montes Cantábricos, desde donde comenzaron la Reconquista. Pelayo, su primer jefe, ganó la primera batalla contra los moros en 722 y fundó el reino de Asturias. Gradualmente, se fundaron otros reinos cristianos en el norte. El
35 último de éstos surgió en la frontera con el territorio moro, y como se caracterizaba por una gran cantidad de castillos defensivos, se le dio el nombre de Castilla. Poco a poco Castilla se convirtió en el reino más importante y guerrero
40 de la Reconquista. Gracias a su auge político y militar, su lengua, el castellano, logró imponerse, y por esta razón la lengua española todavía se conoce como el castellano.

Durante los casi ochocientos años que los
45 cristianos tardaron en expulsar a los moros, hubo una convivencia, si no pacífica, por lo menos fructífera, entre cristianos, moros y judíos, otro grupo que también contribuyó a la riqueza de la cultura medieval. Aunque ya habían sido
50 expulsados de varios otros reinos europeos, como Inglaterra y Francia, en España los judíos

Los vascos, del norte de España, nunca adoptaron el latín y todavía hoy hablan un idioma que no tiene relación con ningún otro idioma de Europa.

Ojalá, de la expresión árabe "wa šā llâh" = y quiera Dios

La Península Ibérica en el siglo X.

AQUITANIA
GASCUÑA
OCÉANO ATLÁNTICO
León
Burgos
CASTILLA
Barcelona
Toledo
0 100 200 Km
0 50 100 150 Mi
Córdoba
Sevilla
Granada
MAR MEDITERRÁNEO
ÁFRICA

Reinos cristianos
Reino árabe

pudieron vivir en una sociedad relativamente tolerante creada por la coexistencia de las religiones cristiana y musulmana. Allí lograron hacer grandes contribuciones, tanto intelectuales como económicas. La labor de la Escuela de Traductores de
55 Toledo bajo el reinado de Alfonso X, el Sabio (1252–1284) marcó el cenit de la cooperación entre los tres pueblos. Estudiosos cristianos, judíos y árabes se juntaron para traducir textos científicos e históricos del árabe y del latín al castellano. Fue así que gran parte de los conocimientos árabes pasaron al resto de Europa. Y fue así también como el castellano, descendiente popular del latín, pasó
60 a ser la lengua de administración y la lengua de uso más común.

Aunque gran parte de la Reconquista se llevó a cabo antes del reinado de Alfonso X, las luchas internas entre los reinos cristianos impidieron la conquista del último reino moro, Granada. No obstante, a finales del siglo XV, la reina Isabel de Castilla se casó con el rey Fernando de Aragón, y a fin de unificar y
65 pacificar el país, los Reyes Católicos anunciaron una nueva cruzada contra los moros. En enero de 1492 tomaron la ciudad de Granada y pusieron fin a la Reconquista. Más tarde, ese mismo año, obligaron a los judíos o a salir del país o a convertirse al cristianismo. De esa manera lograron la unificación del reino bajo el catolicismo, y habiendo completado la unificación política y religiosa, los
70 reyes pudieron financiar la expedición de Cristóbal Colón a las Indias.

El descubrimiento de América liderado por Colón fue una sorpresa para los Reyes Católicos y les brindó la oportunidad de continuar su política unificadora de (re)conquista. La conquista de América se convirtió en una nueva cruzada con las connotaciones religiosas y las ideas expansionistas que habían dominado la
75 Reconquista. La dominación del territorio americano y de los grupos indígenas fue, en muchos sentidos, una simple continuación de esa larga lucha comenzada en el año 722.

Los judíos expulsados de Sefarad (España) en 1492, han sido conocidos desde entonces como los sefarditas.

La Península Ibérica en el siglo XV.

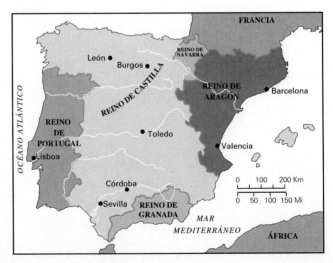

Actividad 8: A partir del contexto Recuerda que, por lo general, es preferible adivinar el significado de una palabra antes de recurrir al diccionario. Intenta adivinar el significado de las palabras indicadas.

Guessing meaning from overall context

1. (línea 8) Los seis siglos de dominio romano sobre **Hispania** vieron el establecimiento de costumbres y leyes romanas...
   a. el nombre romano para Castilla
   b. el nombre romano para la Península Ibérica
   c. el nombre romano para Asturias
2. (línea 18) . . . los moros invadieron la península, **derrotaron** al rey visigodo, y en siete años conquistaron casi todo el territorio. . .
   a. negociaron con   b. conquistaron a   c. se escaparon de
3. (línea 27) . . . todavía existen unos 4.000 **vocablos**, muchos de uso común, que vienen directamente del árabe, tales como alquilar, alcázar, alcalde . . .
   a. vocales   b. monumentos   c. palabras
4. (línea 34) El último de estos reinos **surgió** en la frontera con el territorio moro . . .
   a. apareció   b. expulsó   c. desapareció
5. (línea 38) Poco a poco Castilla se convirtió en el reino más importante y **guerrero** de la Reconquista.
   a. pacífico   b. generoso   c. agresivo
6. (línea 40) Gracias a su **auge** político y militar, su lengua, el castellano, logró imponerse . . .
   a. elevación   b. ruina   c. decadencia
7. (línea 53) Allí **lograron** hacer grandes contribuciones, tanto intelectuales como económicas.
   a. intentaron   b. pidieron   c. pudieron
8. (línea 54) La labor de la Escuela de Traductores **bajo el reinado** de Alfonso X, el Sabio (1252–1284) marcó el cenit de la cooperación . . .
   a. durante la época   b. en el país   c. después de la muerte

Actividad 9: Datos históricos Indica si cada oración es cierta (C) o falsa (F) según la lectura. Si es falsa, corrígela.

Checking comprehension

1. _____ El idioma base del español fue el castellano.
2. _____ Cuando hablamos de la Península Ibérica sólo nos referimos a lo que hoy llamamos España.
3. _____ Los visigodos no tuvieron un gran efecto sobre la cultura de la península.
4. _____ El idioma árabe no tuvo ningún efecto sobre el castellano.
5. _____ Los moros tardaron muchos años en conquistar la península.
6. _____ Los cristianos empezaron la Reconquista en 1492.
7. _____ España fue el primer país que expulsó a los judíos.
8. _____ El mejor ejemplo de la convivencia fructífera entre los cristianos, los judíos y los árabes fue la Escuela de Traductores de Toledo.

9. ____ Alfonso X atacó y eliminó el reino moro de Granada en 1252.

10. ____ Hubo poca relación entre la Reconquista de España y la conquista de América.

Actividad 10: Acontecimientos En la lectura se mencionan los siguientes acontecimientos. En grupos de tres, pónganlos en orden cronológico.

Recognizing chronological organization

____ América fue "descubierta" por Cristóbal Colón.

____ El último reino moro de Granada fue conquistado por los Reyes Católicos.

____ Los judíos fueron expulsados de España.

____ Los moros invadieron la Península Ibérica.

____ Comenzó la Reconquista.

____ Los cristianos llegaron a reconquistar toda la península menos Granada.

____ El castellano se convirtió en la lengua de administración de la corte de Castilla.

____ Los visigodos conquistaron la península.

____ Los romanos incorporaron Hispania a su imperio.

Actividad 11: Un resumen En parejas, escojan y adapten palabras de las listas para terminar este resumen de la lectura.

Summarizing

verbos	sustantivos	adjetivos
encontrar	visigodo(s)	árabe
expulsar	romano(s)	cristiano/a
conquistar	mezcla(s)	judío/a
descubrir	siglo(s)	guerrero/a

La cultura española moderna es el resultado de la _____ de muchas culturas a través de su historia. Hace más de dos mil años los _____ llegaron e impusieron su cultura y lengua a la población local. Después llegaron los _____, los cuales mantuvieron control sobre la península hasta la invasión de los moros en 711. Los moros _____ casi toda la península, menos algunas partes del norte, pero en el año 722, los cristianos empezaron la Reconquista, la cual duró unos ocho _____. Durante este período convivieron las culturas cristiana, _____ y _____, y como resultado, surgió en la península una cultura distinta de la del resto de Europa. Por fin, en el año 1492, los Reyes Católicos lograron _____ a los moros y luego decidieron expulsar también a los judíos. Se acabó entonces la convivencia que tantos frutos había dado en España, pero la expansión _____ española continuó en América.

3-2

CUADERNO PERSONAL

¿Qué es la tolerancia y por qué es importante para las sociedades modernas?

Lectura 3: Literatura

Actividad 12: Personajes y acciones   Busca el significado de las siguientes palabras y expresiones en el diccionario o glosario.

Building vocabulary

el criado	el mercader	un gesto
una amenaza	huir	la muerte

Actividad 13: Del final al principio   Se dice que un buen cuento siempre tiene un buen final. Tapa todo el cuento "El criado del rico mercader" y lee sólo el último párrafo. En parejas, usen el vocabulario de la actividad 12 y este párrafo para adivinar lo que va a pasar en el cuento.

Predicting

Otros cuentos conocidos de *Las mil y una noches* son "Aladino y la lámpara maravillosa" y "Alí Babá y los cuarenta ladrones". Muchos de los cuentos árabes se conocían en España durante la época de Al-Andalus.

Bernardo Atxaga (se pronuncia [a-chá-ga]) es el seudónimo del autor vasco Joseba Irazu Garmendia, que nació en Bilbao, España en 1951. Escribe sus obras en vasco, su primera lengua materna y las traduce al español, su otra lengua materna. Ha publicado más de veinticinco libros infantiles, pero en 1989 se hizo famoso en toda España cuando su novela Obabakoak *ganó el Premio Nacional de Literatura. En esta novela, Atxaga reúne muchos cuentos cortos de varias culturas para discutir el arte de contar historias. Una de sus fuentes son los cuentos de* **Las mil y una noches**, *obra clásica de la civilización árabe en la que la princesa Scheherazada cuenta una historia cada noche durante mil noches para que el rey no la mate. El cuento "El criado del rico mercader" pertenece a esta colección y Atxaga lo utiliza en su novela como ejemplo de un cuento bien escrito y para mostrar cómo los cuentos influyen en nuestra manera de pensar.*

EL CRIADO DEL RICO MERCADER
Contado por Bernardo Atxaga

Érase una vez... = Once upon a time there was/were . . .

Érase una vez, en la ciudad de Bagdad, un criado que servía a un rico mercader. Un día, muy de mañana, el criado se dirigió al mercado para hacer la compra. Pero esa mañana no fue como todas las demás, porque esa mañana vio allí a la Muerte y porque la Muerte le hizo un gesto.

5   Aterrado, el criado volvió a la casa del mercader.

—Amo —le dijo—, déjame el caballo más veloz de la casa. Esta noche quiero estar muy lejos de Bagdad. Esta noche quiero estar en la remota ciudad de Ispahán.

—Pero ¿por qué quieres huir?

10   —Porque he visto a la Muerte en el mercado y me ha hecho un gesto de amenaza.

El mercader se compadeció de él y le dejó el caballo, y el criado partió con la esperanza de estar por la noche en Ispahán.

Por la tarde, el propio mercader fue al mercado, y, como le había sucedido
15 antes al criado, también él vio a la Muerte.

    —Muerte —le dijo acercándose a ella—, ¿por qué le has hecho un gesto
de amenaza a mi criado?

    —¿Un gesto de amenaza? —contestó la Muerte—. No, no ha sido un
gesto de amenaza, sino de asombro. Me ha sorprendido verlo aquí, tan lejos de
20 Ispahán, porque esta noche debo llevarme en Ispahán a tu criado.

> El presente perfecto, **ha sido,** se usa en algunas partes del centro y norte de España en vez del pretérito **fue,** para referirse al pasado reciente.

Actividad 14: Otra mirada al contexto   Busca las siguientes palabras en el cuento que acabas de leer y escoge el sinónimo de cada una de ellas.

Guessing meaning from overall context

1. (línea 5) aterrado
   - a. tranquilo
   - b. preocupado
   - c. sorprendido
   - d. con mucho miedo
2. (línea 6) veloz
   - a. lento
   - b. rápido
   - c. bello
   - d. caro
3. (línea 6) déjame
   - a. abandóname
   - b. párame
   - c. regálame
   - d. préstame
4. (línea 12) se compadeció
   - a. habló
   - b. sufrió
   - c. se puso triste
   - d. tuvo compasión
5. (línea 19) asombro
   - a. sombra
   - b. depresión
   - c. sorpresa
   - d. alegría

Actividad 15: Un final feliz   A Bernardo Atxaga no le gustó la visión fatalista representada en el final del cuento y escribió otra versión con un final feliz: "Dayoub, el criado del rico mercader". En parejas, inventen un final feliz para el cuento. Después de terminarlo, lean la versión nueva de Atxaga y comparen el final que Uds. escribieron con el final de Atxaga.

Predicting, Active reading

Actividad 16: ¿Cuál es el sujeto?   Busca las siguientes oraciones en el cuento y determina el sujeto gramatical de cada una.

Using sentence structure to understand meaning

1. (línea 15) Comenzó a llamar de casa en casa, pidiendo amparo.
2. (línea 26) Te ha seguido a Ispahán, tenlo por seguro.
3. (línea 39) Entró por fin a Ispahán, y husmeó entre los miles de olores de la ciudad . . .
4. (línea 40) Enseguida descubrió su escondite . . .
5. (línea 41) . . . se hallaba en la tienda de Kalbum Dahabin.

DAYOUB, EL CRIADO DEL RICO MERCADER
Bernardo Atxaga

Érase una vez, en la ciudad de Bagdad, un criado que servía a un rico mercader. Un día, muy de mañana, el criado se dirigió al mercado para hacer la compra. Pero esa mañana no fue como todas las demás, porque esa mañana vio allí a la Muerte y porque la Muerte le hizo un gesto.

5   Aterrado, el criado volvió a la casa del mercader.

—Amo —le dijo— déjame el caballo más veloz de la casa. Esta noche quiero estar muy lejos de Bagdad. Esta noche quiero estar en la remota ciudad de Ispahán.

—Pero ¿por qué quieres huir? —le preguntó el mercader.

10   —Porque he visto a la Muerte en el mercado y me ha hecho un gesto de amenaza.

El mercader se compadeció de él y le dejó el caballo, y el criado partió con la esperanza de estar esa noche en Ispahán.

El caballo era fuerte y rápido, y, como esperaba, el criado llegó a Ispahán 15 con las primeras estrellas. Comenzó a llamar de casa en casa, pidiendo amparo.

—Estoy escapando de la Muerte y os pido asilo —decía a los que le escuchaban.

Pero aquella gente se atemorizaba al oír mencionar a la Muerte y le cerraban las puertas.

20   El criado recorrió durante tres, cuatro, cinco horas las calles de Ispahán, llamando a las puertas y fatigándose en vano. Poco antes del amanecer llegó a la casa de un hombre que se llamaba Kalbum Dahabin.

—La Muerte me ha hecho un gesto de amenaza esta mañana, en el mercado de Bagdad, y vengo huyendo de allí. Te lo ruego, dame refugio.

25   —Si la Muerte te ha amenazado en Bagdad —le dijo Kalbum Dahabin—, no se habrá quedado allí. Te ha seguido a Ispahán, tenlo por seguro. Estará ya dentro de nuestras murallas, porque la noche toca a su fin.

—Entonces, ¡estoy perdido! —exclamó el criado.

—No desesperes todavía —contestó Kalbum—. Si puedes seguir vivo hasta 30 que salga el sol, te habrás salvado. Si la Muerte ha decidido llevarte esta noche y no consigue su propósito, nunca más podrá arrebatarte. Ésa es la ley.

—Pero ¿qué debo hacer? —preguntó el criado.

—Vamos cuanto antes a la tienda que tengo en la plaza —le ordenó Kalbum cerrando tras de sí la puerta de la casa.

35   Mientras tanto, la Muerte se acercaba a las puertas de la muralla de Ispahán. El cielo de la ciudad comenzaba a clarear.

—La aurora llegará de un momento a otro —pensó—. Tengo que darme prisa. De lo contrario, perderé al criado.

Entró por fin a Ispahán, y husmeó entre los miles de olores de la ciudad 40 buscando el del criado que había huido de Bagdad. Enseguida descubrió su escondite: se hallaba en la tienda de Kalbum Dahabin. Un instante después, ya corría hacia el lugar. En el horizonte empezó a levantarse una débil neblina. El sol comenzaba a adueñarse del mundo.

La Muerte llegó a la tienda de Kalbum. Abrió la puerta de golpe y . . . sus
45 ojos se llenaron de desconcierto. Porque en aquella tienda no vio a un solo
criado, sino a cinco, siete, diez criados iguales al que buscaba.

Miró de soslayo hacia la ventana. Los primeros rayos del sol brillaban ya
en la cortina blanca. ¿Qué sucedía allí? ¿Por qué había tantos criados en la
tienda?

50 No le quedaba tiempo para averiguaciones. Agarró a uno de los criados
que estaba en la sala y salió a la calle. La luz inundaba todo el cielo.

Aquel día, el vecino que vivía frente a la tienda de la plaza anduvo furioso
y maldiciendo.

—Esta mañana —decía— cuando me he levantado de la cama y he mirado
55 por la ventana, he visto a un ladrón que huía con un espejo bajo el brazo.
¡Maldito sea mil veces! ¡Debía haber dejado en paz a un hombre tan bueno
como Kalbum Dahabin, el fabricante de espejos!

Actividad 17: Detalles del cuento   Después de leer el cuento, escoge el sinónimo de cada expresión indicada. Vuelve a mirar el contexto del cuento si es necesario.

Guessing meaning from overall context

1. (línea 15) Comenzó a llamar de casa en casa, pidiendo **amparo**.
   a. refugio   b. comida   c. dinero
2. (línea 18) Pero aquella gente **se atemorizaba** al oír mencionar a la Muerte y le cerraban las puertas.
   a. tenía miedo   b. se aburría   c. se enojaba
3. (línea 20) El criado **recorrió** las calles de Ispahán . . .
   a. se perdió en   b. caminó por   c. conoció
4. (línea 29) No **desesperes** todavía.
   a. te despiertes   b. te pierdas   c. pierdas la esperanza
5. (línea 30) Si la Muerte ha decidido llevarte esta noche y no consigue su propósito, nunca más podrá **arrebatarte.**
   a. perderte   b. llevarte   c. pegarte
6. (línea 43) El sol empezaba a **adueñarse del mundo**.
   a. ponerse   b. desaparecer   c. salir
7. (línea 44) Abrió la puerta de golpe y . . . sus ojos se llenaron de **desconcierto**.
   a. confusión   b. música   c. lágrimas
8. (línea 50) No le quedaba tiempo **para averiguaciones**.
   a. para investigar la situación   b. para mirarse más
   c. para buscar a otras víctimas

Actividad 18: Primero, luego y después   Pon las siguientes oraciones en orden lógico para formar un resumen del cuento.

Recognizing chronological organization

_____ Con la primera luz del sol se veían muchos reflejos del criado en todos los espejos.

_____ Allí se encontró con la Muerte, que le hizo un gesto de amenaza.

_____ Dayoub fue corriendo a su amo, el rico mercader, y le pidió el caballo más veloz que tenía para escaparse de la ciudad.

_____ Un día el criado Dayoub fue al mercado de Bagdad para hacer la compra.

_____ El criado llegó a Ispahán al anochecer y empezó a buscar refugio.

_____ Sin embargo, nadie quiso dejarle entrar en su casa hasta que llegó a la casa de Kalbum Dahabin.

_____ Cuando entró la Muerte, quien tenía mucha prisa, se equivocó y cogió un espejo en vez de coger al criado.

_____ Kalbum se dio cuenta de que la Muerte llegaría pronto y entonces tuvo una idea.

_____ Llevó a Dayoub a su tienda de espejos y lo puso en el centro de la tienda.

3-3

CUADERNO PERSONAL
¿Qué cuento te gustó más? ¿Por qué? ¿Cuál de los dos cuentos parece más realista?

Redacción 2: Un cuento

ESTRATEGIA DE REDACCIÓN

Marking Sequence with Transition Words

When writing about events or activities that occurred in a particular sequence (as in a short story), transition words can help mark the chronological relationships between the actions. These include:

Al principio	At first
Primero	First
Luego	Then, next, later
En seguida	Immediately / immediately afterward
Antes	Before
Antes de eso	Before that
Después	Afterward
Después de eso	After that
Por último	Finally (last in a series)
Por fin	Finally (Finally!)
Finalmente	Finally
Al final	In the end

The first important event of a story is often marked with **un día**.

Avoid overusing sequence words. Reserve them primarily for clarification. You can also mark sequence by using verb tenses and time references such as **por la mañana** and **por la tarde** if the time sequence is clear.

Actividad 19: Los cuentos y la moraleja   Parte A: A continuación hay una lista de cuentos folclóricos que son populares en los EE.UU. En parejas, adivinen el equivalente en inglés de cada título. Luego, escojan uno de los cuentos y preparen un resumen utilizando expresiones de transición. Después de completarlo, léanselo al resto de la clase.

Activating background knowledge

títulos

Blancanieves y los siete enanitos
Ricitos de oro y los tres osos
La Cenicienta
El nuevo traje del emperador
Caperucita Roja
Los tres cerditos
El ratón de la ciudad y el ratón del campo
El patito feo
La bella durmiente

Parte B: Muchos cuentos de niños tienen una **moraleja** o lección moral. Después de escuchar o leer los cuentos de los demás grupos, traten de determinar la moraleja de cada uno.

Actividad 20: La creación de un cuento original   Parte A: Vas a escribir un cuento original. Escoge una moraleja que te parezca importante para tu cuento. La moraleja puede ser tradicional o reflejar un tema moderno como el sexismo, el ecologismo o la violencia.

Writing a story

Parte B: Los cuentos folclóricos suelen construirse a base de ciertos elementos tradicionales. Escoge varios de los siguientes para tu propio cuento.

un rey	una reina
un reino	un castillo
un príncipe	una princesa
una bruja *(witch)*	un brujo/mago *(magician)*
la invisibilidad	un pájaro que habla
una alfombra mágica	un lago
una paloma *(dove)*	una ventana
un bosque	un hada madrina *(fairy godmother)*
un pez que habla	un caballo que vuela
una llave	un espejo mágico
una taza mágica	una espada mágica
un árbol con fruta mágica	una gota de sangre
un encanto *(spell)*	un tesoro
un lobo	un jorobado *(humpback)*
una receta *(recipe)*	un sapo *(toad)*
una serpiente	un dragón
un anillo	una torre
un pozo de los deseos *(a wishing well)*	

Parte C: Piensa en los acontecimientos de tu cuento y escribe la primera versión. Recuerda ponerle título y usa expresiones de transición cuando sea apropiado.

Once upon a time there was/were . . . = **Érase una vez . . . / Había una vez . . .** ; and they lived happily ever after = **. . . y vivieron felices y comieron perdices.**

La América indígena:
Ayer y hoy

▲ *Las ruinas de Uxmal, Yucatán.*

Actividad 1: ¿Qué saben ustedes?   En parejas, miren la foto de la página anterior e intenten contestar las siguientes preguntas.

Activating background knowledge

1. ¿Qué se ve en la foto?
2. ¿Dónde está?
3. ¿Cuándo fue construido?
4. ¿Para qué servía?
5. ¿Quiénes lo construyeron?
6. ¿Existe esta cultura hoy día?

Lectura 1: Un artículo de revista

**E S T R A T E G I A
D E   L E C T U R A**

Recognizing Word Families

Many words with similar spelling and meaning share a common stem (**la raíz**) which is found in a base word. The base word is usually a shorter form, often a noun or verb and sometimes an adjective. For example: **enfermar, enfermo/a, un enfermo, enfermedad, enfermero** form a word family. **Enfermar** (to get sick) is a verb and **enfermo/a** (sick) is an adjective. Either can be considered the base form for others in this group. **Un enfermo** (a sick person) is a noun, as are **una enfermedad** (illness) and **un enfermero** (nurse). Though each form has a precise meaning, they are each related to the concept of sickness. By combining your knowledge of base forms with information from the context, you can often guess the exact meaning of related words.

Actividad 2: Palabras emparentadas   **Parte A:** Mira esta lista de palabras tomadas del artículo "Autopsia de una civilización". En cada línea hay una familia de palabras. Busca en el diccionario o el glosario el significado de cada palabra base (la que está en negrita).

Recognizing word families

sustantivo	verbo	adjetivo
el entierro	**enterrar**	enterrado/a
el **esclavo**	esclavizar	esclavizado/a
la **guerra**	guerrear	guerrero/a
el hallazgo	**hallar**	hallado/a
el **incendio**	incendiar	incendiado/a
el poder	**poder**	poderoso/a
la **sangre**	sangrar	sangriento/a
la sequía	secar	**seco/a**

Parte B: Completa las siguientes oraciones con la forma correcta de la palabra base que precede cada oración o con otra palabra relacionada.

1. (guerra) En la civilización maya las ciudades _____ frecuentemente con otras ciudades cercanas.
2. (seco) En California hay con frecuencia _____ muy severas.
3. (incendio) Una de las causas de la deforestación son los _____.
4. (hallar) Algunos _____ arqueológicos han revelado que la civilización maya no era muy pacífica.
5. (enterrar) El _____ de mi abuelo me dejó muy triste.
6. (sangre) Yo no puedo mirar las escenas _____ de las películas de horror.
7. (esclavo) Muchas veces las culturas indígenas centroamericanas _____ a los enemigos capturados en las guerras.

Actividad 3: Hacia el significado   Las siguientes oraciones aparecen en el artículo. Determina el significado de las palabras en negrita según el contexto.

Guessing meaning from context

1. . . . los arqueólogos abrieron la tierra para **desenterrar** los misterios de una de las civilizaciones más complejas y desafiantes hasta ahora analizadas.
   a. ocultar   b. romper   c. descubrir
2. Sus habitantes se internaron en **la selva** para volver a sus orígenes más primitivos . . .
   a. el bosque tropical   b. el mar   c. la ciudad
3. . . . las guerras eran batallas bien **orquestadas**, con la finalidad de conquistar el poder y esclavizar a nobles rivales.
   a. musicales   b. organizadas   c. originales
4. . . . las guerras llevaron a la completa destrucción del pueblo, provocando **un quiebre** en la estructura social.
   a. un colapso   b. un cambio   c. una renovación
5. Hoy se sabe que las ciudades mayas funcionaban exactamente como **una urbe** moderna . . . Las ciudades eran circundadas por ciudades satélites que albergaban a la población suburbana como artesanos y obreros.
   a. una civilización   b. un estado   c. una ciudad
6. . . . las **escaramuzas** entre las decenas de ciudades-estado de la región evolucionaron hacia guerras sangrientas que transformaron poderosos centros urbanos en aldeas fantasmas.
   a. distancias   b. comunicaciones   c. pequeñas batallas

Actividad 4: La muerte de una civilización   La lectura trata de una cultura desaparecida en América. En grupos de tres, contesten las siguientes preguntas:

Activating background knowledge

1. ¿Conocen Uds. algunas culturas desaparecidas?
2. ¿Cuáles de estos factores podrían haber destruido una civilización en el pasado?

   la guerra (nuclear), la destrucción del medio ambiente, la pérdida de valores morales, el exceso de riqueza, la superpoblación, el hambre, una epidemia, un desastre natural . . .
3. ¿Cuáles podrían destruir una civilización actual?

Actividad 5: ¿De qué trata este artículo?   Mientras leas este artículo de la revista chilena *Qué pasa*, escribe la idea general de cada párrafo en el margen. Después, en grupos de tres, comparen sus apuntes para ver si están de acuerdo.

Identifying main ideas

Actividad 6: Detalles importantes   Despues de leer, indica si las siguientes oraciones son ciertas (C) o falsas (F), usando la información que ofrece el artículo. Corrige las oraciones que sean falsas.

Scanning

1. _____ A partir del año 250 d. de C., otros pueblos ejercieron el dominio sobre los mayas.
2. _____ La civilización maya duró más de mil años sin dejar señales de su existencia.
3. _____ Los *Chilam Balam* predijeron la llegada del hombre blanco.
4. _____ La evidencia indica que la cultura maya era muy pacífica.
5. _____ La organización maya era similar a la de la antigua Grecia.
6. _____ Las guerras sangrientas empezaron alrededor del año 750.
7. _____ La única explicación de la decadencia de la civilización maya fue su descontrolado instinto guerrero.
8. _____ La desertificación y la erosión eran problemáticas para la civilización maya.

Autopsia de una civilización

Tras años de investigaciones, un grupo de arqueólogos descubre dos nuevos sitios arqueológicos intactos al sur de Belice que ayudan a desentrañar el misterio de la desaparición de los mayas.

A fuerza de palas, escobillas, pinceles, conocimientos e intuición, los arqueólogos abrieron la tierra para desenterrar los misterios de una de las civilizaciones más complejas y desafiantes hasta ahora analizadas. Con sus monumentales ciudades en el medio de la selva y ejerciendo el dominio sobre la mayoría de los pueblos contemporáneos de la región, los mayas vivieron su época dorada a partir del año 250 de la era cristiana.

Cinco siglos después, su civilización desapareció misteriosamente. Sus habitantes se internaron en la selva para volver a sus orígenes más primitivos y dejaron sólo las pruebas de su cultura: los templos y pirámides.

"Prepárense, mis hermanos, porque llegará el blanco, gemelo del cielo, y castrará al sol y nos traerá la noche, y la tristeza y el peso del dolor", es la profecía que registran los *Chilam Balam*, libros sagrados de los mayas y que, según algunos investigadores, podría haber influido en su desaparición. Aunque un millón de los actuales habitantes de la región habla un dialecto que se desarrolló directamente del lenguaje maya original, el misterio se ha mantenido por décadas. Sin embargo, los últimos hallazgos clarifican las razones que llevaron a los mayas a abandonar su imperio e internarse en la selva en el siglo octavo.

Los investigadores acaban de descubrir cuatro nuevos sitios arqueológicos—dos de ellos intactos—en las montañas, al sur de Belice. La lectura de los jeroglíficos hallados muestra que los mayas adoraban luchar. Sus gobernantes se esmeraban en el arte de torturar y matar a los enemigos. Inauguraciones, celebraciones esporádicas y ceremonias religiosas culminaban siempre con sacrificios rituales. Los estudios del arqueólogo de la Universidad de Vanderbilt, Arthur Demarest, realizados en la ciudad maya de Dos Pilas, cerca de la frontera mexicana de Guatemala, dividen la historia del Imperio en dos períodos: antes y después del año 761 d.C. En la primera fase, las guerras eran batallas bien orquestadas, con la finalidad de conquistar el poder y esclavizar nobles rivales. "En la segunda etapa las guerras llevaron a la completa destrucción del pueblo, provocando un quiebre en la estructura social", dice Demarest a la revista *Time*. Lo que ocurrió fue una guerra civil, una insurrección tan violenta contra las clases dominantes de nobles y sacerdotes, que toda la cultura entró en crisis.

Sumado a lo anterior, el frágil lazo que representaba la religión se debilitó aún más. Una combinación de desastres naturales contribuyeron a ello, principalmente sequías severas provocadas por la desforestación, y la superpoblación, que elevó las tensiones sociales a niveles explosivos. La tierra ya no producía granos en cantidad suficiente para satisfacer a los sacerdotes y sus ceremonias de abundancia, en las que se quemaban grandes cantidades de alimentos, mientras el pueblo tenía hambre. La organización maya era similar a la de la antigua Grecia. Formaban ciudades-estado, organizadas independientemente y unidas sólo por la religión y la lengua, pero con enormes rivalidades. Las ciudades mayas no sólo estaban formadas por templos

religiosos y por los palacios de la élite. "Hoy se sabe que ellas funcionaban exactamente como una urbe moderna", explica el antropólogo Antonio Porro. "Las ciudades eran circundadas por ciudades satélites que albergaban a la población suburbana como artesanos y obreros". Después de la era clásica, situada alrededor del año 750, las escaramuzas entre las decenas de ciudades-estado de la región evolucionaron hacia guerras sangrientas que transformaron poderosos centros urbanos en aldeas fantasmas. Prueba de ello fueron edificaciones incendiadas, arsenales militares y el aumento de las imágenes guerreras en los monumentos, evidencia encontrada en las ruinas de la ciudad de Caracol, en Belice.

Aunque existe consenso en que una de las principales causas de la decadencia de la civilización maya fue su descontrolado instinto guerrero, ninguno de los investigadores piensa que ésa es la única respuesta. Otro factor decisivo para la decadencia fue la superexplotación de la flora tropical, fuente de alimento y protección. Al comienzo de este año, investigadores ingleses analizaron sedimentos depositados en el lago Pátzcuaro, en México, y descubrieron que las antiguas prácticas agrícolas de la zona provocaron altas tasas de erosión del suelo, que no fueron igualadas ni por los invasores españoles.

Al analizar el polen enterrado entre los escombros de Yucatán, arqueólogos norteamericanos concluyeron que no existía flora tropical cerca de las principales ciudades mayas. "El polen encontrado muestra claramente que casi no existían más bosques para explotar", afirma Patrick Culbert, arqueólogo de la Universidad de Arizona. Desertificación, erosión, destrucción de bosques y hasta acidificación del suelo—problemas familiares para el hombre moderno— fueron responsables por la declinación de una de las sociedades más organizadas y avanzadas del pasado. Tal vez la guerra y un medio ambiente agotado, impulsaron a los mayas a escapar de un mundo adverso que ya no tenía nada que entregar, y donde la única forma de renacer era volver al origen en la profunda selva tropical.

Actividad 7: Las causas de la decadencia El siguiente párrafo es un breve resumen de las ideas importantes de la lectura. Escoge y adapta una expresión de la lista para cada espacio en blanco.

Checking comprehension

búsqueda
crecer
dejar de
empezar a
erosión
guerrero/a
octavo/a
pacífico/a
ritual
sacrificio
sangriento/a

Las investigaciones recientes parecen indicar que la civilización maya era bastante _____. En una primera etapa, sus guerras eran bien orquestadas, parte integral de una sociedad rígida y estable, y servían para obtener víctimas para los _____ rituales. Sin embargo, en el siglo _____, las escaramuzas empezaron a convertirse en guerras _____. Después de cinco siglos de relativa estabilidad, la población ya _____ en exceso y la tierra se había cultivado cada vez más intensivamente, llevando a la deforestación. Como resultado, la tierra había sufrido _____ y acidificación, y _____ producir suficientes alimentos, precisamente cuando la población llegaba a su número más alto. Como no había suficiente comida para todos los habitantes, las guerras dejaron de ser un _____ religioso y se convirtieron en una manera de buscar recursos y alimentos. Esta _____ desesperada llevó a la destrucción de la civilización clásica de los mayas.

4-1

CUADERNO PERSONAL

En tu opinión, ¿hay semejanzas entre la civilización maya y la nuestra? ¿Vamos por el mismo camino?

Redacción 1: Un informe

ESTRATEGIA DE REDACCIÓN

Focusing on a Topic

Brainstorming ideas is the first step in the process of writing. However, you must then select from among many choices and focus on one or a few topics. If you have little detailed information, you may need a broad topic; if you have a lot, you may need to focus on some particularly interesting and significant aspect.

Actividad 8: Culturas y civilizaciones indígenas   Parte A: En grupos de tres, hagan una lista de algunos conceptos que se utilizan para definir la civilización.

Brainstorming

➤ el arte, la religión, . . .

Parte B: A continuación hay una lista de algunas culturas indígenas de América que existían cuando llegaron los europeos. Individualmente, escojan una de ellas y busquen información en enciclopedias y libros especializados acerca de sus costumbres. Pensando en la lista de la Parte A, tomen apuntes sobre los aspectos más interesantes de esa civilización.

los aztecas	los incas	los mayas
los taínos	los chibchas	los guaraníes
los caribes	los araucanos	los aymaras

Parte C: Cuando tengan sus apuntes, escojan los aspectos más importantes o interesantes de la cultura indígena para escribir un informe. Si tienen mucha información, escojan un tema más específico. Por ejemplo, en el caso de los mayas, la astronomía, la escritura o el calendario son temas posibles. Escriban una oración que resuma la idea principal del párrafo o la redacción. Organicen una lista de los detalles que apoyen la tesis y luego terminen el párrafo.

Focusing on a topic

Lectura 2: Panorama cultural

ESTRATEGIA DE LECTURA

Using Suffixes to Distinguish Meaning

Suffixes can help you determine the function and meaning of a word. Certain suffixes are associated with certain parts of speech. The following suffixes often mark conceptual nouns (nouns that express a concept), as opposed to a concrete object or an agent:

-miento	el nacimiento, el mantenimiento
-ancia / -encia	la importancia, la influencia
-dad / -tud	la sociedad, la magnitud
-io / -ía / -ia	la armonía, la presencia
-(c)ión	la contribución, la aparición
-ado/a, -ido/a	el cuidado, la cruzada
-aje	el maquillaje, el porcentaje

Some conceptual nouns are the same as the **yo** form of the related verb:

el logro (yo logro)   el comienzo (yo comienzo)

Other suffixes can indicate a noun agent (doer of an action):

-ero/a	el/la cocinero/a, el/la enfermero/a
-dor/dora	el/la conquistador/a, el/la operador/a
-ante / -(i)ente	el/la cantante, el/la dependiente

Adjectives may be marked with these suffixes:

-ante / -(i)ente	interesante, creciente
-ado/a, -ido/a	habitado, reconocida
-dor/dora	cansador, conservadora
-ero/a	casero/a, fiestero/a

Adverbs are often marked with **-mente**: rápidamente, precisamente

Many adverbs do not end in –mente: bien, temprano, mucho, despacio.

Actividad 9: Una raíz en común La lectura "La presencia indígena en Hispanoamérica" contiene palabras relacionadas con los siguientes verbos. Para cada verbo, busca en el diccionario un sustantivo como **lector** (*reader*) o **lectura** (*reading*), y un adjetivo como **legible** (*legible*) o **leído** (*read*).

Using suffixes to distinguish meaning

durar	desaparecer	creer
dominar	conservar	despreciar
aislar	establecer	menospreciar

Actividad 10: Palabras útiles Después de mirar la siguiente lista, completa las oraciones que siguen con las palabras apropiadas.

Building vocabulary

los antepasados	ancestors
el portavoz	spokesperson
el rasgo	trait, feature
la supervivencia	survival
el culto	worship, adoration
la prueba	proof, evidence
autóctono	native
el esfuerzo	effort

1. _____ del gobierno anunció que las negociaciones iban bien.
2. Una de las características de muchas religiones es el _____ a los antepasados.
3. Un _____ importante de la cultura norteamericana es la afición a la tecnología.
4. El científico Charles Darwin definió la teoría de la _____ del más fuerte.
5. Algunos de mis _____ eran españoles, pero otros eran portugueses.
6. El éxito que tiene en su trabajo es _____ de su talento.
7. La papa y el maíz no se conocían en Europa antes del siglo XVI porque son comidas _____ del continente americano.
8. A pesar de sus _____, el presidente no pudo resolver la crisis.

Actividad 11: ¿Indígenas o indios?   Últimamente, tanto en Norteamérica como en Centro y Suramérica, hay cada vez más presión a favor de una revaloración del indio; incluso se sugiere que no se use el término **indio** y que se sustituya por el de **indígena**. En parejas, antes de leer la lectura siguiente, contesten estas preguntas.

Activating background knowledge
indígena americano = Native American

1. ¿Cuáles son algunas de las características negativas que se asociaban con el término **indio** en la cultura norteamericana?
2. ¿Cuáles son algunos aspectos positivos de la cultura indígena que se aprecian hoy día?
3. Actualmente, ¿a qué problemas se enfrenta la población indígena de Norteamérica? ¿la de Hispanoamérica?

Actividad 12: Las ideas principales   Mientras leas, escribe la idea principal de cada párrafo en el margen. Después, en grupos de tres, comparen sus apuntes para ver si están de acuerdo.

Identifying main ideas

LA PRESENCIA INDÍGENA EN HISPANOAMÉRICA

En el siglo XV, cuando Cristóbal Colón llegó al Nuevo Mundo, encontró una tierra habitada por pueblos y civilizaciones que llevaban allí más de treinta mil años. Tribus y pueblos pequeños alternaban con grandes civilizaciones: la azteca de México, la maya de Centroamérica y la incaica del
5   Perú. La conquista española arrasó y llevó a la desaparición a numerosos pueblos indígenas de Suramérica y el Caribe, a la destrucción de los grandes imperios y al establecimiento de la lengua y la cultura españolas a través de la región. Sin embargo, la presencia indígena no se borró y, actualmente, gran parte de las sociedades hispanoamericanas es el resultado de la mezcla de la
10   cultura española dominante con las culturas indígenas autóctonas.

En los lugares donde quedó una fuerte presencia indígena, se produjo la unión de españoles con mujeres naturales de la región, y sus hijos, conocidos como *mestizos*, llevaban en las venas sangre europea y sangre indígena. De esta unión racial o *mestizaje*, nacieron nuevas culturas con lengua, costumbres y
15   religión que hasta el presente dominan la vida de varios países hispano-americanos.

En primer lugar, la lengua española adoptó vocablos de origen indígena, a la vez que evolucionaron la agricultura y la cocina y poco a poco aparecieron productos y comidas propios del mestizaje. En México, por ejemplo, la cocina tradicional es una combinación de platos autóctonos con comidas españolas.
20   Elementos igualmente inseparables se manifiestan en el campo de la expresión artística. La música andina, para dar un ejemplo, combina instrumentos indígenas, como la flauta, con instrumentos españoles como la guitarra, en tanto que la literatura y las artes plásticas y artesanales de los diversos países
25   muestran la riqueza de la fusión de las culturas.

Pero si la lengua y las costumbres hispanoamericanas reflejan parcialmente esta fusión, quizás sea la religión una de las pruebas más

Vocablos del taíno (Caribe): canoa, tabaco, maíz, maní; vocablos del náhuatl (México): chocolate, tomate, cacahuete, aguacate; vocablos del quechua (los Andes): papa, chino/a, chacra.

▶ *En los Andes, se siguen usando instrumentos de cuerda de procedencia española, así como flautas y tambores de origen indígena.*

evidentes del mestizaje. La religión católica, impuesta por los españoles, fue aceptada por los indígenas como un vehículo de su expresión religiosa y las imágenes cristianas se convirtieron en representaciones de los dioses tradicionales. Así tenemos a la Virgen de Guadalupe, patrona de México, quien se reveló a un indígena en el mismo lugar donde antes había existido un templo a la diosa madre de los aztecas, Tonantzin. Asimismo, la celebración católica del día de los muertos tomó en ese país rasgos indígenas del culto de los antepasados convirtiéndose en una celebración de gran importancia para el mexicano actual. Por otro lado, en el Perú, la Virgen María fue asociada con Pachamama, diosa incaica de la tierra, y como tal se la venera actualmente en algunas comunidades.

Países con una importante población indígena son México, Guatemala, Perú, Ecuador, Bolivia y Paraguay.

No obstante, a pesar de que en algunos países predomina una cultura mestiza, la inmensa contribución indígena a estas culturas no se ha reconocido y ha sido menospreciada mientras que se favorece casi exclusivamente el aporte europeo. Igualmente, se ha menospreciado a las sociedades indígenas que sobrevivieron la dominación española. Éstas se han mantenido separadas, ya sea viviendo en la selva, en el campo o al margen de la sociedad dominante, y sólo así han podido conservar más o menos intactas sus lenguas y tradiciones. Sin embargo, es precisamente este relativo aislamiento físico y cultural que ha permitido por un lado su supervivencia, el que a la vez ha impedido su participación en la vida política, económica e intelectual de sus países. Es más, a causa de su pobreza y falta de educación, se ha visto a los grupos indígenas como un obstáculo al progreso—"el problema del indio"—y actualmente siguen siendo despreciados por gran parte de la sociedad que prefiere no prestar atención a sus necesidades.

Esta situación ha empezado a cambiar con la aparición de grupos indígenas que se interesan por defender sus derechos. En 1983, el grupo de los

Chiapas, cerca de Guatemala, está habitado principalmente por grupos mayas.

Tratado de Libre Comercio = NAFTA

Los aymaras representan más del 30% de la población boliviana.

Los quichés son uno de más de 20 grupos mayas de Guatemala.

▼ *Representación típica en México de la Virgen de Guadalupe.*

▶ *Un cementerio en Tzintzuntzan near Pátzcuaro, Morelia, México, donde se observa la gran importancia que tiene la celebración del día de los muertos.*

55 Shuar decidió unirse con otras tribus para formar la Confederación de las Naciones Indígenas de la Amazonia Ecuatoriana, confederación que fue creada para combatir, por medios políticos, la explotación del petróleo y la destrucción de la selva amazónica. Gracias a sus esfuerzos, los Shuar han logrado evitar la destrucción de su hábitat natural.

60 En otros casos, la frustración de los indígenas se ha manifestado de forma violenta. En 1994, un grupo indígena, el Ejército Zapatista de Liberación Nacional (EZLN), tomó control de varias ciudades del estado mexicano de Chiapas. Los rebeldes temían que el Tratado de Libre Comercio deteriorara aún más la situación económica de la población indígena, pero igualmente 65 protestaban por la poca atención que en general les prestaba el gobierno de México.

A pesar de los problemas, surgen cada vez más líderes y portavoces indígenas. En Colombia, por ejemplo, tres indígenas de diferentes regiones del país fueron elegidos senadores del Congreso en 1992 e intentan solucionar, 70 trabajando dentro del sistema político del país, los problemas que afectan al millón de indígenas que habitan en Colombia. En Bolivia, Víctor Hugo Cárdenas, indígena de origen aymara, fue elegido vicepresidente del país en 1993. Pero, sin lugar a dudas, la voz más reconocida del movimiento indigenista es una mujer quiché de Guatemala, Rigoberta Menchú. Menchú, 75 conocida por su lucha contra la violencia y a favor de los derechos de los indígenas, fue laureada con el Premio Nóbel de la Paz de 1992.

Éstos y otros acontecimientos parecen anunciar un cambio importante en las relaciones entre los diversos grupos que componen la población hispano-americana. Durante varios siglos, los indígenas tuvieron que abandonar su 80 identidad para adoptar la cultura hispana. Ahora, después de quinientos años, están recobrando su voz y defendiendo sus culturas, y al mismo tiempo, se están convirtiendo en una fuerza política que tendrá que tomarse en cuenta en el futuro desarrollo de las naciones hispanoamericanas.

Actividad 13: Detalles importantes   Determina si las siguientes oraciones son ciertas (C) o falsas (F), de acuerdo con la información que aparece en la lectura. Corrige las oraciones que sean falsas.

Scanning

1. ____ La conquista española no tuvo mucho impacto en los pueblos indígenas de América.

2. ____ Pocos hispanoamericanos llevan sangre indígena en sus venas.

3. ____ El mestizaje ha tenido efecto en muchos aspectos de la cultura.

4. ____ Las comunidades indígenas nunca aceptaron la religión católica.

5. ____ Todavía hoy existen comunidades indígenas separadas de la cultura hispana.

6. ____ Muchos indígenas son pobres y analfabetos.

7. ____ Los Shuar abandonaron su territorio tradicional en 1983.

8. ____ El EZLN atacó a los indígenas por protestar contra el gobierno.

9. ____ El portavoz y líder más conocido de los indígenas es Víctor Hugo Cárdenas de Bolivia.

ESTRATEGIA DE LECTURA

Making Inferences

When reading, it is often necessary to read between the lines, that is, to extract information that is not explicitly stated. This may include information or beliefs that the author takes for granted, or additional conclusions that may be drawn from the information presented. For example, it is safe to conclude from the preceding reading that Mexican cooking is quite different from Spanish cooking.

Actividad 14: Más allá del texto   Las siguientes oraciones representan deducciones o inferencias que se basan en la información del texto anterior. Busca la información que apoya cada inferencia.

Making inferences

1. La conquista española fue bastante violenta.
2. La gran mayoría de la población mexicana es católica.
3. En Cuba, Costa Rica y Argentina, ya no hay una presencia indígena importante.
4. Para los indígenas modernos, es muy difícil defender sus derechos.
5. Muchos hispanoamericanos tienen vergüenza de su sangre indígena.

4-2

CUADERNO PERSONAL

¿Crees que los indígenas deben proteger sus culturas manteniéndose separados o que deben integrarse a la cultura dominante? ¿Hay otras soluciones?

Lectura 3: Literatura

Actividad 15: Para hablar de la vida indígena   Estudia estas expresiones que aparecen en la próxima lectura de Rigoberta Menchú. Luego, lee las oraciones y complétalas con la forma adecuada de las expresiones apropiadas.

Building vocabulary

la cosecha harvest
dañar to damage
dar de comer to feed
herir to wound
juntar to join or bring together
rezar to pray
sagrado/a sacred
sembrar to sow, plant seed

1. Hay que mostrar gran respeto a las cosas _____.
2. La primavera es la estación para _____.
3. El otoño es la estación de _____.
4. Todas las mañanas, el chico se levantaba para _____ a los animales hambrientos.
5. Los vegetarianos suelen creer que es malo _____ a un animal.
6. En muchas familias, todo el mundo _____ antes de cenar para dar gracias a Dios.
7. Demasiada lluvia puede _____ la cosecha.
8. Todos los habitantes _____ sus recursos económicos para comprar la lotería.

Actividad 16: Con un poco de contexto   Lee bien los siguientes pasajes de la lectura para determinar el significado de las palabras en negrita. Después de leer toda la lectura, vuelve a mirar tus respuestas para verificar si son correctas o incorrectas.

Guessing meaning from context

1. " . . . el agua es algo sagrado. La explicación que nos dan nuestros padres desde niños es que no hay que **desperdiciar** el agua, aunque haya".
   a. usar   b. usar mal   c. usar bien
2. " . . . antes de sembrar nuestra **milpa**, tenemos que pedirle permiso a la tierra".
   a. un campo de maíz   b. una casa de campo   c. una comida de maíz
3. "El copal es una goma que da un árbol y esa goma tiene un **olor** como incienso".
   a. color   b. textura   c. fragancia
4. " . . . cuando está la cosecha tenemos que **agradecer** con toda nuestra potencia".
   a. descansar   b. esperar   c. dar gracias

Actividad 17: ¿De qué trata la lectura?   En parejas, miren el título de la lectura   Predicting content
y digan cuáles de los siguientes temas creen que se van a mencionar. Luego, lean
individualmente y determinen cuáles de los temas se han mencionado.

los mitos	la agricultura	la religión
la economía	la comida	los animales
los árboles	las ceremonias	la familia
la tecnología	la violencia	los orígenes

▲ *Rigoberta Menchú,
portavoz de los pueblos
indígenas de Guatemala.*

*Rigoberta Menchú nació en Guatemala en 1959. En 1992 ganó el Premio Nóbel
de la Paz por sus esfuerzos a favor de las comunidades indígenas de su país y del
mundo. Menchú huyó de Guatemala en 1981, en medio de la lucha violenta entre el
gobierno y los indígenas, después de que las fuerzas militares mataron a sus padres y a
su hermano. En el exilio, tuvo que perfeccionar el español, idioma extranjero, para
poder contar la historia trágica de su vida y de su pueblo. Elizabeth Burgos transcribió
el testimonio oral de Menchú y lo publicó en 1983 bajo el título* Me llamo Rigoberta
Menchú y así me nació la conciencia. *Hoy día, Menchú dirige la Fundación
Vicente Menchú, organismo que defiende los derechos de los indígenas del mundo
entero.*

*La siguiente lectura es una selección de su libro en la cual habla de algunos de los
valores que aprendió de niña.*

ME LLAMO RIGOBERTA MENCHÚ
Y ASÍ ME NACIÓ LA CONCIENCIA

La Naturaleza. La tierra madre del hombre.
El sol, el copal, el fuego, el agua.

ladinos (Guatemala) =
personas que rechazan los
valores indígenas

Entonces también desde niños recibimos una educación diferente de la
que tienen los blancos, los ladinos. Nosotros, los indígenas, tenemos más
contacto con la naturaleza. Por eso nos dicen politeístas. Pero, sin
embargo, no somos politeístas . . . o, si lo somos, sería bueno, porque es

5   nuestra cultura, nuestras costumbres. De que nosotros adoramos, no es que
adoremos, sino que respetamos una serie de cosas de la naturaleza. Las cosas
más importantes para nosotros. Por ejemplo, el agua es algo sagrado. La
explicación que nos dan nuestros padres desde niños es que no hay que
desperdiciar el agua, aunque haya. El agua es algo puro, es algo limpio y es

10   algo que da vida al hombre. Sin el agua no se puede vivir, tampoco hubieran
podido vivir nuestros antepasados. Entonces, el agua la tenemos como algo
sagrado y eso está en la mente desde niños y nunca se le quita a uno de pensar
que el agua es algo puro. Tenemos la tierra. Nuestros padres nos dicen "Hijos,
la tierra es la madre del hombre porque es la que da de comer al hombre". Y

15   más, nosotros que nos basamos en el cultivo, porque nosotros los indígenas
comemos maíz, fríjol y yerbas del campo y no sabemos comer, por ejemplo,
jamón o queso, cosas compuestas con aparatos, con máquinas. Entonces, se

considera que la tierra es la madre del hombre. Y de hecho nuestros padres
nos enseñan a respetar esa tierra. Sólo se puede herir la tierra cuando hay
20   necesidad. Esa concepción hace que antes de sembrar nuestra milpa, tenemos
que pedirle permiso a la tierra. Existe el pom, el copal, es el elemento sagrado
para el indígena, para expresar el sentimiento ante la tierra, para que la tierra
se pueda cultivar.

25   El copal es una goma que da un árbol y esa goma tiene un olor como
incienso. Entonces se quema y da un olor bastante fuerte. Un humo con un
olor muy sabroso, muy rico. Cuando se pide permiso a la tierra, antes de
cultivarla, se hace una ceremonia. Nosotros nos basamos mucho en la candela,
el agua, la cal. En primer lugar se le pone una candela al representante de la
30   tierra, del agua, del maíz, que es la comida del hombre. Se considera, según los
antepasados, que nosotros los indígenas estamos hechos de maíz. Estamos
hechos del maíz blanco y del maíz amarillo, según nuestros antepasados.
Entonces, se ponen esas candelas y se unen todos los miembros de la familia a
rezar. Más que todo pidiéndole permiso a la tierra, que dé una buena cosecha.
35   También se reza a nuestros antepasados, mencionándoles sus oraciones, que
hace tiempo, hace mucho tiempo, existen.

        Se menciona en primer lugar, el representante de los animales, se habla de
nombres de perros. Se habla de nombres de la tierra, el Dios de la tierra. Se
habla del Dios del agua. Y luego, el corazón del cielo, que es el sol . . . y luego
40   se hace una petición concreta a la tierra, donde se le pide "Madre tierra, que
nos tienes que dar de comer, que somos tus hijos y que de
ti dependemos y que de ese producto que nos das pueda
generar y puedan crecer nuestros hijos y nuestros animales
. . . " y toda una serie de peticiones. Es una ceremonia de
45   comunidades, ya que la cosecha se empieza a hacer cuando
todo el mundo empieza a trabajar, a sembrar.

        Luego para el sol, se dice, "Corazón del cielo, tú
como padre, nos tienes que dar calor, tu luz, sobre
nuestros animales, sobre nuestro maíz, nuestro fríjol,
50   sobre nuestras yerbas, para que crezcan para que podamos
comer tus hijos". Luego, se promete a respetar la vida del
único ser que es el hombre. Y es importantísimo. Y
decimos "nosotros no somos capaces de dañar la vida de
uno de tus hijos, que somos nosotros. No somos capaces
55   de matar a uno de tus seres, o sea ninguno de los árboles,
de los animales". Es un mundo diferente. Y así se hace
toda esa promesa, y al mismo tiempo, cuando está la
cosecha tenemos que agradecer con toda nuestra
potencia, con todo nuestro ser, más que todo con las
60   oraciones. . . Entonces, la comunidad junta sus animalitos
para comer después en la ceremonia.

▼ *Indígenas guatemaltecos realizando labores de siembra.*

Actividad 18: Los elementos básicos de la vida   Rigoberta Menchú dice que los siguientes elementos son importantes. Por ejemplo, dice que el agua es algo puro y sagrado (además de otras cosas). Apunta lo que dice sobre cada elemento.

Scanning

El agua: _____.

La tierra: _____.

El copal (el pom): _____.

El maíz: _____.

El sol: _____.

El hombre, los árboles y los animales :_____.

Actividad 19: Las ceremonias   Contesta las siguientes preguntas según lo que dice Menchú.

Scanning and making inferences

1. ¿Por qué son necesarias las ceremonias?
2. ¿Qué cosas se usan en las ceremonias? ¿Qué simbolizan?
3. ¿A qué o a quiénes se dirigen las oraciones?
4. En tu opinión, ¿son politeístas los indígenas quichés? ¿Qué opinión tiene Menchú sobre esto?
5. Hay una contradicción aparente en el último párrafo: "No somos capaces de matar a los animales", pero se los comen en las ceremonias. ¿Cómo se puede explicar esta contradicción?

politeísta = que cree en muchos dioses

4-3

CUADERNO PERSONAL

Muchas personas afirman que en la sociedad moderna se necesitan los valores indígenas expresados por Rigoberta Menchú. ¿A ti te parecen importantes estos valores? ¿Por qué sí o no?

Redacción 2: Un mito

Actividad 20: El origen del ser humano   La literatura empezó en muchas culturas para explicar los orígenes y los valores y se transmitía de generación en generación por vía oral. Los abuelos y los padres les contaban las historias a los niños. En cierto sentido, Rigoberta Menchú continuó esta tradición al narrarle su vida a otra persona que transcribió lo que dijo. Menchú hace mención específica del mito de la creación de los hombres encontrado en el *Popol Vuh*, el libro sagrado de los mayas. Sin embargo, todas las culturas tienen historias que explican el origen de los hombres. En los EE.UU., la tradición judeocristiana es la que mejor se conoce.

Listening and notetaking

Parte A: Con tu profesor y el resto de la clase, ayuda a contar la historia de la creación del hombre y la mujer de la tradición judeocristiana.

Parte B: Ahora tu profesor/a va a contar la historia de la creación de los hombres según el *Popol Vuh*. Escucha y toma apuntes para poder volver a contar la historia después. Usa el siguiente esquema para tus apuntes.

la historia = the story; history

- Dos o tres características del mundo que crearon los dioses
- Lo que decidieron hacer los dioses después de crear el mundo y por qué
- Cómo resultó esta creación
- Otra decisión de los dioses
- Características de los tres tipos de Hombre y cómo resultó ser cada uno

características	resultados
1.	
2.	
3.	

ESTRATEGIA DE REDACCIÓN

Providing Smooth Transitions

As discussed in Chapter 3, transition words provide the glue that holds a piece of writing together. Transition words studied in Chapter 3 refer primarily to sequence; however, there are others that can be used to express other types of relations.

así que . . .	so (result)
como resultado	as a result
de repente, de pronto	suddenly
entonces	so (logical result)
por eso	that's why
por lo tanto	therefore
sin embargo	however

Actividad 21: De lo hablado a lo escrito   Escribe el mito que escuchaste, usando la información del esquema, las palabras de transición y el pretérito y el imperfecto.

Providing smooth transitions

El sabor africano del Caribe

OCÉANO
ATLÁNTICO

REPÚBLICA
DOMINICANA

CUBA

PUERTO
RICO

JAMAICA

HAITÍ

Mar Caribe

HONDURAS

NICARAGUA

COSTA RICA

VENEZUELA

PANAMÁ

COLOMBIA

Actividad 1: ¿Qué saben del Caribe?   Usando sus conocimientos y la información del mapa, mirar el mapa, en grupos de tres, lean las siguientes oraciones y determinen cuáles son ciertas y cuáles son falsas. Si no están seguros, adivinen.

Activating background knowledge

1. _____ La comida caribeña es más o menos igual a la comida mexicana.

2. _____ Haití y Jamaica son los únicos países del Caribe que han tenido una fuerte influencia africana.

3. _____ La salsa es muy popular en el Caribe.

4. _____ El español es el idioma oficial de todas las naciones caribeñas.

5. _____ Hay grandes comunidades indígenas en las islas caribeñas.

6. _____ En el pasado había muchas plantaciones con esclavos en el Caribe.

7. _____ La música caribeña no conserva las tradiciones de la música española.

8. _____ En el Caribe la influencia africana ha sido más importante que la influencia indígena.

Lectura 1: Una reseña biográfica

Actividad 2: ¡Adivina!   Lee estas oraciones basadas en el artículo sobre la cantante cubana Celia Cruz, y escoge el sinónimo de las expresiones indicadas en negrita.

Guessing meaning from context

1. Su carrera profesional empezó cuando ganó el primer lugar en **un concurso** de radio.
   a. un canal   b. un curso   c. una competición
2. La salsa es **el conjunto** de todos los ritmos cubanos mezclados en uno solo.
   a. el grupo musical   b. la conjunción   c. la combinación
3. Los instrumentos de la salsa incluyen instrumentos de cuerda, como la guitarra y **el bajo**.
   a. un tipo especial de tambor   b. un tipo especial de guitarra
   c. un tipo especial de flauta
4. Los arreglos de sus canciones son **realizados** por un músico cubano.
   a. hechos   b. apreciados   c. financiados
5. Esta música la **tildaban** de callejera, de música cualquiera, sin crédito.
   a. decoraban   b. apreciaban   c. caracterizaban

Actividad 3: Familias de palabras   Como preparación para la lectura "La reina rumba habla de la salsa", busca el significado de la palabra base (en negrita) de cada familia de palabras de la lista. Luego, completa las siguientes oraciones con la forma apropiada de la palabra que corresponde.

Recognizing word families

sustantivo	verbo	adjetivo
admiración, admirador	**admirar**	admirado, admirable
arreglo	**arreglar**	arreglado
bondad	—	**bueno**
cansancio	**cansar**	cansado, incansable
encanto	**encantar**	encantador/a
fascinación	**fascinar**	fascinante
grabación, grabadora	**grabar**	grabado
salida	**salir**	—
significado	**significar**	significativo

1. Pasamos toda la noche hablando de espiritualidad; fue una conversación
   _____.
2. Me gusta mucho esta _____ de la canción. Se oye muy bien.
3. Una canción puede tener muchos _____ distintos, según los instrumentos que se usen.
4. Sus _____ la siguen por todas partes para asistir a sus conciertos.
5. Ese hombre nunca para. Es verdaderamente _____.
6. Papá es honesto, paciente y generoso. Su enorme _____ es bien conocida por todos.
7. Buscamos otra _____ pero por fin volvimos a la puerta principal.
8. Ella tiene un _____ especial que atrae a la gente.
9. ¿Qué _____ esta palabra?

ESTRATEGIA DE LECTURA

Recognizing Symbols, Similes, and Metaphors

When reading, you must be careful not to take everything too literally. Many words and expressions are used for their symbolic potential. A symbol (**un símbolo**) signifies or represents something else, often more powerfully than a simple declaration. For example, the skull and crossbones is a visual symbol used to warn of dangerous poisons. Similes and metaphors are comparisons between elements which are often used with symbolic significance in writing. A simile (**un símil**) is explicit and uses the words *like* or *as* (**como**): *He's as cold as ice.* A metaphor (**una metáfora**) directly equates two elements <u>without</u> the use of *like* or *as*: *All the world's a stage.* Symbols, similes, and metaphors are used in all types of writing, though they are especially frequent in songs and poetry.

Actividad 4: Más allá de lo literal   Parte A: Mira el título y las fotos del artículo. Luego, en parejas, decidan si las siguientes palabras se usan literal o simbólicamente.

Recognizing metaphors, Skimming and scanning

      reina   salsa   embajadora

Parte B: El artículo que vas a leer tiene dos temas principales: la vida de Celia Cruz y la música. Para cada párrafo del artículo, indica si el tema es Celia Cruz o la música.

Active reading

antillano = de las Antillas (las islas del Caribe)

La Reina Rumba habla de la 'salsa'

Norma Niurka
Redactora de *El Miami Herald*

Celia, embajadora de la música caribeña.

Celia Cruz es algo más que una cantante de "salsa", término que era desconocido cuando empezó su carrera interpretando ritmos que se conocían como la rumba y la guaracha. Aún en vida, se ha convertido en leyenda: la *Reina Rumba, la Guarachera de Cuba, la Reina de la Salsa.*

Admirada por antillanos, suramericanos, europeos y estado-unidenses, esta mujer tiene un significado trascendental en la historia de la música caribeña. El Olympia de París, el Madison Square Garden, de Nueva York; el Palacio de la Salsa, en México; han temblado ante esa figura incansable, llena de energía, gracia y bondad, que canta, baila a su aire, y despliega una fascinante personalidad escénica.

Cuando Celia se iniciaba en el ambiente artístico, en la radio cubana, estaba familiarizada con la guaracha y la rumba; en esa época empezaba a ponerse de moda el cha cha chá y el mambo.

"Lo que ahora se llama salsa, en la época en que empecé a cantar era la rumba. La salsa, para mí, es el conjunto de todos los ritmos cubanos metidos en uno solo." Celia tiene sus teorías acerca del surgimiento de la palabra "salsa".

"La salsa empezó en 1967, en Nueva York, yo ya estaba en Estados Unidos. En ese año, estuve en

Venezuela, en un programa de Fidias Danilo Escalona, que se llamaba *La hora de la salsa . . .* Para mí no hubo cambio, yo seguí cantando de la misma forma que he cantado siempre."

Celia cita tres cambios en el proceso de rumba a salsa: los instrumentos, los arreglos y una cierta influencia de Estados Unidos.

"Los arreglos te dan más oportunidad de desarrollar un número. Cuando grabé *La bemba colorá* duraba tres minutos, ahora dura diez. Los instrumentos para la salsa son electrónicos. Yo nunca con la Sonora toqué con bajo eléctrico. Antes los pianos eran grandísimos, el pianista necesitaba un camión para él solo. Ahora son electrónicos, pequeños, y se llevan como un violín".

Sus arreglos son realizados por el cubano Javier Vázquez (pianista de la Sonora Matancera), pero desde hace años ha incluido en ese trabajo a algunos puertorriqueños que se han formado en Estados Unidos. Éstos, según Celia, han impregnado su música de otros sonidos.

"En estos pasajes de arreglos de salsa hay un poco de la esencia del jazz, por haber ellos estudiado aquí, aunque sea música del Caribe. La música cubana no pierde sus raíces, ahí están el bajo, la tumbadora, el bongó y, a veces, la maraca; pero yo a esta música le pondría jazz latino si no tuviera el nombre de salsa".

Sin embargo, aclara que no ha cantado jazz ni lo hará.

"En Cuba éramos muy adeptos a oír la música americana. Conocimos muy bien a Ella Fitzgerald y a Count Basie. Toda la música tiene su encanto, pero nunca me interesó cantar ese tipo de música. Si no lo haces en inglés, no sale igual. Si yo hago una guaracha en inglés no me va a salir lo mismo". Con su buen sentido del humor, comenta: "No es lo mismo que en vez de decir ¡Azúca!, diga ¡Sugar!".[1]

A pesar de aceptar que entre sus admiradores se encuentran muchos americanos, Celia no es optimista en cuanto al interés del país en la salsa. "Cuesta trabajo entrar un disco de salsa en español en el mercado americano. El idioma es la barrera".

De origen muy humilde, Celia se crió entre catorce primos y hermanos, en una casa que compartía su madre, con su hermana y su prima. Cuando todavía era estudiante, un familiar la inscribió en un concurso radial y ése fue el comienzo de una carrera brillante en el campo de la música popular.

Continuó interpretando ritmos afrocubanos y muy pronto se estableció su estilo en la guaracha. Su nombre siempre estuvo asociado a la orquesta La Sonora Matancera, con quien grabó hasta su salida de Cuba, continuando la unión más tarde, en el exilio.

"Si hoy tengo un par de aretes me lo he ganado cantando", dice. "He dado un ejemplo, no sólo con mi música, sino porque me he dado a respetar. Esta música la tildaban de callejera, de música cualquiera, sin crédito. Hoy es música de mucho valor, es folclore y es cultura, es una música que todo el mundo respeta. Y yo me he dado a respetar comportándome como una dama. En el escenario canto y bailo, pero cuando me bajo de ahí todos me tienen que respetar".

Actividad 5: Celia   Determina si las siguientes oraciones son ciertas o falsas. Corrige las oraciones falsas.

Scanning and checking comprehension

El uso del nombre "Celia" es excepcional; en el español escrito suele usarse o el apellido o el nombre completo de personas famosas.

1. _____ Celia empezó su carrera musical cantando guarachas y rumbas.
2. _____ Celia es famosa sólo en Cuba, Miami y Nueva York.
3. _____ Celia es de familia bastante rica.
4. _____ Celia canta bien, pero tiene una personalidad difícil.
5. _____ La carrera de Celia empezó en Cuba, pero ella ha pasado muchos años en los Estados Unidos.

Actividad 6: Celia y la música caribeña   Completa las siguientes oraciones, según la información del artículo.

Scanning and checking comprehension

1. La salsa es un ritmo caribeño que combina _____.
2. La salsa empezó en _____.

[1] Celia suele gritar **¡Azúca(r)!** cuando interpreta una canción.

3. Tres cambios en el proceso de rumba a salsa son _____.

4. Ahora los arreglos son más _____ y los instrumentos son _____.

5. La salsa también ha recibido la influencia del _____.

6. Es difícil que la salsa entre en el mercado americano porque _____.

Actividad 7: Entre líneas   Busca en la lectura algunos datos que confirmen las siguientes deducciones.

Making inferences

1. La carrera de Celia Cruz empezó en los años 50.
2. La influencia africana es muy grande en la música cubana.
3. Cuba es la fuente de gran parte de la música caribeña.
4. Gracias a los inmigrantes, Nueva York también se ha convertido en un centro de la música caribeña.

5-1
CUADERNO PERSONAL

Muchos músicos respetan a Celia Cruz tanto por su talento como por su personalidad. ¿A qué músico o cantante respetas? ¿Por qué?

Redacción 1: Comentario de una canción

Actividad 8: Apreciación de un ritmo diferente   Ahora vas a escuchar una canción típica del Caribe. Primero, mira el cuadro de abajo. Luego úsalo para apuntar tus reacciones a la canción.

Listening and building vocabulary

¿Cómo describes esta canción?

Título: _____

Cantante/Conjunto: _____

Marca todas las palabras que reflejen tus reacciones a la canción.

aburrida	dulce	repetitiva	sosa
apasionante	inspiradora	rica	trágica
bailable	lenta	ridícula	tranquila
cómica	melancólica	romántica	triste
con buen ritmo	monótona	sabrosa	de mensaje social
desagradable	política	salvaje	
divertida	rápida	sensual	

Marca todas las frases que reflejen tus reacciones a la canción.

_____ es demasiado larga   _____ tiene buen arreglo

_____ tiene buena letra   _____ tiene una letra tonta

_____ quiero escucharla otra vez   _____ se la regalaría a un amigo

_____ Me gustaría asistir a un concierto

Creo que la persona que canta:

_____ es sincera   _____ está enamorada

_____ está enojada   _____ está aburrida

_____ es aburrida   _____ está divirtiéndose

ESTRATEGIA DE REDACCIÓN

Additive Connecting Words

A paragraph that lists or describes information can be made more cohesive by adding transition words. The most frequent are:

además (de)	in addition, besides
es más	what's more
también	also

Actividad 9: Y ahora, a escribir   **Parte A:** Después de hacer la Actividad 8, convierte lo que has marcado en el cuadro en un párrafo, utilizando las expresiones de transición. Luego, pon un nombre secreto en tu párrafo y dáselo a tu profesor/a.

Using additive connecting words

Parte B: Tu profesor/a te va a dar el párrafo de un/a compañero/a. Describe —¡cortésmente!— la personalidad y gustos de la persona que crees que escribió el párrafo.

Parte C: Busca a la persona que escribió el párrafo que tienes y muéstrale tu descripción de su personalidad. ¿Tenías razón?

Lectura 2: Panorama cultural

Actividad 10: La mejor traducción   Busca cada una de estas palabras en un diccionario bilingüe o en el glosario. Al mismo tiempo, mira la lectura de esta sección, "África en America: El Caribe", para ver el contexto de cada palabra y determinar cuál es la mejor traducción. Luego, escríbela en el espacio.

Using the dictionary

1. (párrafo 1) la cuenca _____

2. (párrafo 2) florecer _____

3. (párrafo 2) la yuxtaposición _____
4. (párrafo 3) comestible _____
5. (párrafo 4) el trueno _____
6. (párrafo 4) fundirse _____

Actividad 11: Del contexto al significado   Adivina el significado de las palabras en negrita según el contexto de la oración.

Guessing meaning from context

1. Los esclavos africanos **aportaron** varios elementos de sus propias culturas a la cultura caribeña.
   a. eliminaron   b. copiaron   c. contribuyeron
2. Los instrumentos son de variada **procedencia**: el güiro parece ser de origen indígena, pero la guitarra vino de España.
   a. origen   b. forma   c. manera de tocar
3. Luego se sofríen en aceite cebolla, pimientos, tomate y jamón en una **olla** grande.
   a. recipiente para la basura
   b. recipiente para servir comida
   c. recipiente para cocinar
4. De África se adoptaron todos los instrumentos que marcan el ritmo, todo tipo de **tambores** . . .
   a. instrumentos de cuerda
   b. instrumentos de viento
   c. instrumentos de percusión
5. El ritmo es **primordial** en la música caribeña, mientras que la melodía ocupa un nivel secundario.
   a. de principal importancia
   b. de muy poca importancia
   c. de interés para el especialista
6. La cuenca del Caribe es como una gran **sopera** en la cual se han mezclado muchos ingredientes culturales.
   a. recipiente para la sopa
   b. tipo de comida
   c. formación geográfica

ESTRATEGIA DE LECTURA

Distinguishing Main Ideas and Supporting Details

Texts that seek to inform and explain (as opposed to narratives which tell stories) are normally organized around a central topic and certain main ideas. The main idea is often the topic of a paragraph, though several paragraphs may also develop one main idea. The body of the paragraph is made up of supporting details. Correctly distinguishing main ideas from supporting details and ideas can greatly improve your overall comprehension of a text.

Actividad 12: ¿Idea principal o detalle?   Lee rápidamente cada párrafo de la lectura para ver cuál de las dos oraciones es la idea principal del párrafo y cuál es un detalle de apoyo. Luego lee todo el texto sin interrupción para ver la interrelación entre las ideas.

Distinguishing main ideas and supporting details, Skimming and scanning

párrafo 1
   a. Uno de los ingredientes principales de la cultura caribeña es lo africano.
   b. El sancocho contiene una variedad de ingredientes.

párrafo 2
   a. Las personas de sangre europea y africana se conocen como mulatos.
   b. La llegada de esclavos africanos al Caribe tuvo como resultado una gran mezcla de razas.

párrafo 3
   a. El congrí es una mezcla de arroz con frijoles.
   b. El caribe se caracteriza por la yuxtaposición y la coexistencia de elementos de dos culturas.

párrafo 4
   a. Una fuente de contribuciones a la comida caribeña fue África.
   b. Una contribución africana a la comida caribeña es el uso de mucho aceite.

párrafo 5
   a. Los africanos organizaron reuniones secretas para adorar a sus orishas.
   b. Los africanos mantuvieron sus creencias religiosas por debajo de un aparente catolicismo.

párrafo 6
   a. Muchos instrumentos musicales son de origen africano.
   b. Varios aspectos de la música caribeña demuestran la influencia africana.

párrafo 7
   a. Bailes y música africanos surgieron en otros países además de Cuba.
   b. La influencia africana en la música se manifiesta hoy día en la salsa.

ÁFRICA EN AMÉRICA: EL CARIBE

Hay muchas variaciones de este plato.

"Se cocinan carne de res, un rabo de buey y un pollo picado en pedazos. Luego, se sofríen en aceite un pedazo de jamón, cebolla picada, pimientos, tomate y tocino en una olla grande. Se añaden las carnes, y se echa agua para hervir pedazos de papa, batata, ñame, yautía, yuca,
5   plátano y mazorcas de maíz . . ." Así empieza la receta para lo que se llama ajiaco en Cuba y Colombia, o sancocho en la República Dominicana y Puerto Rico. Esta "supersopa" es un plato típico del Caribe. De hecho, la cuenca del Caribe se puede ver como una gran sopera en la cual se han mezclado elementos de muchas culturas: las indígenas, la española, la inglesa, la
10   francesa, la holandesa, la portuguesa y las africanas. Hoy día se hablan allí otras lenguas además del español—el inglés en Jamaica, el francés en Haití— aunque el idioma español y la cultura hispana todavía predominan en la

región. Sin embargo, todas las islas y gran parte de la costa caribeña comparten una influencia que se ve reflejada en la comida, la religión, la

15 música y el baile.

Durante los años de la colonia (siglos XV–XIX), los españoles—y más tarde los franceses, ingleses y holandeses—necesitaban trabajadores para sus plantaciones de caña de azúcar, café y tabaco y por esa razón empezaron a traer esclavos africanos al Caribe. Estos esclavos provenían especialmente de la

20 cultura yoruba (o lucumí), la cual floreció en países de África Occidental en lo que hoy se conoce como Nigeria y Benin. Con el tiempo, la población africana del Caribe creció enormemente y empezó a mezclarse con la europea. Como resultado, los mulatos o personas que llevan en sus venas tanto sangre europea como africana, hoy día forman gran parte de la población caribeña.

25 La presencia africana influyó en muchos aspectos de la cultura del Caribe. La mezcla racial y cultural se ve simbolizada en un plato típico de Cuba, el congrí, también conocido

30 como "moros y cristianos", que consiste en mezclar arroz blanco con frijoles negros. En este plato, un ingrediente no absorbe al otro, sino que los dos se complementan.

35 Asimismo, en el Caribe, una cultura no absorbe completamente a la otra, sino que se crea un sincretismo, es decir, una yuxtaposición de elementos de las dos culturas en la que ambas

40 coexisten a la vez que conservan elementos propios.

La llegada de los africanos contribuyó, entonces, no sólo a la riqueza racial sino también a la

45 riqueza culinaria. Aunque la dieta caribeña contiene muchos productos autóctonos que consumían los indígenas, así como ingredientes y métodos de cocinar de los españoles,

50 los africanos aportaron sus propias costumbres culinarias tales como el uso de mucho aceite y la frecuente mezcla de los frijoles con el arroz a la vez que introdujeron productos

55 comestibles africanos como el ñame, los gandules, el plátano y el banano.

La influencia africana se extiende además a las creencias religiosas. La

▲ En santería se les dedica altares a los santos. Este altar tiene regalos y ropa para el santo Sarabanda Rompe Monte.

santería, culto muy popular en Cuba, Puerto Rico y en zonas cubanas y
60   puertorriqueñas de los Estados Unidos es un buen ejemplo del sincretismo
entre las culturas española y africana occidental. Cuando la población traída de
África entró en contacto con todos los santos de la religión católica, los
esclavos comenzaron a identificar elementos similares entre los santos
cristianos y los orishas o dioses yorubas. De esa manera —y a pesar de las
65   prohibiciones de la Iglesia Católica— los esclavos comenzaron a adorar a los
santos en reuniones secretas llamadas cabildos, sin abandonar sus ritos
africanos ni sus dioses lucumíes. Sus ritos incluían música y baile, altares con
flores y comida, oraciones y magia. Es a esos ritos y a esa fusión de figuras
religiosas que los españoles denominaron como santería. Así, a Changó, el
70   dios lucumí del trueno y de la guerra, se le sincretiza con Santa Bárbara,
patrona de los militares; San Lázaro, santo patrón de los enfermos, se funde
con Babalú Ayé, el dios que causa y cura las enfermedades; y la virgen de la
Caridad del Cobre, patrona de Cuba, es en santería Ochún, la diosa más
poderosa y venerada.
75   La música caribeña refleja también la mezcla de culturas. Los
instrumentos son de variada procedencia: el güiro parece ser de origen
indígena, mientras que la guitarra proviene de España. De África se adoptaron
los instrumentos de percusión, todo tipo de tambores que luego se
convirtieron en bongoes, congas, timbales y tumbadoras. La gran influencia
80   del tambor es evidente en el hecho de que el ritmo es primordial en este tipo
de música, en tanto que la melodía tiene un papel secundario. La

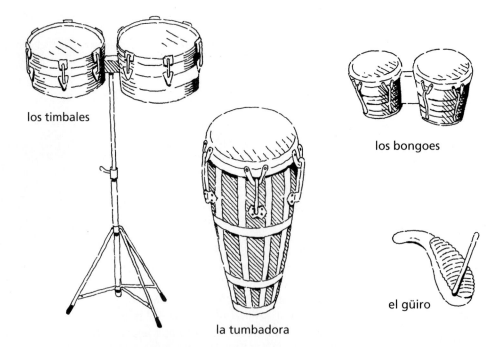

los timbales

los bongoes

la tumbadora

el güiro

improvisación musical, tan típica de esta música, también se deriva en gran parte de la influencia africana.

85 Debido a su fuerte ritmo, la música caribeña está íntimamente asociada con el baile. Aunque la República Dominicana ha contribuido con el merengue, Puerto Rico la bomba y Colombia la cumbia, fue Cuba el país donde se crearon más bailes basados en ritmos africanos.

A partir de los años treinta, bailes cubanos como la rumba, el mambo y el cha cha chá se hicieron famosos en todo el mundo. A finales de los sesenta se 90 comenzó a desarrollar la salsa, un producto de la fusión de todos esos bailes y ritmos. Aunque es popularísima en el Caribe, la salsa se inició en Nueva York entre los hispanos —principalmente cubanos y puertorriqueños— que vivían allí. Algunos de los iniciadores de la salsa neoyorquina son Celia Cruz, Willie Colón, Johnny Pacheco y Héctor Lavoe. Más tarde, éstos y otros artistas 95 difundieron la salsa por todo el Caribe y el resto de Hispanoamérica. Entre los intérpretes más recientes de la salsa están Rubén Blades, quien introdujo el mensaje de protesta social y política a la salsa, Lalo Rodríguez, uno de los cantantes de la "salsa cama", de sentido más sensual y romántico, y Juan Luis Guerra y su grupo 440, que interpreta tanto canciones de mensaje social como 100 de amor.

Hoy en día, la música caribeña ha llegado a ocupar un lugar de importancia mundial. Sin embargo, el Caribe es mucho más que su música: es un mundo rico y vibrante cuya riqueza cultural, ya sea religiosa, culinaria o musical, proviene de la unión de razas de África y Europa sobre la tierra del 105 continente americano.

Actividad 13: Datos y más datos Indica si cada oración es cierta o falsa según la lectura. Si es falsa, corrígela.

Scanning and checking comprehension

1. _____ Todas las naciones del Caribe son de habla española.
2. _____ La mayor parte de los esclavos africanos en el Caribe eran de África occidental.
3. _____ Los mulatos son personas de origen africano y europeo.
4. _____ La comida caribeña es una combinación de contribuciones indígenas, europeas y africanas.
5. _____ La identificación de santos cristianos con los dioses africanos es un buen ejemplo de sincretismo.
6. _____ La santería ya no se practica.
7. _____ La melodía tiene especial importancia en la música africana.
8. _____ Puerto Rico ha sido la fuente de la mayoría de ritmos y bailes afrocaribeños.

Actividad 14: La cultura caribeña   Los términos de la siguiente lista representan detalles y ejemplos de la lectura. Para ver si han entendido bien, en grupos de tres hagan un mapa mental que refleje la organización de la lectura. Comiencen con el siguiente esquema y después justifiquen su organización ante la clase.

elementos

la rumba	las plantaciones	los mulatos	Changó
el sancocho	los cabildos	mucho aceite	San Lázaro
los esclavos	moros y cristianos	el plátano	la improvisación
Santa Bárbara	Babalú Ayé	el merengue	la caña de azúcar
el sincretismo	bongoes	tumbadoras	el café
el banano	la salsa	el ritmo	el mambo
la bomba	el tabaco	timbales	Juan Luis Guerra
Nueva York	el ajiaco	Lalo Rodríguez	???
Celia Cruz	los orishas	la Caridad del	
Willie Colón	Ochún	Cobre	
Rubén Blades	Héctor Lavoe	los yorubas	

5-2

CUADERNO PERSONAL

En la lectura anterior, los platos típicos se usan como símbolos de la composición social y cultural del Caribe. En tu opinión, ¿qué plato representa mejor la composición social y cultural de los EE.UU.? ¿Por qué?

Lectura 3: Literatura

Actividad 15: La poesía   En esta sección, van a leer un poema cubano muy conocido. En parejas, contesten y comenten las siguientes preguntas sobre la poesía.

1. ¿Te gusta la poesía? ¿Por qué sí o no?
2. ¿Cuáles son algunos de los temas típicos o populares de la poesía?
3. ¿Cuál es la diferencia entre un poema y la letra de una canción?
4. ¿Por qué a muchas personas les gustan las canciones pero no los poemas?

Transferring information to a chart

Activating background knowledge

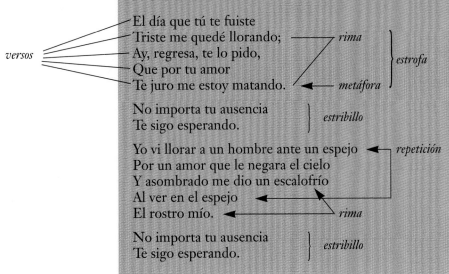

ESTRATEGIA DE LECTURA

Approaching Poetry

Poetry is often written to express deep feelings. Relative to prose writing, it is marked by its careful, limited use of vocabulary and powerful use of symbols. Fewer words and more metaphors can make interpretation difficult. Nevertheless, some familiarity with the topic and with basic poetic devices can aid comprehension. Many poems are characterized by:

- a rhythmic use of language **(el ritmo)**
- the grouping of words into lines **(versos)**, stanzas **(estrofas)**, and refrains or repeated lines **(estribillos)**
- the repetition of sounds, words, phrases or structures to emphasize important aspects
- rhyme **(la rima)**
- frequent use of metaphors and symbols

This poem, actually part of a song by Willie Colón and Héctor Lavoe, contains examples of some poetic devices.

AUSENCIA

versos

El día que tú te fuiste
Triste me quedé llorando;   —— *rima*
Ay, regresa, te lo pido,
Que por tu amor
Te juro me estoy matando. ←— *metáfora*

} *estrofa*

No importa tu ausencia
Te sigo esperando.   } *estribillo*

Yo vi llorar a un hombre ante un espejo ←— *repetición*
Por un amor que le negara el cielo
Y asombrado me dio un escalofrío
Al ver en el espejo ←—
El rostro mío. ←—   *rima*

No importa tu ausencia
Te sigo esperando.   } *estribillo*

Actividad 16: Lectura de un poema   Parte A: Lee la primera estrofa del poema "La canción del bongó" y contesta estas nueve preguntas con un/a compañero/a.   Approaching poetry

estructura

1. ¿Qué versos forman el estribillo?
2. ¿Qué otros ejemplos de repetición hay?
3. ¿Parece más importante el ritmo o la rima?

interpretación

1. ¿A quiénes se refiere el poeta al decir "el que más fino sea"?
2. ¿Quién es el "yo"? ¿De dónde es?
3. ¿Qué simboliza el bongó?
4. ¿Por qué algunos contestan "ahora mismo" y otros "allá voy"?
5. ¿Qué significan los versos ocho y nueve?
6. ¿Cuál es el mensaje de los versos diez a trece?

Parte B: Lee la segunda estrofa y después, en parejas, hagan las asociaciones entre los siguientes versos y temas. No repitan ninguna letra.

_____ 1. versos 18–19   _____ 4. versos 22–23

_____ 2. verso 20   _____ 5. versos 24–25

_____ 3. verso 21   _____ 6. versos 26–27

a. el sincretismo religioso
b. los orígenes extranjeros y la unión de dos razas y dos culturas
c. es mejor aceptar la mezcla racial y cultural
d. la vergüenza que tienen algunos cubanos de sus antepasados africanos
e. el orgullo que tienen algunos cubanos de sus antepasados europeos
f. el hecho de que muchísimos cubanos llevan sangre africana y europea

Parte C: Lean la tercera estrofa y después lean las siguientes interpretaciones. En parejas, decidan cuál les parece más correcta y justifiquen su decisión con citas del poema.

1. La relación entre lo africano y lo europeo es como la relación entre dos amantes.
2. Para el buen cubano, la influencia africana es más importante que la europea.
3. A pesar de que algunos cubanos niegan sus orígenes, deben aceptar quiénes son y sentirse orgullosos de su herencia cultural.

El cubano Nicolás Guillén (1902–1989) es uno de los poetas más importantes de la literatura latinoamericana y uno de los primeros en introducir la cultura afrocaribeña en la literatura de su país. Guillén nació en una sociedad donde los blancos ocupaban los niveles más altos de la sociedad y la cultura europea disfrutaba de gran prestigio. Los negros, en cambio, ocupaban los rangos inferiores de la sociedad y además, se despreciaban las contribuciones africanas a la cultura cubana. En su poesía, Guillén defiende el valor de lo africano frente a la cultura europea dominante. Ése es el tema de su poema "La canción del bongó".

LA CANCIÓN DEL BONGÓ   *Nicolás Guillén*

Esta es la canción del bongó:

—Aquí el que más fino sea,°   *even the finest*
responde, si llamo yo.
Unos dicen: ahora mismo,°   *right now*
5 otros dicen: allá voy.°   *I'm coming*
Pero mi repique bronco,
pero mi profunda voz,
convoca al negro y al blanco,
que bailan el mismo son,°   *tune*
10 cueripardos y almiprietos
más de sangre que de sol,
pues quien por fuera no es noche,
por dentro ya oscureció.
Aquí el que más fino sea,
15 responde, si llamo yo.

En esta tierra, mulata
de africano y español
(Santa Bárbara de un lado,
del otro lado, Changó),
20 siempre falta algún abuelo,
cuando no sobra algún Don,°   *título de respeto para nobles españoles*
y hay títulos de Castilla°   *región central de España*
con parientes en Bondó:°   *región imaginaria de África*
vale más callarse, amigos,
25 y no menear la cuestión,°   *hablar del tema*
porque venimos de lejos,
y andamos de dos en dos.
Aquí el que más fino sea,
responde, si llamo yo.

30 Habrá quien llegue a insultarme,
pero no de corazón;
habrá quien me escupa° en público, *spit on*
cuando a solas me besó . . .
A ése, le digo:
35   —Compadre,
ya me pedirás perdón,
ya comerás de mi ajiaco,
ya me darás la razón,
ya me golpearás el cuero,
40 ya bailarás a mi voz,

La expresión normal es **de arriba abajo** = *from top to bottom*

ya pasearemos del brazo,°   *we'll walk arm in arm*
ya estarás donde yo estoy:
ya vendrás de abajo arriba,
¡que aquí el más alto soy yo!

Actividad 17: De lo poético a lo prosaico   Lee el siguiente resumen de las ideas que aparacen en el poema. Después, en parejas, contesten las preguntas:

Reacting to reading

     Incluso los cubanos más ricos, importantes y blancos comparten el aspecto africano de la cultura cubana. Quizás no tengan la piel negra, pero sí tienen el alma africana. No pueden negar esta influencia y no pueden rechazar el ritmo de un bongó. Los que se creen superiores por ser aparentemente más europeos, un día tendrán que reconocer este aspecto de sí mismos, porque la influencia africana es fuertísima en Cuba, tan fuerte como la seducción del bongó.

1. ¿En qué se diferencien este resumen y el poema original?
2. ¿Qué información tiene el uno que no tiene el otro?
3. ¿Prefieren este resumen en prosa o el poema original? ¿Por qué?

5-3

CUADERNO PERSONAL

¿Por qué crees que Guillén usó un instrumento musical para mostrar la influencia africana? ¿Qué instrumento(s) musical(es) puedes usar para describirte a ti mismo?

Redacción 2: Un poema

ESTRATEGIA DE REDACCIÓN

Using Repetition for Emphasis

Repetition of words, phrases, or structures is a way of emphasizing the relative importance of what is being expressed. Repetition is often found in emotionally charged texts, such as editorials, speeches, and certain advertisements, but is most frequently found in poetry.

Actividad 18: Una receta poética   Muchos poemas siguen una forma establecida. El poema puede tener cierto número de estrofas, cada una seguida de un estribillo que repite y resume la idea más importante del poema. A veces los temas poéticos como el amor se asocian con temas cotidianos como la comida, y las metáforas surgen de estas asociaciones. Así, en la película mexicana *Como agua para chocolate*, se usa la imagen de calentar y recalentar agua para describir una relación amorosa de gran pasión. Ahora, Uds. van a desarrollar ideas para escribir un poema.

Activating background knowledge

Parte A: En grupos de tres, escojan uno de estos temas: **el amor, la amistad** o **la vida**. Luego, desarrollen un estribillo de dos versos para el poema. El estribillo debe reflejar la idea básica que quieren expresar. Intenten encontrar un símbolo o metáfora para expresar la idea. Usen el poema de la Actividad 19 como guía.

Parte B: En la primera estrofa, incluyan los ingredientes necesarios para crear lo que quieren describir. Háganse preguntas como: ¿Qué cosas requiere el amor o la amistad? Hagan listas de ideas. Por ejemplo, el poema modelo de la Actividad 19 se basa en esta lista: sonrisa, comprensión, generosidad, trabajo, esfuerzo, amor, paciencia y compasión.

Parte C: En la segunda estrofa, van a describir las ventajas o la satisfacción de poseer lo que están describiendo. Hagan una lista de ideas. Por ejemplo: ser optimista, causar felicidad, aceptar problemas, traer paz.

Actividad 19: La forma del poema   Ahora vas a escribir tu propio poema. Ya debes tener un estribillo. Úsalo después de cada estrofa. Cada estrofa debe ser de seis a diez versos. En cada estrofa, debes usar y repetir ciertas estructuras. No tienes que preocuparte por la rima, pero la mayoría de los versos deben tener más o menos el mismo número de sílabas.

Writing poetry
Using repetition

1. En la primera estrofa, usa las estructuras y el vocabulario asociados con la cocina: se echa, se añaden, se revuelve, se fríe, etc. También se pueden usar mandatos: echa, añade, etc. Combina estas estructuras con los ingredientes de la Actividad 18, Parte B.
2. En la segunda estrofa, usa el presente del indicativo o ir a + infinitivo. Combina estas estructuras con las ideas de la Actividad 18, Parte C.
3. Al terminar, tu poema debe tener un formato como el del poema modelo.
4. Finalmente, dale un título que exprese bien las ideas del poema.

VIDA SABROSA   *Lucía Caycedo Garner*

Estribillo (opcional aquí)

Estrofa: 6-10 versos

La vida será sabrosa
Si tú la sazonas bien.

Para una vida feliz,
Esta receta es segura:
Se mezclan salud y amor
En la olla de la vida.
Se añade la comprensión
Y también una sonrisa;
Se condimenta con paz,
Trabajo y mucha alegría;
Se revuelve todo junto
Con esperanza y sin prisa.

Si tienes vida feliz,
Disfrutas cada día,
Haces felices a otros
Y alcanzas armonía.
Aceptas los problemas
Con paciencia y
   optimismo,
Gozas con alegría
De tu plato favorito.

La vida será sabrosa
si tú la sazonas bien.

Estrofa: 6-10 versos

Estribillo

será = will be

Estribillo

La vida será sabrosa
si tú la sazonas bien.

Dictadura y democracia

▲ *Una manifestación de las Madres de la Plaza de Mayo, Buenos Aires, Argentina.*

Actividad 1: Las responsabilidades de un gobierno   **Parte A:** En grupos de tres, numeren las responsabilidades de un buen gobierno según su importancia. Despues, decidan qué tipo de gobierno, dictadura o democracia, cumple mejor esas responsabilidades.

Activating background knowledge

a. _____ la distribución justa de los recursos de la sociedad

b. _____ el mantenimiento de una economía estable

c. _____ el control del crimen

d. _____ la protección de los derechos humanos

e. _____ el mantenimiento de los valores dominantes de la sociedad

f. _____ la protección de los derechos civiles

g. _____ la conservación del medio ambiente

h. _____ la adquisición de nuevos recursos o territorios

i. _____ el mantenimiento de relaciones de paz con otros países

j. _____ la protección de la salud de los ciudadanos

k. _____ la defensa de las libertades (de palabra, de religión, etc.)

Parte B: La foto de la página anterior es de las Madres de la Plaza de Mayo de Argentina. Los hijos de estas mujeres eran, en su mayoría, estudiantes que desaparecieron misteriosamente por protestar contra la junta militar de 1976–1983. Hubo más de diez mil desaparecidos, la mayoría de los cuales murieron después de ser torturados. Las manifestaciones de las madres ayudaron a poner fin a la dictadura y a restaurar la democracia. ¿Qué responsabilidades de la Parte A no cumplió el gobierno de la junta militar en este caso?

Lectura 1: Una reseña de cine

ESTRATEGIA DE LECTURA

Dealing with False Cognates

English and Spanish have many cognates or words that have a similar form and meaning: **posible** = *possible*, **generosidad** = *generosity*. As you've studied, recognizing cognates can make reading much easier. However, some words, though of similar form, have slightly or completely different meanings: **asistir a** = *to attend*, **atender** = *to wait on*. If you encounter an apparent cognate that does not seem to make sense in a particular context, it is likely to be a false cognate. The context may be sufficient to guess the meaning, but, if not, you will need to look up the word in the dictionary.

Actividad 2: Amigos falsos Las siguientes oraciones contienen cognados falsos que aparecen en la reseña de la película *La historia oficial*. Piensa en el contexto de la oración para adivinar el significado de cada palabra en negrita. Luego, busca la palabra en un diccionario bilingüe o en el glosario para ver si adivinaste.

1. Ella me contó las **historias** de "El patito feo" y "Los tres cerditos".
2. Paula siempre me mira de una **forma** muy rara.
3. Antonio Banderas hizo el **papel** del amigo en la película *Filadelfia*.
4. La **actuación** de Kevin Costner en *Bailando con lobos* fue especialmente buena.
5. Siempre hay **manifestaciones** políticas delante de la Casa Blanca.
6. No le dieron el trabajo porque tenía malos **antecedentes**.

Dealing with false cognates, Using the dictionary

La historia oficial se estrenó en el año 1984.

Actividad 3: Del contexto al significado Antes de leer la reseña, escribe la traducción de las palabras en negrita, usando el contexto como guía.

Guessing meaning from context

1. _____ Cuando vuelvo a casa, siempre digo: "Hogar, dulce **hogar**".
2. _____ Los políticos suelen odiar a los reporteros y otros miembros de la **prensa**.
3. _____ No es lo mismo ver una película en video que en **pantalla** grande.
4. _____ Llegué tarde a la reunión porque **no me di cuenta de** la hora.
5. _____ Él buscó y buscó, pero su **búsqueda** no sirvió de nada.
6. _____ Este es un **asunto** muy complicado.
7. _____ La película se basa en una novela, pero el **guión** de la película no fue escrito por el autor de la novela.
8. _____ Arnold Schwarzenegger suele **desempeñar** el papel del macho fuerte.
9. _____ Es una mujer **afligida**: no deja de llorar.

Actividad 4: Los filmes políticos La siguiente lectura es una reseña de una película argentina de contenido político. Estas películas suelen personalizar la política, es decir, mostrar los resultados de las acciones o pensamientos de un individuo en ciertas situaciones causadas por la política del país. Al mismo tiempo suelen enseñar una lección. En parejas, escojan una película de contenido político y describan su trama y cómo afecta la política a los personajes. ¿Cuál es la moraleja de la película? Posibilidades:

Activating background knowledge

JFK   *Malcolm X*   *La lista de Schindler*   *Filadelfia*

Actividad 5: Durante la lectura Mientras leas la reseña tomada de *El nuevo Herald* de Miami, Florida, piensa en esta pregunta: ¿Le gustó la película a la redactora de la reseña?

Active reading

LA HISTORIA OFICIAL

Por Beatriz Parga
Redactora de *El nuevo Herald*

Ganadora de un Oscar a la mejor película extranjera, *La historia oficial*, una producción sobre el drama de "los desaparecidos" en Argentina, narra la tragedia de una madre que de pronto se enfrenta a esa dolorosa verdad cuando decide averiguar el origen de su hija adoptiva.

Los interrogantes del filme

El drama comienza cuando Alicia, la valiente madre protagonizada en la película por la galardonada actriz Norma Aleandro, empieza a preguntarse la razón por la que su hija adoptiva llegó hasta su hogar, después de ver una manifestación de familiares de los desaparecidos durante la dictadura militar, en la década de los setenta.

Impecable actuación

El papel desempeñado por Aleandro en la película, ha recibido la mejor crítica de la prensa mundial. Además, por su actuación en *La historia oficial*, la actriz argentina obtuvo un Oscar y premios en Cannes, Italia y Cartagena.

Entre los comentarios favorables que ha recibido esta película, se destaca la forma en que el drama fue llevado a la pantalla, en una forma mesurada y digna.

La decidida investigación de Alicia sobre los antecedentes de la niña pone fin a su tranquilidad, dentro del ambiente cómodo en el que disfruta de las ventajas propias de una familia de buena posición económica y buenas conexiones.

Ese mundo feliz en el que ella vive, empieza a derrumbarse en la medida que va recogiendo las evidencias y se da cuenta de que una terrible verdad rodea el pasado de la pequeña Gaby, esa niña que desde su adopción se ha convertido en el centro de su vida.

El dolor de una madre

Solamente la angustia y el amor de una madre pueden hacer que la búsqueda se convierta en una faena realizada con la meticulosidad de un diestro investigador. Comenzando por los archivos del hospital donde nació la niña, Alicia empieza a encontrar las verdaderas raíces familiares de la niña que tiene bajo su tutela maternal.

Todo se complica cuando ella empieza a hacer preguntas, tropezando siempre con la preocupación y el hermetismo de su esposo Roberto, interpretado por Héctor Alterio, artista con otras dos grandes películas en su historia profesional: *Cría cuervos* y *Camila*.

▲ *Alicia con su hija adoptiva Gaby.*

Dudas y conflictos

Las dudas y conflictos de Alicia no encuentran en Roberto respuesta ni apoyo. Poco a poco, se va dando cuenta de que esa verdad que ella quiere descubrir a toda costa, no es vista con buenos ojos por su esposo, que prefiere que el pasado de la niña continúe permaneciendo en el misterio.

Finalmente, Alicia llega hasta la abuela legítima de su hija adoptiva, una mujer afligida que—entre lágrimas—habla de sus recuerdos mientras muestra fotos y papeles arrugados, el único testimonio que le queda de su hija y de su yerno, ambos desaparecidos en una forma inexplicable.

Pero ningún descubrimiento logra impactar tanto a Alicia como el conflicto que surge al sospechar la razón por la que su esposo prefiere el silencio a la descarnada verdad y la pared que se ha interpuesto entre ambos. Mientras que para ella la honesta búsqueda de la verdad es un asunto vital, Roberto está demasiado ligado a las fuerzas paramilitares y a los comerciantes que se han beneficiado de la corrupción oficial.

Desesperado final

Dirigida por Luis Puenzo, con guión de Puenzo y Aida Bortnik, esta película—con subtítulos en inglés—culmina cuando Alicia decide confrontar a su esposo con la verdad y éste reacciona con violencia y crueldad, reprochándole su intromisión en un mundo en el que el silencio es más importante que la misma existencia.

Afligida, Alicia se da cuenta de que la búsqueda del pasado de su hija no solamente ha dejado una dolorosa cicatriz en su vida y un interrogante sin respuesta, sino que, además, ha destruido su matrimonio, la ha dejado con un sabor amargo y las manos vacías.

Actividad 6: La trama de la película   La reseña de *La historia oficial* incluye un resumen bastante completo de la trama *(plot)* de la película. Pon los siguientes sucesos en orden lógico y luego compara tus resultados con un/a compañero/a.

Identifying chronological organization

a. _____ Un día, Alicia ve una manifestación de las madres de los desaparecidos.

b. _____ Preocupada, se dedica a investigar el pasado de Gaby.

c. _____ También le hace preguntas a su marido, pero él no la quiere ayudar.

d. _____ Entonces, ella se da cuenta de que su marido no quiere que ella descubra la verdad.

e. _____ Como resultado, se pone a pensar sobre los orígenes de su hija.

f. _____ Alicia y Roberto adoptan a una niña, Gaby.

g. _____ Al final, Alicia se encuentra sola con su dolor.

h. _____ Comienza su búsqueda en los archivos del hospital donde nació la niña.

i. _____ Sin embargo, con el tiempo, Alicia encuentra a la abuela de Gaby, quien le muestra fotos de su hija y su yerno.

j. _____ Después de esto, Alicia confronta a su marido con la verdad y él se pone furioso.

Actividad 7: Deducciones   En parejas, den la información que apoye cada una de las siguientes deducciones.

Making inferences

1. Bajo la dictadura militar, los niños recién nacidos de los desaparecidos fueron robados.
2. Muchos miembros del gobierno y del mundo de los negocios apoyaron la dictadura.
3. Hubo diferencias de opinión hasta dentro de las familias.
4. La película es una crítica a la dictadura.
5. La película es muy buena.

6-1

CUADERNO PERSONAL

Imagina que tú eres Alicia al final de la película.
¿Cómo te sientes? ¿Qué vas a hacer?

Redacción 1: Una reseña de cine

ESTRATEGIA DE REDACCIÓN

Reacting to a Film

When critics review films, they may simply describe the plot and characters, as well as give information about the actors. More frequently, a review centers on the critic's opinion of the film and the actors' performances. In this case, details of the plot are included only to support the declared opinion of the critic.

The following words and expressions are useful when discussing films:

la trama	plot
el personaje	character
tener lugar en	to take place in
tratar de	to be about
la escena	scene
el guión	script
rodar	to roll, shoot
el montaje	editing
el doblaje (doblar)	dubbing (to dub)
el decorado	the set (decorations and props)
el reparto	cast
la banda sonora	sound track

Actividad 8: Comparación de dos reseñas   La lectura en la página 104 es una reseña de *La historia oficial* que apareció en la revista española *Cambio 16*. Léela rápidamente (no es necesario entender todas las palabras) y compárala con la primera reseña que leíste. Después, en parejas, contesten las preguntas.

Using model texts

1. ¿Qué reseña describe más la acción?
2. ¿Cuál hace una crítica más profunda de la película? Den ejemplos.
3. Según César Santos Fontenla, ¿cómo es la película?

Actividad 9: Las películas del momento   **Parte A:** En grupos o con toda la clase, hagan una lista de las seis o siete películas más populares del momento.

Reacting to films

Parte B: En grupos de tres, escojan una de las películas que Uds. ya han visto. Luego, contesten las siguientes preguntas para explicar de qué trata la película.

1. ¿Quiénes son los personajes principales y cómo son?
2. ¿Qué sucede en la película?
3. ¿Cuál es el tema principal? ¿Otros temas?
4. ¿Cuál es la escena más importante para Uds.?
5. ¿Qué es lo más impresionante de la película?
6. ¿Quiénes son los actores? ¿Cómo son sus actuaciones?
7. ¿Les recomiendan esta película a otras personas? ¿Por qué?

POLITICA A RITMO DE TANGO

«La historia oficial», de Luis Puenzo, con Norma Aleandro, Héctor Alterio, Hugo Arana, Guillermo Battaglia, Chela Ruiz. Color. 111 minutos.

Prácticamente desconocida entre nosotros, como el resto de las cinematografías latinoamericanas, la argentina, que a finales del pasado octubre presentó en Madrid una selección de sus últimos títulos, salta ahora a las pantallas comerciales con el que, en aquella semana, alcanzó mayor éxito. Se trata de

«La historia oficial», un hermoso melodrama político, que nos coloca ante el tremendo drama de los desaparecidos durante los años de dictadura, sobre los que, incansablemente, pedían—exigían—información las ya célebres Abuelas de la Plaza de Mayo.

Luis Puenzo, que en colaboración con Aida Bortnik es autor del guión, ha desarrollado con inteligencia y mesura—sin temer a la desmesura cuando la ocasión la requería—la

bien urdida trama, basando su puesta en escena, fundamentalmente, en la dirección de actores y, sobre todo, en el trabajo de esa soberbia actriz que es Norma Aleandro, galardonada en el último Festival de Cannes. Y, sin ser extraordinaria—hay ciertas lagunas, determinados baches de credibilidad, algún ingenuismo—ha conseguido una obra sólida y en más de una ocasión realmente emocionante.

– César Santos Fontenla

Actividad 10: A escribir   Ahora, escribe individualmente una reseña de cine. Primero piensa en un título interesante que refleje tu reacción a la película. Después, escribe la reseña, usando el siguiente formato:

Writing a film review

 I. Introducción (director, año, tema(s), tu opinión general)
 II. Breve resumen de la trama
 III. Discusión de detalles que apoyan tu opinión
 IV. Conclusión con recomendación

Lectura 2: Panorama cultural

Actividad 11: La política   Después de estudiar esta lista de palabras que aparecen en la lectura sobre la política latinoamericana, escoge la palabra adecuada para completar cada una de las siguientes oraciones.

Building vocabulary

derechista (de derecha)	rightist
la etapa	stage, phase
exigir	to demand

el guerrillero	guerrilla fighter
la ira	ire, anger, wrath
izquierdista (de izquierda)	leftist
la jerarquía	hierarchy
la junta	board, council
la malversación de fondos	embezzlement
la medida	measure, step
la renuncia	resignation
el soborno	bribery, bribe

1. En los parlamentos franceses, los conservadores se sentaban hacia la derecha y por lo tanto se llamaban _____.

2. En el siglo XX los socialistas y los comunistas se han considerado _____.

3. En 1974, el congreso de los Estados Unidos _____ la _____ del presidente Nixon.

4. Los _____ luchan contra un gobierno establecido por medio de pequeños ataques militares contra las instalaciones del gobierno.

5. El _____ y la _____ son dos tipos de corrupción que se encuentran en casi todos los gobiernos.

6. Una _____ militar es un grupo de generales u oficiales militares que gobiernan un país.

7. La _____ consiste en una división de la sociedad en varias clases desiguales, con una élite que controla la riqueza y el poder.

8. Se cree que las sociedades pasan por muchas _____ en el proceso de desarrollo.

9. El aumento de los impuestos y otras _____ implementadas por el gobierno provocaron la _____ de los ciudadanos.

Actividad 12: Formas de gobierno   En grupos de tres, contesten y comenten las siguientes preguntas antes de leer el texto.

Activating background knowledge

1. ¿Qué es una democracia?
2. ¿Qué es una dictadura?
3. ¿Cuál de estas formas de gobierno es más difícil de establecer? ¿Por qué?
4. ¿Cuál de estas formas de gobierno asocian Uds. con Latinoamérica?

Actividad 13: Las ideas principales   La siguiente lectura contiene doce párrafos. Para cada párrafo, subraya la oración que resume la idea general o escribe al lado una oración original que resuma la idea general del párrafo.

Active Reading, Identifying main ideas

POLÍTICA LATINOAMERICANA: PASOS HACIA LA DEMOCRACIA

En la década de los 90, y por primera vez en su historia, casi todas las naciones Latinoamericanas gozan de un presidente elegido. En particular, 1994 fue un año en que se destacó la tendencia democrática: en ocho países se realizaron elecciones que confirmaron a los líderes en sus puestos oficiales o
5 llevaron a un cambio pacífico de poder político. Dada la historia conflictiva de estos países conocidos por sus golpes de estado, dictaduras, revoluciones y violencia e inestabilidad, el surgimiento general de la democracia representa un cambio verdaderamente revolucionario en la política de la región.

Aunque la democracia se ha declarado como un ideal de casi todas las
10 repúblicas latinoamericanas desde su nacimiento a principios del siglo XIX, es un ideal que en la mayoría de los casos ha tardado mucho en hacerse una realidad permanente. Es difícil hacer generalizaciones sobre todos los países, pero varios factores parecen haber contribuido a su historia turbulenta. En primer lugar, trescientos años de dominio imperial español impidieron el desarrollo de
15 tradiciones e instituciones democráticas, dejando en cambio una fuerte tradición de control autoritario y patriarcal. La tradición autoritaria se ha manifestado a menudo en la figura del caudillo político o líder de un ejército que mantenía la paz social por medio de la fuerza. Otro factor que ha impedido el desarrollo de una tradición estable ha sido la enorme división entre pobres y ricos, complicada
20 por el problema racial en muchos países, y la acumulación de riqueza y poder político en manos de pequeñas élites. Por encima de esto, el estado precario de muchas economías latinoamericanas ha contribuido a la inestabilidad política, ya que es difícil para un gobierno elegido mantener el orden en momentos de crisis económica.

México no encaja bien en estas generalizaciones. Desde los años 20, aunque ha habido elecciones, el país ha estado bajo el control de un solo partido político, el Partido Revolucionario Institucional (PRI). Actualmente, otros partidos reclaman mayor participación.

25 Estas generalizaciones, sin embargo, sólo son válidas en mayor o menor grado según el país del que se hable. En el siglo XIX, surgieron fuertes democracias en algunos países, como por ejemplo Costa Rica, Chile y Uruguay. En otros, como Paraguay, Bolivia y algunos países de Centroamérica, desde el momento de su fundación como repúblicas independientes, la dictadura de varios
30 tipos se estableció como norma. En la mayoría de los países latinoamericanos, sin embargo, la historia se ha caracterizado por una alternancia entre gobiernos elegidos y gobiernos autocráticos bajo un caudillo o dictador.

Un elemento en común ha caracterizado a casi todos estos gobiernos: la necesidad del apoyo de las fuerzas militares. El ejército siempre ha tenido gran
35 importancia en los países de la región, y sus actividades se han dirigido no hacia la defensa contra enemigos externos, sino hacia el control del desorden interno. Tradicionalmente, el ejército sólo intervenía directamente en la política nacional durante breves períodos para restablecer el orden, pero a partir de 1960, el ejército de varios países suramericanos empezó a tomar el poder y a establecer
40 juntas militares para gobernar de forma relativamente permanente. Esto ocurrió en Brasil (1964–1985), Argentina (1966–1973 y 1976–1983), Perú (1968–1980), Ecuador (1972–1979), Uruguay (1973–1985) y Chile (1973–1989).

A excepción de Costa Rica, Centroamérica se ha conocido por numerosas y largas dictaduras tradicionales, como la de la familia Somoza en Nicaragua (1933–1979).

De estas dictaduras, fueron especialmente sorprendentes las de Uruguay y Chile, países que se reconocían como tradicionalmente democráticos. En
45 Uruguay, aunque una situación económica difícil contribuyó a su intervención, los militares tomaron el poder principalmente para combatir a los Tupamaros, un grupo revolucionario que buscaba cambios radicales e inmediatos en la sociedad. En Chile el golpe de estado tuvo lugar durante los disturbios sociales, políticos y económicos que siguieron la elección del presidente socialista Salvador Allende. El
50 ejército, bajo el mando del general Augusto Pinochet, asesinó a Allende y tomó control del país. Durante los dieciséis años de dictadura, el gobierno de Pinochet se conoció por su abuso de los derechos humanos, el uso frecuente de la tortura contra disidentes y la desaparición de más de dos mil personas.

Mucho más notorio fue el régimen militar que se estableció en Argentina en
55 1976, cuando una junta militar tomó control del gobierno en medio de una crisis política, provocada también por una economía en estado de caos y por los ataques de la guerrilla. La junta inició una campaña de represión y terror contra todo tipo de disidentes, durante la cual desaparecieron entre diez y veinte mil personas, muchas de ellas jóvenes estudiantes. Finalmente, en 1983, las protestas de los
60 familiares de los desaparecidos—especialmente las de las Madres y Abuelas de la Plaza de Mayo—junto con la pérdida de la guerra de las Malvinas contra Gran Bretaña el año anterior y una economía que los militares eran incapaces de manejar, llevaron a la caída de la junta militar.

la Guerra de las Malvinas = The Falkland Islands War (1982)

Los años 80 marcaron una vuelta general a formas constitucionales de
65 gobierno. En casi todos los países donde los militares habían tomado el poder, hubo elecciones acompañadas de la retirada parcial o total de las fuerzas armadas del campo político. La última dictadura en caer fue la de Pinochet en Chile, donde en 1988 los ciudadanos rechazaron la continuación del gobierno de Pinochet en un histórico plebiscito. Es de notar que, por primera vez, en algunos países hubo
70 un intento de castigar a los militares por sus abusos de los derechos humanos. En Argentina, por ejemplo, los generales de la junta militar fueron juzgados y algunos fueron encarcelados.

La vuelta a la democracia se debe a varios factores. En primer lugar, los abusos de los derechos humanos habían provocado la ira de la población y el
75 reconocimiento de las desventajas del control militar. En segundo lugar, los militares fueron generalmente incapaces de manejar la economía de forma eficaz. Por último, la caída de la Unión Soviética en 1989 marcó el final de la Guerra Fría, y los Estados Unidos, que antes habían temido los movimientos revolucionarios e izquierdistas, no vieron ya la necesidad de apoyar los gobiernos
80 represivos de la extrema derecha.

Aunque este regreso a la democracia ha sido recibido con aclamación casi total, los nuevos gobiernos se enfrentan a graves problemas que les imposibilitan dar garantías de estabilidad. La década de los 80 vio el aumento de las enormes divisiones que ya existían entre pobres y ricos, desigualdades que han ayudado a
85 fomentar todavía más la inestabilidad social. En los años 80 y 90, muchos gobiernos han adoptado medidas económicas para establecer un mercado libre y competitivo, pero tales medidas han empeorado la situación de los miembros más

pobres de la sociedad. De volver a presentarse disturbios sociales, los ejércitos, que
siguen teniendo bastante influencia, estarán dispuestos a imponer orden si el
90   gobierno civil no puede hacerlo.

A pesar de estos problemas, parece que un buen número de sociedades
latinoamericanas sí han entrado en otra etapa de desarrollo político. No obstante,
el nuevo desafío que se les presenta es eliminar la corrupción. En casi todas las
naciones latinoamericanas existe una larga tradición de favoritismo y soborno
95   nacida de la jerarquización de la sociedad, donde los caudillos o los miembros de la
élite controlaban los recursos y el poder. Para abrirse paso y tener éxito en tal
ambiente, era mucho más importante adquirir y mantener buenos contactos con
personas de poder que estar bien capacitado y preparado. El que poseía un puesto
político lo tenía que usar para enriquecerse a sí mismo y para ayudar a sus
100   familiares y amigos. De esta manera no llegó a desarrollarse el sentido de
responsabilidad cívica necesaria en toda democracia.

En años recientes, bajo las nuevas democracias, han surgido movimientos y
grupos cívicos que están exigiendo una conducta más responsable de parte de sus
representantes elegidos. En 1993, las protestas contra Carlos Andrés Pérez,
105   presidente de Venezuela, por la malversación de más de diecisiete millones de
dólares, llevaron a su suspensión. Ese mismo año, la élite financiera de Guatemala
juntó fuerzas con la activista indígena Rigoberta Menchú para forzar la renuncia
del presidente Jorge Elías Serrano por corrupción.

El favoritismo se ve reflejado
en el frecuente uso de las
expresiones **tener palanca** y
tener enchufe, que significan
to have connections.

◀ *La renovación política en
Latinoamérica se pudo
constatar en la Cumbre de
las Américas, donde todos
los líderes presentes
representaban países
democráticos.*

Sin lugar a dudas, la década de los 90 representa un momento de gran
110   importancia y peligro para Latinoamérica. Por primera vez en su historia, casi
todas las naciones de la región están gobernadas por presidentes elegidos. Al
mismo tiempo, hay que reconocer que muchos de éstos siguen disfrutando de un
poder político muy superior al que ejercen los líderes de los Estados Unidos y
Europa y que la corrupción es un problema grave que podría llevar de nuevo a la
115   intervención militar. Sin embargo, quizás no sea demasiado optimista afirmar que
la democracia está dejando de ser la excepción para llegar a ser la regla a través de
Latinoamérica.

Actividad 14: Datos y detalles   Busca en la lectura la información que   Scanning
corresponda a cada descripción.

1. la década caracterizada por la vuelta a la democracia
2. tres factores que han impedido el desarrollo de la democracia
3. la figura autoritaria tradicional en Latinoamérica
4. países conocidos por fuertes tradiciones democráticas
5. año después del cual empezaron a surgir muchas dictaduras militares
6. el iniciador del golpe de estado en Chile en 1973
7. un grupo revolucionario en Uruguay en los años 70
8. el grupo responsable por una campaña de terror y la desaparición de veinte
   mil personas en Argentina
9. uno de los grupos que ayudaron a ponerle fin a la dictadura en Argentina
10. la forma en que los ciudadanos de Chile rechazaron el gobierno de Pinochet
11. un país donde el gobierno civil trató de castigar a los militares
12. tres factores que condujeron a la vuelta a la democracia
13. el resultado moderno de una sociedad jerarquizada donde los contactos
    sociales importaban más que las capacidades del individuo
14. ejemplos recientes de la lucha contra la corrupción

**ESTRATEGIA
DE LECTURA**

Distinguishing Fact from Opinion

When reading informational texts, it is easy to assume that all the
information is factual or true. However, nearly all texts contain opinions
of the author. These are not necessarily flaws, since even in deciding what
information to include and what not, the writer expresses an opinion.
However, as a reader you must be alert to this distinction so that you can
make decisions about the validity of what is being said. For example, it is a
fact that there have been numerous dictatorships in Latin America. However,
whether these dictatorships were necessary, good, bad or counterproductive
is a matter of opinion. In this sense, histories are often opinions that attempt
to make sense of sets of observable facts.

Actividad 15: Hechos u opiniones   Parte A: En parejas, miren la Actividad 14 y decidan qué ideas describen hechos y cuáles dan opiniones.

Distinguishing fact from opinion

Parte B: En parejas, miren las siguientes oraciones y decidan si describen hechos u opiniones. Luego, si son opiniones, decidan si están de acuerdo o no.

1. La democracia no puede funcionar en Latinoamérica; los países latinoamericanos necesitan de un poder político central y un líder fuerte.
2. En su lucha contra los comunistas durante la Guerra Fría, los Estados Unidos no tuvieron más remedio que apoyar muchas dictaduras latinoamericanas.
3. Hay corrupción en los gobiernos latinoamericanos.
4. La corrupción es uno de los mayores problemas de los gobiernos latinoamericanos.
5. Un buen número de las sociedades latinoamericanas ha entrado en otra etapa de su desarrollo político.

6-2

CUADERNO PERSONAL

¿Es posible que un dictador tome el poder en los EE.UU.? ¿Por qué sí o no?

Lectura 3: Literatura

ESTRATEGIA DE LECTURA

Note that **idioma** (language) and idiom (**modismo**) are false cognates.

Watching Out for Idioms

An idiom (**modismo**) is an expression whose meaning is different from that of the individual words that compose it. Idioms are very frequent in conversation and literature. Like false cognates, they often will appear to make no sense in a given context if interpreted literally. For example, **tomarle el pelo a alguien** means *to pull someone's leg*. If you encounter what appears to be an idiom, you should first try to guess the meaning from context. If this fails and the expression seems important, decide which word is most important in the expression and look it up in the dictionary. Remember that idioms are usually included at the end of most dictionary entries.

Actividad 16: Modismos   Las siguientes expresiones en negrita aparecen en el cuento "Siesta". Lee cada oración y adivina un equivalente en español o inglés para cada una. Si tienes dudas, busca la expresión en el diccionario o el glosario.

Watching out for idioms

1. En una dictadura, los disidentes **se juegan la vida** al criticar el gobierno.
2. Las personas que necesitan proteger su identidad debido a su actividad política, muchas veces adoptan un **nombre de guerra**.

3. No sé si va a llover, pero lleva el paraguas **por si las moscas**.
4. Las personas que tienen mucho miedo miran constantemente **a diestra y siniestra**.

Actividad 17: Palabras y palabras Como preparación para la lectura, completa las siguientes oraciones usando palabras de esta lista.

Building vocabulary

la caja	cash register
citar	to make an appointment with
el dato	piece of information, fact
el diario	daily (newspaper)
entregar	to deliver, hand over, hand in
estar dispuesto a	to be willing to
prójimo	neighbor, one's fellow man
el riesgo	risk
verba	eloquence

1. Siempre es bueno pensar en las necesidades y deseos del _____.

2. Ese político es muy conocido por su _____ y la calidad de sus discursos.

3. Hoy día, casi todas las _____ son electrónicas y tienen láser.

4. El agente secreto le _____ los microfilmes a su contacto.

5. Él y yo nos _____ para cenar a las ocho de la tarde.

6. Ellos _____ ayudarnos si les pagamos $500.

7. Siempre necesito saber todos los _____ antes de tomar una decisión.

8. Mi padre lee el _____ por la mañana antes de ir al trabajo.

9. Es necesario correr algunos _____ en la vida si se quiere vivir bien.

Actividad 18: Una conversación La siguiente conversación refleja los sucesos del cuento que vas a leer. En parejas, lean la conversación y determinen:

Predicting content

- quiénes hablan
- dónde están
- de qué hablan
- cómo hablan (entonación, volumen)

Ahora, practiquen la conversación fijándose en la pronunciación y la entonación apropiada al contexto.

A: Estoy un poco nervioso . . .
B: ¡Hombre! Ya te lo he dicho muchas veces: jamás estaremos tan ocultos como en medio de la multitud.
A: Ya lo sé . . . pero me preocupa . . . ya que hablamos de temas delicados . . . y nos vemos todas las semanas casi . . .

B: Por eso es mejor estar en público: nadie nos ve, nadie nos escucha.

A: Bien, bien. Tenés razón.

B: Pues, te quiero hablar de algo importante . . .

A: Adelante.

B: Pues, ya sé lo que pensás . . . y también sé que no vas a cambiar . . . pero sólo quiero preguntarte si estarías dispuesto a ayudarnos . . .

A: ¿Cómo?

B: Pues, haciendo algunas cositas que, por razones obvias, vos podés hacer y nosotros no.

A: . . .

B: Si no te parece bien, te aseguro que nada va a cambiar entre nosotros. Amigos como siempre.

A: No sé qué decir . . . ¿me das veinticuatro horas para pensarlo?

B: ¡Hombre! Claro que sí.

En Argentina, Uruguay, Costa Rica, y otros países, se suele usar **vos** en vez de **tú**, con formas especiales de los verbos. Por ejemplo: **vos hablás, vos tenés, vos vivís.**

Mario Benedetti nació en Uruguay en 1920. Además de ser novelista, cuentista, ensayista, poeta y profesor, Benedetti también trabajó de taquígrafo, funcionario público y vendedor cuando era joven. Sus experiencias en el mundo de los negocios de Montevideo lo llevaron a escribir sobre la vida rutinaria y los problemas de los oficinistas y hombres de negocios de la clase media. Se opuso a muchos aspectos de esta vida y empezó a apoyar causas revolucionarias. Después del golpe de estado de 1973, salió a vivir en el exilio en Cuba y más tarde en España, donde escribió artículos y ensayos para el periódico El País. *En 1985, volvió a Uruguay para seguir su trabajo allí. "Siesta" revela unos detalles de la vida bajo la dictadura militar de 1973–1985.*

SIESTA   *Mario Benedetti*

Nicolás siempre había sabido los datos verdaderos de aquel personaje singular, pero el nombre de guerra era Gabriel y así había que nombrarlo. Alguna vez (de eso hacía ya un par de años) habían hablado largamente y sus diferencias de criterio habían quedado en claro. Definitivamente, Nicolás no

5   creía en las posibilidades de la lucha armada, y Gabriel, en cambio, había decidido jugarse la vida en ese rumbo. De todas maneras, ya desde aquella lejana ocasión, a Nicolás le había asombrado la profundidad de su análisis, la lucidez pragmática y la capacidad de comprender al prójimo, que se escondían tras la apariencia rústica, los gestos elementales y la verba apenas murmurada de aquel

10   hombre, ya cuarentón, que le exponía sus razones sin la menor esperanza de convencerlo.

Cada dos o tres meses se encontraban en sitios inesperados (siempre propuestos por Gabriel), en apariencia los menos adecuados para alguien que andaba clandestino. Pero Gabriel fundamentaba esa actitud: jamás estarás tan

15   oculto como en medio de la multitud. En uno de esos encuentros, se atrevió a decir: Ya sé lo que pensás y también sé que no vas a cambiar, pero sólo quiero

preguntarte si estarías dispuesto a ayudarnos, haciendo algunas cositas que, por razones obvias, vos podés hacer y nosotros no. Si no te parece bien, te aseguro que nada va a cambiar entre nosotros. Amigos como siempre. Nicolás pidió
20   veinticuatro horas para pensarlo, y luego de pedir datos adicionales, respondió afirmativamente.

En razón de su trabajo, que tenía que ver sobre todo con transacciones comerciales con el exterior, Nicolás viajaba con frecuencia a Europa, a los Estados Unidos, a países del Tercer Mundo. Lo que le pedía Gabriel era que, en
25   algunas de esas salidas, llevara, convenientemente camuflados, mensajes o documentos o pasaportes en blanco, que debía entregar a determinados contactos, o a veces simplemente despachar en un correo específico. El riesgo estaba realmente en la salida, pero la corriente actividad de Nicolás, con sus normales y regulares salidas de Carrasco, lo situaba más allá del bien y del mal.

Carrasco es el aeropuerto internacional de Montevideo.

30   Para la entrega de aquellos encargos, Gabriel había diseñado otra táctica, cambiando la muchedumbre por la siesta. Sostenía que en el verano todo el país dormía su siesta, incluidos tiras y policías varios. De modo que citaba a Nicolás en cafés de barrio, que a esa hora tenían escasos parroquianos. Ellos pedían un cortado y un *chop*, siempre lo mismo, como si se tratara de piezas de un ritual,
35   conversaban un rato para no llamar la atención, pero ya no discutían de variantes o contradicciones ideológicas, sino de fútbol o cine o de mujeres. Y cuando el mozo volvía a la barra y les daba la espalda, Gabriel deslizaba el paquetito, que Nicolás metía en su portafolio. Y en medio de un comentario, por ejemplo, sobre la Copa Libertadores, Gabriel musitaba: son pañuelos o es turrón o son
40   caramelos.

Nicolás había ido entregando regularmente los paquetitos en París, en Amsterdam, en México, en Bombay, en Lima. Casi siempre acudían receptores que estaban tensos y miraban sin disimulo a diestra y siniestra, como alimañas perseguidas por los dueños del bosque. Casi nunca hablaba con ellos, en primer
45   término porque no habría sabido de qué, y en segundo, porque ellos desaparecían casi de inmediato, tras un saludo sumarísimo o tajante.

Un cortado es un café espresso con un poquito de leche.

La Copa Libertadores es el gran campeonato de fútbol de Suramérica.

Esa vez Gabriel había hecho que lo citaran en un cafecito de la calle
Marmarajá, a las tres de la tarde. La norma obligatoria de esos encuentros era
la más estricta puntualidad, así que a Nicolás, cuando se iba acercando, no le
50   sorprendió que, con absoluta simetría, Gabriel viniera, pero en sentido contrario,
por la misma calle. Llegaron casi juntos a la puerta del café. Miraron hacia
adentro y el espectáculo los dejó estupefactos. Había sólo dos clientes, cada uno
en una mesa distinta, pero ambos dormidos y con la boca abierta. Lo más
asombroso, sin embargo, estaba en el mostrador. Un hombre fornido, que tenía
55   todo el aspecto de ser el dueño, se había reclinado junto a la caja (por si las
moscas) y, con la cabeza apoyada sobre los brazos cruzados, también dormía y de
vez en cuando emitía un discreto resoplido. Todo era allí paz y bochorno. Sólo
unas moscas revoloteaban alrededor de una fuente con croasanes. Gabriel sonrió,
divertido, y apenas murmuró: Sería un crimen despertarlos, ¿no te parece?

60   Nicolás asintió con la cabeza. El otro le pasó un
sobre. Es una colección de postales. Luego le dio una
palmada en el hombro, dijo chau° y se fue caminando
despacio en dirección contraria a Agraciada. Nicolás
también se fue por donde había venido, pero al cabo
65   de unos metros se dio vuelta y miró hacia atrás.
Gabriel, que ya estaba en la otra esquina, levantó un
brazo, a modo de saludo pero sin volver la cabeza, y
siguió su camino. Para Nicolás fue la última imagen
de Gabriel.

70   Dos días después abrió el diario y se encontró con
el rostro, estático, sin vida. Lo habían seguido hasta
un café de 8 de Octubre, lo esperaron a la salida, le
dieron la voz de alto (eso al menos decía la crónica), él
había sacado el arma con rapidez, no tanta sin
75   embargo como para evitar que lo acribillaran.

La despedida **chau**,
un préstamo de los
inmigrantes italianos a
Argentina (en italiano
ciao), se usa hoy por
todas partes de
Latinoamérica.

Cuando, quince días después, Nicolás entregaba la colección de postales en el aeropuerto de Frankfurt, la muchacha de vaqueros y campera verde, que vino a recibirlo, dijo gracias y se echó a llorar.

Actividad 19: ¿Nicolás o Gabriel?　　Indica si cada una de las siguientes características corresponde a Gabriel, Nicolás o a los dos.

Scanning

1. _____ no usa su verdadero nombre
2. _____ no cree en la lucha armada
3. _____ se arriesga en la lucha contra la dictadura militar
4. _____ muy comprensivo
5. _____ muy valiente
6. _____ hombre de negocios
7. _____ puntual
8. _____ noble

Actividad 20: Pormenores　　Decide si cada una de las oraciones siguientes es cierta o falsa. Corrige las oraciones falsas.

Scanning, checking comprehension

1. _____ Nicolás y Gabriel habían sido amigos toda la vida.
2. _____ Nicolás apoyaba la dictadura mientras que Gabriel se oponía a ella.
3. _____ Nicolás respetaba las opiniones de Gabriel.
4. _____ Nicolás pasaba los paquetitos de Gabriel por el aeropuerto de Carrasco sin ningún problema.
5. _____ Durante el verano, Gabriel decidió que sería mejor sólo verse en casa.
6. _____ Después de que Nicolás empezó a llevar los paquetes, los amigos dejaron de hablar de política.
7. _____ Cuando Nicolás entregaba los paquetes a los contactos en otros países, solía hablar con ellos sobre el tiempo.
8. _____ En la última cita que Nicolás tuvo con Gabriel, se citaron en un cafecito, donde tomaron un cortado y un *chop*.
9. _____ En la última cita, Gabriel le pasó un sobre de tarjetas postales a Nicolás.
10. _____ La policía mató a Gabriel.
11. _____ Nicolás le entregó el último sobre que Gabriel le había dado a una chica en Alemania.

Actividad 21: Las dudas y los secretos   En situaciones como la de Gabriel y Nicolás, hay que desconfiar de todos.

Checking comprehension, role play

En parejas, imaginen que son Nicolás y su esposa María después de la muerte de Gabriel. Nicolás debe expresar su miedo y María debe hacerle las siguientes preguntas.

1. ¿Quiénes los observaron a Uds. ese último día?
2. ¿Saben los militares o la policía que vos estabas ayudando a Gabriel?
3. ¿Sospechaba Gabriel que los hombres que parecían estar dormidos en el cafecito estaban espiándolos?
4. ¿Vas a entregar el último sobre o lo vas a tirar a la basura?

6-3

CUADERNO PERSONAL

Imagina que un dictador toma el poder en los EE.UU. ¿Qué vas a hacer? ¿Vas a ser un Nicolás o un Gabriel? ¿Por qué?

Redacción 2: Una carta al director

Actividad 22: Los derechos humanos   **Parte A:** En grupos de tres, definan qué son los derechos humanos y decidan si el gobierno tiene la obligación de defenderlos. ¿Qué debe hacer un gobierno para defender los derechos humanos a nivel internacional?

Activating background knowledge

Parte B: Aunque muchos dicen que las relaciones entre los Estados Unidos y los países latinoamericanos están mejor que nunca, no ha sido siempre así. Hay muchos latinoamericanos que desconfían de la política exterior de los Estados Unidos. Lean la tira cómica y comenten la opinión del artista hacia los Estados Unidos. ¿Es justa su observación?

Chenchito   **Joaquín Velasco**

Parte C: La tira hace referencia a cinco intervenciones militares de los Estados Unidos. Busquen información sobre una de esas intervenciones para decidir si, en su opinión, era necesaria o no. Pueden usar enciclopedias u otras fuentes en inglés. Las intervenciones ocurrieron en estos años:

Vietnam—1960–1974
Grenada—1983
República Dominicana—1965
Panamá—1989
Iraq—1991

Parte D: En grupos de cinco (una persona para cada país), expliquen lo que pasó y por qué los Estados Unidos intervinieron en ese país. Juntos, decidan en cada caso si la intervención fue necesaria o no.

ESTRATEGIA DE REDACCIÓN

Using Transitions of Concession

Often when discussing or giving opinions on complicated topics, you will be far more persuasive if you acknowledge that the reality is complex. The person(s) you are addressing may be correct on certain points and wrong on others, and it is wise to acknowledge those points in your discussion. For example, in a letter to the editor, you may want to challenge only a certain aspect of an article:

Dear Editor:
Your article on international politics was well written and factually accurate. Nevertheless, I must point out that at several points the interpretation is flawed…

Certain transition words are particularly useful for acknowledging the validity of another's arguments:

A pesar de (que)	despite, in spite of
Aunque	although, even though
Con todo / aún así	still, even so, nevertheless
No obstante	nevertheless
Sin embargo	however

Actividad 23: La carta al director   **Parte A:** Haz una lista de cosas buenas que los Estados Unidos hacen en el mundo y otra de cosas cuestionables. Piensa en lo político, económico, social, cultural, médico y militar.

Using transitions of concession

Parte B: Ahora, imagina que estás en México cuando aparece la tira cómica que comentaste en la Actividad 22. Escribe una carta al director del periódico expresando tu opinión sobre la tira cómica. Usa las ideas de la Parte A para apoyar tu opinión. Si no estás de acuerdo con la tira, trata de mantener un tono moderado y presentar los dos lados del asunto. Comienza con **Estimado/a Sr/a. Director/a:** y concluye con **Atentamente, . . .**

La crisis ecológica

1. **La mitad de la población mundial se concentra en grandes ciudades donde las condiciones de vida son míseras.**

2. *Se vierten al cielo casi 6.000 millones de toneladas de carbono al año. El aire en Madrid es irrespirable.*

3. Europa sola produce 65 toneladas de residuos al segundo. Cada europeo genera un kilo de basura diario.

4. **Cada año desaparecen del planeta 17 millones de hectáreas de árboles, una superficie similar a la de Austria.**

5. Una quinta parte de las especies animales y vegetales han desaparecido en los últimos 20 años; mueren 140 al día.

6. *La contaminación marítima ha puesto en peligro la industria pesquera mundial.*

7. Cada cuatro días hay un millón de personas más en el planeta.

Actividad 1: Las crisis ecológicas   En grupos de tres, miren los datos de la página anterior. Decidan qué dato ejemplifica cada uno de los siguientes procesos:

_____ la deforestación

_____ la contaminación del aire

_____ la acumulación de basura

_____ la pérdida de la biodiversidad

✓ la contaminación del mar

_____ la urbanización

_____ la explosión demográfica

Activating background knowledge

Se usa tanto **desforestación** como **deforestación**.

Cada norteamericano genera casi dos kilos de basura al día. Cada latinoamericano genera menos de un kilo.

Ahora, pongan estos procesos en orden, del más serio al menos serio, y justifiquen sus opiniones. ¿Cuáles de estos problemas existen en su comunidad?

Lectura 1: Un artículo

ESTRATEGIA DE LECTURA

Una hectárea = 2,47 *acres*; un kilo = 2,2 libras.

Using Prefixes to Determine Meaning

Prefixes in Spanish and English have the same function: like suffixes, prefixes modify the basic meaning of a word. Many prefixes in English and Spanish share similar or the same forms since they are largely derived from Greek and Latin roots. The following list includes the most common Spanish prefixes and their typical meanings.

Prefix	Meaning	Example
a-, an-	not	anormal, analfabeto
ante-	before	anteayer, anteojos
anti-/contra-	against, counter	antisocial, contraataque
auto-	self	autodefensa, autorretrato
bi-	two	bicicleta, bilingüe
co(m)-	with	copresidente, compadre
de(s)-	not, un–	deshacer, deforestar
extra-	beyond	extraterrestre, extraordinario
i-, in-, im-	not	ilegal, increíble, imposible
mal-	bad, mis–	malintencionado, maltrato
pre-	before	premeditado, prever
re-	again; completely	refrito, rehacer; rellenar
sobre-, super-	over, super–	sobrepoblar, superpoblación
sub-	under	subdesarrollo, subrayar

Prefixes also mark forms (especially verbs) derived from other forms: grupo > agrupar, consejo > aconsejar. The prefixes in some words merely indicate an altered meaning. For example:

coger   to take > **recoger** to gather or collect

echar   to throw (out) > **desechar** to discard, to throw away

perder   to lose > **desperdiciar** to waste

Actividad 2: Palabras con prefijos   Usa tus conocimientos de los prefijos para determinar el significado de las siguientes palabras de la lectura. Primero, determina la palabra base de cada palabra y escríbela entre los paréntesis. Por ejemplo, la palabra base de **malintencionado** es **intención.** Después, escribe la letra de la definición que corresponde a cada palabra derivada.

Using prefixes

1. __C__ enjabonarse

   (_____)

2. __g__ refrescar (_____)

3. __d__ el envenenamiento

   (____veneno____)

4. __e__ el inodoro (_____)

5. __f__ el repuesto (_____)

6. __b__ desproporcionado

   (_____)

7. __a__ inútil (_____)

    a. que no se puede usar

    b. demasiado grande o pequeño en relación con otra cosa

    c. lo que se hace al lavarse las manos

    d. acción de tomar una sustancia química letal o peligrosa

    e. aparato del baño para los excrementos

    f. una parte nueva que se usa para sustituir otra parte vieja

    g. quitar el calor

Actividad 3: Del contexto al significado   El artículo siguiente tiene treinta sugerencias para conservar el medio ambiente. Busca en los apartados *(sections)* indicados el equivalente español de cada expresión de la lista. Usa tus conocimientos, el contexto y los prefijos, sufijos y cognados para escoger la palabra correcta.

Guessing meaning from context

apartado	expresión (inglés)		apartado	expresión (inglés)	
2	light bulbs	focos	14	to water	regar sus plantas
3	period/season	temporada	15	fast starts	el exceso de velocidad
4	pots and pans	residuos y grasa	16	hose	manguera
6	waste	desperdicio	17	to throw out	botar
6	shower head	regadera	19	beef and pork	carnes de res y cerdo
6	bucket	cubeta	20	to strengthen	fortalezca
8	disposable	desechables	23	fireplace	chimenea
11	rechargeable batteries	baterías	23	firewood	leña
12	cardboard boxes	cajas de cartón / recargables	29	animal fur	artículos de piel
12	pins from new clothes	alfileres de ropa nueva			

Actividad 4: Durante la lectura   Ahora, lee todo el artículo. Mientras lo hagas, apunta tu reacción a cada sugerencia usando la siguiente escala:

Active reading

    a = ya lo hago

    b = no lo hago pero me parece buena idea

    c = es una idea inútil

    d = no entiendo la idea

◄ *Costa Rica, con su programa de conservación del medio ambiente, sirve de modelo a otros países.*

Treinta formas para evitar la contaminación y la ruina ecológica

Por Alejandro Pescador

A Moira Karosuo y Heidi Cazés, inspiradoras de esta nota.

Una mayoría considerable de las personas está preocupada por el acelerado deterioro del medio ambiente. Muchos francamente se angustian al enterarse del absurdo desperdicio de energía, del creciente hueco en la capa superior del ozono, del calentamiento global, de la desaparición de especies, del envenenamiento masivo de los océanos, del arrasamiento de las selvas tropicales. El problema reside en que una buena parte de estas personas no sabe qué hacer individualmente para evitar el colapso ecológico y contribuir, en la medida de sus posibilidades, a lograr que haya un futuro viable para la especie humana.

En seguida se proponen treinta formas para que usted, como individuo y como miembro de una familia y una comunidad, realice un esfuerzo que, de multiplicarse, será un factor importante en la lucha que cada uno de nosotros debe emprender contra la contaminación y la ruina del medio ambiente.

1. No deje luces encendidas en habitaciones donde no se requieren.
2. Use focos de 15 o cuando mucho de 25 vatios.
3. En temporada de calor, evite el uso de aire acondicionado y de ventiladores; refresque el ambiente abriendo ligeramente las ventanas.
4. Al lavar los trastes, primero limpie el exceso de residuos y grasa con hojas de papel periódico. No retire los residuos con agua caliente.
5. Suspenda definitiva y completamente el uso de todo tipo de aerosoles o insecticidas.
6. Al cepillarse los dientes, lavarse las manos, rasurarse y bañarse, evite el desperdicio de agua. No deje correr el agua mientras se enjabona.

Coloque bajo la regade-
ra una cubeta, a fin de
recoger agua que poste-
riormente podrá utili-
zarse en el inodoro.

7. Al ir de compras al
mercado o al supermer-
cado, lleve sus propias
bolsas de fibra natural.
Evite recargarse de bol-
sas plásticas y de papel.

8. Suprima el uso de
pañuelos y servilletas
desechables. Use
pañuelos y servilletas
de tela.

9. No adquiera refrescos
en botellas plásticas ni
en latas; si compra cer-
veza, que sea en enva-
ses de vidrio. Las bote-
llas plásticas son
admisibles sólo si son
retornables.

10. No use platos, vasos ni
cubiertos desechables,
especialmente si son de
plástico.

11. Prefiera usar baterías
recargables para su
radio, grabadora, linter-
na, etcétera, en vez de
las baterías desechables.

12. Recicle todos los materiales susceptibles de
varios usos, como cajas
de cartón, sobres de
correspondencia, alfile-
res de ropa nueva,
envolturas, hilos, fras-
cos de conservas y
jugos.

13. Si no puede vivir sin su
árbol de Navidad,
adquiera uno vivo y

consérvelo a lo largo de
los años.

14. Procure regar sus plantas en las últimas horas
de la tarde y nunca, por
favor, ni en la mañana
y mucho menos al
mediodía.

15. Renuncie al uso excesi-
vo del automóvil. Al
manejar, procure evitar
los arrancones bruscos y
el exceso de velocidad,
pues estos dos factores
contribuyen de una
manera desproporcio-
nada al desperdicio de
energía y, por lo tanto, a
la contaminación.

16. Lave su coche en casa;
use una cubeta de agua
y no la manguera.

17. Con amabilidad, llame
la atención a las perso-
nas irresponsables que
botan basura en la calle.

18. Haga el esfuerzo por no
adquirir productos que
se ofrecen con empa-
ques excesivos, sobre
todo si se trata de con-
tenedores plásticos.

19. Sin pretender que usted
se convierta en vegeta-
riano, trate de comer lo
menos posible carnes
de res y cerdo. Esto no
sólo evitará la depreda-
ción de bosques y sel-
vas, sino que contribui-
rá a que usted goce de
una dieta más sana.

20. Explique a sus hijos la
necesidad de evitar la
contaminación en todas

sus formas; fortalezca
en los niños su innata
inclinación por cuidar
de la naturaleza. Que el
ejemplo de usted les
sirva como modelo.

21. No desperdicie papel; si
por alguna razón una
hoja de papel debe ser
repuesta, recuerde que
el reverso todavía
puede servir para
borradores, recados y
otros usos. No tire las
fotocopias que salieron
mal; use el reverso.

22. No tire los periódicos
viejos a la basura; obsé-
quielos o véndalos a los
gritones que pasan con
sus carritos y los com-
pran para reciclar en la
producción de cartones.

23. Si usted es de los privi-
legiados que tienen chi-
menea, suprima el uso
de leña; como habitan-
te de la ciudad, usted
no debe usar leña como
combustible.

24. Si es de los pocos que
pueden decidir qué tipo
de computadora com-
prar, decídase por una
notebook o una *laptop*;
utilizan menos energía
y no despiden rayos
catódicos.

25. Si tiene perro, después
de cada paseo "obliga-
torio" recoja con un
pedazo de papel de
periódico el excremen-
to que dejó su mascota.

26. Denuncie a grupos
ecologistas como
Greenpeace la conducta
inapropiada de particu-
lares y de autoridades
que contribuyen al
deterioro del medio
ambiente.

27. En su visita a parques
públicos, playas, bos-
ques y otras zonas de
paseo, no deje basura;
recójala y llévela hasta
un depósito o hasta su
misma casa si fuera
necesario.

28. Si le es posible escoger,
prefiera realizar sus
vacaciones en transpor-
te colectivo.

29. Si su capacidad económica lo coloca en una
situación ventajosa,
procure no adquirir
artículos de piel, sobre
todo de especies en
peligro o de las criadas
en condiciones de cau-
tiverio que son del todo
patéticas e inhumanas.

30. Procure mantenerse
informado de todos los
aspectos relacionados
con la contaminación y
fortalezca su conciencia
de que sólo el ser
humano puede salvar
el planeta. Agregue a
esta lista de sugerencias
todas aquéllas que efec-
tivamente contribuyan
a disminuir el deterioro
ambiental.

Alejandro Pescador escribe
un artículo cada semana
para la revista mexicana
(Tiempo) Hispanoamericano.

Actividad 5: Superlativos   En grupos de tres, usen sus notas de la Actividad 4 para decidir qué sugerencias del artículo corresponden a las siguientes categorías.

Scanning

1. las tres ideas mejores o más importantes   1, 6, 12
2. las tres ideas más inútiles o tontas   5, 14, 4
3. tres actividades que todos los miembros del grupo hacen ya
4. las ideas que no se aplican a los EE.UU.
5. tres ideas más para completar el último apartado

Actividad 6: Entre líneas   Determina cuáles de las sugerencias del artículo pueden llevar a las siguientes deducciones.

Making inferences

1. En términos relativos la electricidad es mucho más cara en México que en los Estados Unidos.
2. El reciclaje se hacía en el pasado por razones económicas.
3. Muchas personas del campo tienen que usar leña para la cocina y la calefacción.
4. Hay muchísimos coches en México.
5. En México, el uso de agua es mayor al mediodía.

7-1

CUADERNO PERSONAL

En tu opinión, ¿actualmente se exagera la importancia de la crisis ecológica? Justifica tu respuesta.

Redacción 1: Un ensayo periodístico

ESTRATEGIA DE REDACCIÓN

Using Irony for Greater Impact

Good writing generally pursues the clearest and most direct communication of ideas. Ideally, the surface meaning closely reflects the deep meaning or what the author really wants to say. However, when a topic has been heavily discussed, it may be necessary to employ other techniques to draw the attention of the reader. One of these techniques is irony, which consists of saying the opposite of what one really means. Irony may be humorous, shocking, or both. For example, if someone points out to you something obvious, you might reply with an ironic "Thanks, Sherlock."

Actividad 7: Desde otro punto de vista   Imagínate que eres el director de la revista mexicana *Hispanoamericano*. Algunos lectores apreciaron el artículo de Alejandro Pescador, pero otros lo criticaron duramente. Por un lado, los ecologistas tienen buenas intenciones, pero por el otro, hay que considerar los efectos de sus sugerencias en el comercio y el trabajo. ¿De qué lado estás tú? Ahora vas a escribir un artículo corto, ya sea en contra de los excesos del ecologismo o en contra de los excesos de la economía moderna.

Activating background knowledge

Parte A: Decide si vas a criticar a los ecologistas o a los antiecologistas. Si criticas a los primeros, debes decidir:

• cuál es la creencia básica de este grupo
• cuáles de sus sugerencias son las que más impiden el desarrollo tecnológico y las oportunidades de trabajo. Menciona de cinco a diez.

Si criticas a los antiecologistas, debes decidir:

• cuál es la creencia básica de este grupo
• cuáles de las acciones de la sociedad moderna industrializada hacen más daño al medio ambiente. Menciona de cinco a diez.

Parte B: Ahora, escribe un artículo con una breve introducción, una lista de recomendaciones y título. Escribe en la introducción una versión exagerada de la creencia básica del grupo que criticas. Luego, escribe una lista de cinco a diez recomendaciones irónicas que reflejen los excesos del grupo. Por ejemplo, para los ecologistas: una persona no se debe bañar ni duchar más de una vez por mes; para los antiecologistas: todo el mundo debe usar el coche siempre que sale de casa.

Using irony

Lectura 2: Panorama cultural

Determining Reference

Written texts attempt to link ideas together in the clearest manner possible. In order to refer to a previously mentioned idea or fact, writers use pronouns and connecting words. These include:

> subject pronouns (yo, tú, él, ella, Ud., etc.)
> direct-object pronouns (me, te, lo, la, etc.)
> indirect-object pronouns (me, te, le, etc.)
> reflexive pronouns (me, te, se, etc.)
> demonstrative adjectives and pronouns (este/a, estos/as,
>   éste/a, éstos/as, esto; ese/a, etc.; aquel/aquella, etc.)
> relative pronouns (que, quien, lo que, el/la que, etc.)
> possessive adjectives and pronouns (mi, mío, tu, tuyo, etc.)

These words are the glue that holds together a cohesive text. Understanding what they refer to will increase your comprehension of the text.

Actividad 8: ¿A qué se refiere?   Lee el siguiente párrafo que forma parte de la lectura "Una nueva conciencia en Latinoamérica". Luego, identifica a qué se refiere cada palabra en negrita.

Determining reference

México, caso ejemplar de **este** fenómeno, es la ciudad más poblada y quizás la más contaminada del mundo. En 1950, tenía 3.500.000 de habitantes, aire limpio y cielos azules. El autor Carlos Fuentes **la** describió en una novela como "la región más transparente del aire". Hoy tiene más de 27.000.000 de habitantes (tendrá 31.000.000 en el año 2000) y se enfrenta con los problemas ambientales más graves del mundo. Durante décadas, el gobierno fomentó la industrialización y tuvo éxito: hoy existen al menos 30.000 fábricas en el valle de México, de **las cuales** el gobierno mexicano considera **unas 4.000** como extremadamente peligrosas para el medio ambiente. Hay también 3.000.000 de automóviles, además de 15.000 autobuses y 40.000 taxis viejos **que** siguen usando gasolina con plomo. La ubicación de la ciudad de México en un valle rodeado de montañas, **que** atrapa **su** aire contaminado, hace la situación aún peor. La contaminación llega a perjudicar la salud de los habitantes, **quienes** sufrieron un aumento del 20% de infecciones respiratorias, hemorragias nasales y enfisema en 1991.

factories

there are

Actividad 9: Para comentar sobre el medio ambiente   Después de estudiar la siguiente lista de vocabulario sacado de la lectura, escoge la mejor expresión para completar cada oración.

Building vocabulary

las aguas negras	untreated sewage
arrasar	to level, flatten, destroy
el campesino	peasant (poor subsistence farmer)
demandar	to sue
la deuda exterior o externa	foreign/external debt
el efecto invernadero	greenhouse effect
empinado/a	steep
fomentar, promover	to promote, encourage
el ganado	cattle
invertir; la inversión	to invest; investment
llano/a	flat
mejorar; la mejora	to improve; improvement
el nivel de vida	standard of living
presupuestar; el presupuesto	to budget; budget
el taller	workshop

1. Los habitantes de un país viven mejor cuando tienen un _nivel de vida_ más alto.

2. Se necesitan grandes extensiones de tierra para alimentar al _ganado_.

3. En muchas organizaciones, se ofrecen _____ para ayudar a los participantes a _mejoran_ sus capacidades y conocimientos.

4. Es difícil subir un camino muy _empinado_.
5. El gobierno de los Estados Unidos _invierta_ mucho dinero en programas de investigación científica.
6. Muchos gobiernos presupuestan dinero para programas que _promueven_ el desarrollo económico.
7. Los países que tienen una _deuda exterior_ considerable, se ven obligados a pagar muchos intereses.
8. Las ciudades que no tienen buenas instalaciones para el tratamiento de las _aguas negras_, pueden llegar a tener problemas serios de contaminación.
9. La acumulación de ciertos gases en la atmósfera atrapa el calor del sol y crea el _efecto invernadero_
10. Una persona o grupo que sufre daño a causa de las acciones de otro puede _demandar_ a éste último.

Actividad 10: Del contexto al significado   Adivina el significado de las palabras de la lectura que están en negrita, usando el contexto como guía.

Guessing meaning from context

1. Los campesinos suelen trabajar **terrenos** pequeños que producen poco.
   a. parcelas de tierra   b. especies de animales   c. especies de plantas
2. Un alza en la temperatura del planeta puede dar como resultado **el deshielo** de las capas de hielo de los polos norte y sur.
   a. la expansión   b. el cambio de posición   c. la conversión en agua
3. **Las ganancias** de una empresa tienen que sobrepasar los gastos y las pérdidas.
   a. los premios que gana   b. el dinero que recibe
   c. los productos que fabrica
4. Hay muchos países que tienen que racionar el agua porque sufren de una constante **escasez**.
   a. abundancia   b. contaminación   c. falta
5. Muchos países deben **explotar** más los recursos de la tierra para pagar la deuda externa.
   a. usar y desarrollar   b. hacer explosión   c. destruir
6. Toda una serie de problemas ambientales ha **azotado** las grandes ciudades de Latinoamérica.
   a. afectado   b. creado   c. protegido

Actividad 11: Los problemas ecológicos   En grupos de tres, hagan una lista de los problemas ecológicos que Uds. creen que son los principales en Latinoamérica (piensen en la geografía). Después, lean individualmente el texto para ver cuáles de estos problemas se mencionan. Si encuentras información que te sorprenda, escribe tu reacción al margen, por ejemplo, ¡Qué barbaridad!, ¡Parece mentira!, No estoy de acuerdo, ¡Qué bien!, etc.

Predicting, Active reading

UNA NUEVA CONCIENCIA EN LATINOAMÉRICA

Durante los años 60, los ecologistas europeos y norteamericanos empezaron a ver que si bien la industrialización mejoraba el nivel de vida material, también producía la destrucción del medio ambiente y, en cierto sentido, una baja en el nivel de vida. Sin embargo, hasta finales de
5 los años 80 y en los 90, la idea de proteger el medio ambiente casi no existía en Latinoamérica.

Hay dos razones fundamentales de la llegada relativamente tardía del ecologismo a Latinoamérica: por un lado, la geografía casi impenetrable de ríos, selvas y montañas dificultó durante siglos el aprovechamiento de gran
10 parte de las riquezas naturales, convirtiéndolas en un "El Dorado" inaccesible; por otro lado, la explotación de estas riquezas ha consituido, y sigue constituyendo, la esperanza de una vida mejor para sus habitantes. Durante el siglo XX, los líderes latinoamericanos han venido afirmando que el futuro de la región está en la industrialización, el desarrollo de las vastas tierras y la
15 explotación de recursos naturales. Muchos gobiernos han invertido enormes cantidades de dinero, prestado por los países desarrollados, en grandes proyectos de desarrollo e industrialización. Desafortunadamente, esto ha creado enormes deudas externas que han obligado a los gobiernos a seguir aumentando constantemente el nivel de desarrollo industrial y el nivel de
20 destrucción de los recursos naturales, únicamente para poder pagar las deudas. Se ha creado así un círculo vicioso de destrucción y deuda, al mismo tiempo que los pobres, quienes rara vez cuestionan el valor del desarrollo industrial y comercial, siguen destruyendo el medio ambiente al intentar mejorar su nivel de vida. En una tierra donde más de 80 millones de habitantes dependen de la
25 leña para cocinar, calentarse y sobrevivir, puede parecer absurdo hablar de la ecología y la deforestación. Aún más, el número de habitantes, especialmente el de los pobres, aumenta cada año. En 1990, la población total de Latinoamérica llegó a los 448 millones y en el año 2025 llegará a los 758 millones de habitantes, creando así cada vez más necesidad y competencia por
30 los recursos disponibles que poco a poco se van acabando.

Son graves, entonces, los problemas ecológicos con que se enfrentan las naciones latinoamericanas. Los más severos se pueden dividir en tres grupos: los de la montaña, los de la selva y los de la ciudad. En la montaña el mayor problema es la erosión de las tierras empinadas. Puesto que éstas tienden a ser
35 las peores, los latifundistas, dueños de grandes extensiones de terreno, por lo general controlan las tierras más llanas y fértiles. Los campesinos, en cambio, para sobrevivir, se ven obligados a cultivar a lo largo del año y con gran intensidad las tierras empinadas, que sufren de erosión, pierden su fertilidad y cada vez producen menos. Asimismo, las técnicas de cultivo modernas que a
40 veces se emplean no son apropiadas para el terreno empinado y causan aún más erosión.

Entre los problemas de la selva está en primer lugar el de su incesante destrucción. Las selvas tropicales, que representan los ecosistemas más extensos y

El Dorado es el mito de una ciudad de oro y de su rey que se bañaba en oro. Los españoles buscaron El Dorado inútilmente.

Aunque las selvas sí producen mucho oxígeno, las algas marinas producen el 90% del oxígeno de la atmósfera.

▲ *En la época precolombina los indígenas desarrollaron el sistema de terraplén. Aunque esta técnica es muy productiva e impide la erosión de tierras empinadas, actualmente se cultiva sólo un 20% de los terraplenes restantes.*

conocidos de Latinoamérica, cubren un 30% de
45 la tierra de la región y contienen casi el 40% de
todas las especies de vida animal y vegetal del
planeta. Más del 50% de los productos
farmacéuticos modernos contienen ingredientes
derivados de estas especies. Además, las selvas
50 tropicales juegan un papel importantísimo, a nivel
global, en la evaporación del agua y las
consecuentes lluvias. Sin embargo, sólo en 1987,
unos 8.000.000 de hectáreas de selva americana
fueron destruidos. La mayor parte de esta
55 destrucción se ha hecho quemando la selva,
proceso que genera enormes cantidades de
dióxido de carbono y otros gases que contaminan
la atmósfera. Los gases emitidos contribuyen
posiblemente al efecto invernadero, que según
60 muchos científicos está causando una subida
anormal en la temperatura del planeta y que
puede dar como resultado el deshielo de las capas de hielo en los polos y una
consecuente subida en el nivel del océano.

El caso de la destrucción de la Amazonia es quizás el más grave de la
65 región. La selva amazónica cubre, o cubría, un territorio casi del tamaño de
los Estados Unidos continentales, y se extiende por partes de Brasil, las
Guayanas, Venezuela, Colombia, Ecuador, Perú y Bolivia, pero cada día se
destruyen grandes extensiones de selva. Los campesinos pobres queman los
árboles para cultivar la tierra, y los rancheros lo hacen para criar el ganado.
70 Sin embargo, la tierra quemada es demasiado pobre para el cultivo y deja de
ser útil para el ganado después de unos años. La industria maderera, proyectos
hidroeléctricos y la minería causan aún más deforestación y contaminación de
ríos; y, en Perú, los campesinos arrasan la tierra para cultivar coca. En total, se
calcula que ya se ha perdido el 12% de la selva amazónica y que, si la
75 destrucción continúa, no quedará nada dentro de cincuenta o cien años.

▶ *La industria ganadera permite el aumento de las exportaciones, pero al mismo tiempo acelera la destrucción de la selva amazónica.*

▶ *Extracción de oro en el Amazonas. La fiebre del oro atrae a gran cantidad de pobres y acelera la deforestación.*

Además de estos problemas, los indígenas que viven en las selvas están perdiendo su hábitat, aunque no se rinden fácilmente y han comenzado una campaña de protección. En Ecuador, los Shuar no sólo luchan por defender su cultura, sino también la integridad de la selva. Igualmente, otras tribus
80 ecuatorianas demandaron a la petrolera americana Texaco en 1993 por daños ecológicos. Y los Yanomani de Venezuela y Brasil han tenido éxito en su lucha contra el gobierno de Brasil, el cual, como resultado, les ha concedido un territorio protegido de 11.000.000 de hectáreas. No sin razón, algunos han llamado a los indígenas los ecologistas más activos de Latinoamérica.
85 Otros grupos ambientalistas, a su vez, han comenzado a luchar en contra de este desbocado exterminio de la selva. En Ecuador, el grupo Fundación Natura ha desarrollado talleres de orientación y educación para profesores y profesionales. En Guatemala, un programa para combatir la deforestación y la erosión planta 3.500.000 árboles por año y ha tenido gran éxito. Varios
90 organismos internacionales contribuyen fondos y comida para los campesinos que estén dispuestos a implementar la conservación y la reforestación en sus terrenos.

Costa Rica es quizás el país que ha demostrado más originalidad en la lucha contra la destrucción de la selva. Como casi todos los países latinoamericanos, Costa Rica tiene una gran deuda exterior. Para reducir esta
95 deuda, el gobierno estableció un intercambio de "deuda por naturaleza" con varios organismos internacionales. En este intercambio, Costa Rica redujo su deuda por casi unos US$80.000.000, al gastar US$43.000.000 en parques nacionales y programas ecológicos. Por otro lado, estas inversiones en la protección del medio ambiente han facilitado el desarrollo del ecoturismo.

US$ es una abreviatura común en español.

100 Viajeros de muchos países pagan por visitar las bellas selvas tropicales y traen
así cierta recompensa económica a la población local, lo cual facilita otros
esfuerzos ecologistas. Otros países están siguiendo el ejemplo de Costa Rica,
entre ellos Colombia, Ecuador, Guatemala, México y Brasil.

No son solamente los problemas de la selva y de las zonas rurales los que
105 afectan a las naciones latinoamericanas. Toda una serie de desastres
ambientales ha azotado a las grandes ciudades de Latinoamérica, lo cual se
debe en gran parte a la rápida urbanización de la población. Por ejemplo, entre
1950 y 1976, 40.000.000 de campesinos abandonaron la vida rural para
contribuir al ya alarmante crecimiento de la población urbana. Muchos de los
110 emigrantes que siguen llegando no tienen dónde vivir, y acaban viviendo en
barrios pobres sin electricidad ni otros servicios. Esta rápida concentración en
las áreas urbanas ha creado problemas incontrolados de basura, escasez de
agua potable, aguas negras y contaminación del aire.

México, caso ejemplar de este fenómeno, es la ciudad más poblada y quizás
115 más contaminada del mundo. En 1950, tenía 3.500.000 de habitantes, aire
limpio y cielos azules. El autor Carlos Fuentes la describió en una novela
como "la región más transparente del aire". Hoy tiene más de 27.000.000 de
habitantes (tendrá 31.000.000 en el año 2000) y se enfrenta con los problemas
ambientales más graves del mundo. Durante décadas, el gobierno fomentó la
120 industrialización y tuvo éxito: hoy existen al menos 30.000 fábricas en el valle
de México, de las cuales el gobierno mexicano considera unas 4.000 como
extremadamente peligrosas para el medio ambiente. Hay también 3.000.000
de automóviles, además de 15.000 autobuses y 40.000 taxis viejos que siguen
usando gasolina con plomo. La ubicación de la ciudad de México en un valle
125 rodeado de montañas, que atrapa su aire contaminado, hace la situación aún
peor. La contaminación llega a perjudicar la salud de los habitantes, quienes
sufrieron un aumento del 20% de infecciones respiratorias, hemorragias
nasales y enfisema en 1991.

Por fin, el gobierno se ha visto obligado a actuar. Para los años 1993 a
130 1996, se presupuestaron US $5.000.000.000 para mejorar las condiciones
ambientales de la ciudad. También se han tomado otras medidas: se regula la
frecuencia del uso de los carros; se ha restringido el uso de la gasolina con
plomo; se ha promovido el uso del convertidor catalítico; y en un caso
conocido, el presidente mexicano cerró una refinería de petróleo que producía
135 el 7% de la contaminación de la ciudad, a pesar de que la acción costó
US$500.000.000 y 5.000 empleos en una sociedad que desesperadamente
necesita el trabajo.

En los países latinoamericanos, al igual que en otros países, crece la
tensión entre la necesidad de proteger el medio ambiente y el deseo de
140 mejorar el nivel de vida de la población y darles trabajo a todos. Muchos
sugieren que el equilibrio se puede encontrar en el desarrollo "sostenible", el
cual permitiría la extracción y el uso de recursos naturales, sin la destrucción
del ecosistema mundial. Nadie sabe si tal sistema puede funcionar, pero nadie
duda que el sistema actual nos está llevando irremisiblemente al desastre.

US$ 5.000.000.000 =
Cinco mil millones de
dólares

Actividad 12: Datos y detalles Determina si cada una de las siguientes oraciones   Scanning
es cierta o falsa. Corrige las oraciones falsas.

1. __F__ Existe una larga tradición de ecologismo en Latinoamérica.
2. __C__ Muchos pobres están preocupados por la protección del medio ambiente.
3. __C__ La población latinoamericana sigue creciendo y este crecimiento obliga a los gobiernos a explotar los recursos naturales.
4. __F__ En las tierras empinadas, el mayor problema es la contaminación.
5. __F__ En la montaña, los campesinos tienen que cultivar terrenos empinados porque los terrenos llanos pertenecen a los ricos.
6. __C__ Están destruyendo las selvas tropicales solamente para sacar y exportar su madera.
7. __F__ Los indígenas han destruido gran parte de la selva.
8. __C__ La población urbana está creciendo muy lentamente.
9. __C__ México es la ciudad más poblada y quizás más contaminada del mundo.
10. __F__ Los problemas ambientales de México bajan el nivel de vida de sus habitantes, pero no son peligrosos.

Actividad 13: Entre líneas Las siguientes oraciones representan deducciones   Making inferences
o inferencias basadas en la información de la lectura. En parejas, comenten cada
una y decidan si están de acuerdo o no. Justifiquen sus respuestas.

1. En los últimos años, los efectos nocivos *(harmful)* del desarrollo industrial han aumentado.
2. Muchas personas no apoyan el movimiento ecologista.
3. Cualquier intento de proteger el medio ambiente debe incluir medidas para controlar el crecimiento de la población.
4. Mientras haya pobreza, será difícil proteger el medio ambiente.
5. El desarrollo industrial y comercial es incompatible con el ecologismo.

7-2

CUADERNO PERSONAL

¿Crees que los problemas ecológicos de
Latinoamérica te afectan a ti? ¿Por qué sí o no?

Lectura 3: Literatura

Actividad 14: La palabra precisa   Las palabras indicadas en las oraciones aparecen en el poema "Paseo de la Reforma" que vas a leer. Lee las oraciones y escoge el equivalente inglés para cada palabra indicada.

a. ax	f. thunderbolts, lightning
b. to praise	g. to shake
c. to dare	h. ash tree
d. look, image	i. prison camp
e. storm	j. whistle, whizzing sound

1. _____ El **fresno** es un árbol.
2. _____ Los **rayos** pueden matar a un hombre o un árbol y causan muchos incendios.
3. _____ La lluvia y el viento de una **tormenta** pueden ser muy destructivos.
4. _____ Una explosión **estremeció** toda la casa.
5. _____ Ese hombre habla mal de ella, pero no **osa** insultarla directamente.
6. _____ Cuando se murió el presidente, todos **alabaron** su visión e idealismo.
7. _____ María Eugenia tiene muy buena **estampa**.
8. _____ Cuando un objeto pequeño pasa rápidamente por el aire se oye un **silbido**.
9. _____ Se usa un **hacha** para talar árboles.
10. _____ Los prisioneros no podían escaparse de la **colonia penitenciaria** de Alcatraz.

Actividad 15: Un poema a la muerte   El poema "Paseo de la Reforma" trata de la destrucción del medio ambiente. El Paseo de la Reforma es la avenida más conocida de México y el nombre se refiere a un período de modernización del siglo XIX. En parejas, piensen en el título y miren la foto para adivinar algunos de los posibles temas del poema.

Predicting

Mexico City = **(Cuidad de) México**, "la capital" o el **Distrito Federal (D.F.)**

José Emilio Pacheco nació en México en 1939. Pacheco ha escrito en varios géneros, pero se conoce principalmente por su poesía, y hoy en día se considera uno de los poetas más importantes de su país. Prefiere no hablar de su vida personal; para conocerlo hay que leer su poesía, aunque él cree que los poemas que escribe no le pertenecen a él, sino a los lectores. En su obra trata de todos los aspectos de la vida cotidiana, a veces con humor e ironía, otras veces con gran melancolía o ira. En un estilo claro y directo, critica las injusticias sociales y el comportamiento humano, pero su tema predilecto es lo efímero de la vida y el mundo—todo cambia y todo se pierde— tema que aparece en las dos selecciones incluidas aquí.

PASEO DE LA REFORMA   *José Emilio Pacheco*

Este fresno tan bien plantado
que ni el rayo ni la tormenta pudieron
      estremecer,
      que ni el hacha
5 osó injuriar con su afilado silbido;
      este monumento
      a la belleza del mundo;
      este pródigo
que nos dejó respirar y alabó
10 los ojos con su estampa
      y fue luz
pero también dio sombra y duró
más que nuestras edades y todo;
éste que parecía eterno
15   o estable al menos,
      ha muerto asfixiado
      y masacrado con otros mil
por el gas venenoso que echan
      los autobuses
20 en la innoble y letal colonia
      penitenciaria
que hasta hace poco llamamos
      ciudad de México.

▲ *El Paseo de la Reforma, México.*

Actividad 16: Para profundizar   Después de leer, contesta las siguientes preguntas.

Scanning, checking comprehension

1. ¿Cuáles son los peligros que resistió el fresno? ¿Eran naturales o causados por el hombre?
2. Según el poeta, ¿cuáles son los aspectos positivos del fresno?
3. ¿Qué causó la muerte de los fresnos?
4. ¿Es irónico el título? ¿Por qué sí o no?

Actividad 17: Palabras esenciales   Usa el glosario o un diccionario bilingüe para determinar la expresión en inglés que equivale a cada palabra española. Las palabras aparecen en el poema "Las ruinas de México".

Building vocabulary

   d 1. el terremoto   a. the ground
   a 2. el suelo   b. to rise up
   e 3. el amparo   c. good sense; sanity
   f 4. amparar   d. earthquake
   h 5. echarse a   e. shelter, protection
   g 6. derrumbarse   f. to shelter
   b 7. erguirse   g. to collapse
   c 8. la cordura   h. to set off, to begin
   i 9. andar   i. to walk, to move along

Actividad 18: ¡Un terremoto!   Al volver a la capital de México después del gran terremoto de 1985, Pacheco escribió un poema largo, "Las ruinas de México", en el que describió sus reacciones a la destrucción. Aquí se incluye una estrofa de este poema. Antes de leerla, discutan en parejas cómo se siente uno al encontrarse en un terremoto.

Predicting

LAS RUINAS DE MÉXICO   *José Emilio Pacheco*
(ELEGÍA DEL RETORNO) (II, 5)

> Suelo es la tierra que sostiene,
> el piso que ampara, la fundación
> de la existencia humana. Sin él
> no se implantan ciudades ni puede erguirse el poder.
> 5   "Los pies en la tierra"
> decimos para alabar la cordura,
> el sentido de realidad.
> Y de repente
> el suelo se echa a andar,
> 10   no hay amparo:
> todo lo que era firme se derrumba.

7-3

CUADERNO PERSONAL

¿Cómo percibes tú la naturaleza? ¿Es madre, amiga o enemiga? ¿La tenemos que proteger o es capaz de protegerse a sí misma?

Actividad 19: Dos estampas de la naturaleza   Después de leer, contesta las siguientes preguntas.

Comparing and contrasting

1. ¿Cuál es el tema del primer poema? ¿Del segundo?   *no ampara*
2. Si se comparan los dos poemas, ¿cómo se diferencia la perspectiva sobre la naturaleza?   *es bella y mal*

Redacción 2: Un reportaje

**E S T R A T E G I A
DE REDACCIÓN**

Writing a News Report

News reports attempt to summarize the most important facts about an event, person, problem, crisis, or discovery. All news articles include:

*   **title:** mentions the most significant information of the article
*   **dateline:** place of origin of report
*   **introduction:** answers the questions *what?, who?, when?, where?, why?* The summarization of these points at the beginning of the article allows readers to quickly skim to see if it interests them. The introduction begins by answering the most important or relevant of these questions. Some very short articles amount to little more than this introduction.

- **body:** allows for the development of details in a longer article. The details chosen will depend on the most interesting points in the introduction. Sources of information (**fuentes**) and quotes (**citas**) by experts or involved persons may also be included.
- **conclusion:** recapitulates the main points, emphasizes the overall significance of the issue, and/or includes opinions of the author. Many news articles, however, do not contain a conclusion.

Actividad 20: El reportaje   Lee el siguiente artículo y busca las respuestas a las preguntas: ¿Qué?, ¿Quién?, ¿Cuándo?, ¿Dónde? y ¿Por qué? Identifica si hay introducción, cuerpo y conclusión, y el tipo de información que contiene cada parte.

Using a model

Indígenas ecuatorianos sientan precedente ecológico mundial

Quito, Ecuador. Cuatro tribus indígenas de Ecuador sentaron un precedente ecológico a nivel mundial al demandar a la petrolera estadounidense Texaco por unos 1.500 millones de dólares como indemnización por daños y contaminación de grandes áreas del Amazonas ecuatoriano. La demanda, que causó revuelo en la opinión pública mundial, fue presentada el 3 de noviembre en una corte federal estadounidense y se espera que antes de seis meses haya un pronunciamiento judicial.

Pero a pesar de que se acusa a la cuarta compañía petrolera de los Estados Unidos de causar deterioros considerables en la ecología ecuatoriana, Texaco se defiende señalando que no es posible determinar si la "supuesta" contaminación presente en el área se ha generado en una fecha reciente o años atrás.

"Si se descubre ahora que hay gran contaminación en la zona, no se sabe si fue hecha hace un año o ahora", dijo a Reuters Rodrigo Pérez Pallares, representante legal de Texaco en Ecuador.

Indígenas de las tribus Quichua, Secoya y Cofan, habitantes de la Amazonia ecuatoriana, fueron en representación de las etnias afectadas a Nueva York a presentar dos demandas, con las que pretenden demostrar que Texaco vertió desechos tóxicos en los ríos de la región.

"Se vertieron a los ríos de la región oriental del Ecuador alrededor de 4,3 millones de galones (unos 16 millones de litros) diarios de sustancias extraídas de los pozos petroleros, durante 20 años", afirmó Cristóbal Bonifaz, abogado defensor de los indígenas. Todo esto ha provocado, según el mismo representante, que los pobladores de la región no puedan utilizar las fuentes de agua, porque se corre el riesgo de contraer cáncer, o padecer de enfermedades gastrointestinales y respiratorias.

Actividad 21: A investigar y escribir   Imagínate que trabajas para un periódico español local y el jefe de redacción ha pedido más noticias sobre temas ecológicos.

Writing a news report

Parte A: Busca información, en revistas y periódicos en la biblioteca, sobre los temas ambientales más importantes del momento. Selecciona un tema que te interese y sobre el cual haya bastante información.

Parte B: Basándote en la información que tienes, contesta las siguientes preguntas antes de escribir el reportaje.
- ¿Qué?, ¿Quién?, ¿Cuándo?, ¿Dónde?, ¿Por qué?
- ¿Cuál de estos puntos es más importante (o sea, por qué es importante esta noticia)?
- ¿Para qué puntos hay que elaborar detalles?
- ¿Hay otras preguntas que se deben considerar (¿cuántos?, ¿cómo?)?

Después, escribe un artículo breve, con título, introducción y cuerpo.

due after first test

Newspaper article 20th

1 page

any topic

En busca de seguridad económica

NUEVAS TECNOLOGÍAS ELIMINAN TANTOS TRABAJOS COMO LOS QUE CREAN

BAJA LA INFLACION: DE 5.000% POR AÑO A SOLO 15%

Padre parado roba para dar de comer a su familia

CHILE: puertas abiertas a la competencia extranjera

El TLC crea un solo mercado entre México, EE.UU. y Canadá

Malthus tenía razón: enormes aumentos demográficos

Ejecutivos norteamericanos "invaden" Latinoamérica

30% DE POBLACIÓN EN EL PARO

Trabajadores reclaman empleo y mejores salarios

Los 90: Epoca de mercado libre y competencia

GRANDES INVERSIONES EXTRANJERAS EN INDUSTRIAS NACIONALES

Empresas argentinas adoptan estrategias americanas

Actividad 1: Noticias económicas de Latinoamérica   En grupos de tres, lean los titulares y consulten el glosario para buscar los términos que no conozcan. Después, identifiquen:

- dos o tres tendencias reflejadas en los titulares
- dos o tres problemas que enfrentan las economías latinoamericanas
- dos o tres datos que les sorprendan a Uds.

Lectura 1: Un artículo

Actividad 2: Del contexto al significado   Las palabras en negrita en las siguientes oraciones aparecen en la lectura "La entrevista laboral". Lee cada oración y escribe a su lado la letra de un sinónimo apropiado para la palabra indicada.

Guessing meaning from context

a. agregar
b. ponerse de/en pie
c. obtener, retener
d. escondido/a
e. calor humano
f. bloc de papel
g. lo fundamental
h. chocar involuntariamente con algo

1. _____ La presidenta dijo que el programa era buena idea y **añadió** que podía dar resultados importantes.
2. _____ Ella tiene muchos prejuicios **ocultos** y por eso es difícil saber cómo va a reaccionar.
3. _____ Los dos se entrevistaron, pero Paco **se quedó con** el puesto.
4. _____ **La clave** para superar este problema es saber exactamente qué hacer.
5. _____ Él parecía un hombre frío y antipático y por eso la **calidez** de su apretón de manos me sorprendió.
6. _____ Pepa **tropezó** con una piedra en la calle y se cayó, pero no se hizo daño.
7. _____ Al final de la reunión, el director **se paró** y me estrechó la mano.
8. _____ Cuando tomo apuntes, siempre uso una **tablilla**.

estrechar la mano de (alguien) = *to shake hands with (someone).*

Actividad 3: Palabras emparentadas   Las palabras en negrita en las siguientes descripciones son palabras base de otras palabras que aparecen en la lectura. Busca en el glosario las palabras para las siguientes definiciones, usando las palabras en negrita como base. Luego apúntalas con su equivalente en inglés.

Using word families

1. la persona que **solicita** un puesto
2. la persona que **entrevista** a otra
3. la persona que se **entrevista** con una empresa
4. la persona que **aspira** a un trabajo
5. el acto de **acoger** a otra persona
6. la característica de ser **débil**
7. la característica de ser **fuerte**
8. lo que dice una persona que **miente**

Recuerda que el diptongo **ue** se asocia con **o**, y el diptongo **ie** se asocia con **e**.

ESTRATEGIA
DE LECTURA

Identifying the Audience

Most texts are written with a specific audience in mind. This fact often has a great impact on the content and phrasing of the text. Knowing who the audience of a text is can help you predict its content and thus understand it more easily.

Actividad 4: ¿Para quiénes se escribió este artículo? Mira el título y el primer párrafo del artículo. Luego, en parejas, expliquen el tema y digan a cuál de los siguientes grupos está dirigido el artículo.

Identifying the audience

a. estudiantes universitarios que nunca se han entrevistado
b. personas con experiencia que quieren cambiar de trabajo
c. ejecutivos que tienen que contratar a empleados nuevos
d. el público en general

Actividad 5: Leer con un propósito Mientras leas, imagínate que estás en proceso de solicitar trabajo y decide si el artículo contiene información que te pueda ser útil. Escribe en el margen tus reacciones.

Active reading

LA ENTREVISTA LABORAL

Cualquier experto en construcción civil se lo puede decir: es más caro reparar las fallas de un edificio que demolerlo y construir otro nuevo. En el campo laboral se puede afirmar lo mismo: corregir las deficiencias de los empleados es siempre mucho más costoso que asegurarse de contratar a la mejor persona posible para ese empleo. No es una tarea fácil. Se requiere de ciertas técnicas.

Los prejuicios ocultos. El principal problema de los gerentes es superar dos fuerzas psicológicas muy normales y humanas.

La primera se conoce como el efecto de primacía, o tendencia a aceptar el valor nominal de lo que el entrevistado declara. Al quedar satisfecho el apetito de las buenas razones, el supervisor se creó una imagen en la mente. En efecto, en gran medida, es el causante de las malas contrataciones. La otra fuerza es el efecto de novedad, o la tendencia de la gente a recordar sólo la información reciente. Este efecto ocurre cuando se entrevista a varias personas en un período relativamente corto. El entrevistador se olvida pronto de la apariencia de los aspirantes, de quién dijo qué. Las estadísticas demuestran que la última persona entrevistada es por lo general la que se queda con el empleo.

Los pasos fundamentales. La clave es seguir algunas instancias que se basan en: 1) lo que dice y lo que no dice el entrevistador y 2) la forma en que el entrevistador lee e interpreta las respuestas. Siga estos pasos:

• *Reciba a cada solicitante en la sala principal.* La calidez de una acogida alienta al aspirante a relajarse y abrir las compuertas de su verdadera personalidad.

• *Infórmele cómo se hará la entrevista.* Saber lo que le espera, hace que el aspirante se sienta más cómodo y baje un poco sus defensas.

• *Use una tablilla para tomar notas.* Le ayudará a recordar la necesidad de documentar la charla y superar los efectos de primacía y novedad. Igualmente evitará que el solicitante pueda leer lo que escriba.

• *Escuche.* Los gerentes tienden a transmitir abundante información sobre el empleo y la empresa, y se olvidan de que es el solicitante el que debe hablar un 90 por ciento del tiempo. Si tiene problemas para controlarse, escriba en la tablilla: "escuchar".

• *Si el solicitante parece muy tenso, cambie el tema.* Un aspirante nervioso difícilmente le dará la impresión exacta de sus habilidades. Si cierto tópico parece tensar el momento, cambie a otro, pero tome nota de ese punto para analizarlo en el contexto del resto de la entrevista. Si el tópico es importante para el puesto, busque una táctica diferente para abordarlo.

• *Sepa qué decir y qué no decir.* Use su tiempo para formular preguntas y definir responsabilidades del empleo. Evite los comentarios que tengan algún elemento de discriminación.

• *Formule preguntas de final abierto.* Apele a preguntas y declaraciones que empiecen con "Hábleme sobre . . .", "Descríbame . . .", "Qué clase de . . .", "Deme un ejemplo de . . ."

• *Sea consistente.* Escoja cuatro o cinco preguntas y use las mismas para todos los solicitantes. De esa forma, la competencia puede resultar medible y justa.

• *Pregunte por gustos y disgustos.* Las respuestas le darán una idea de la debilidad o fortaleza de los candidatos. Con ellas puede saber si el aspirante se orienta por objetivos, es analítico, hostil, amistoso, prejuicioso, entusiasta, enérgico.

• *Busque las mentiras.* Si cree que un entrevistado no está siendo directo, pídale una explicación. Un entrevistado que miente tropieza siempre con detalles de los hechos fabricados.

• *Pregunte "¿Qué haría usted si . . .?"* Plantéese una hipotética situación-problema antes de la entrevista, busque la mejor solución y replantéesela al entrevistado. Luego pídale una idea de lo que haría en ese caso. Observe en la respuesta la forma en que cada solicitante procesa la información, la analiza y propone la solución.

• *Termine la entrevista en la misma forma.* Informe al solicitante que faltan unos cinco minutos para terminar la entrevista. En el tiempo exacto, párese, estreche la mano de su interlocutor y anuncie que la entrevista terminó. Acompáñelo a la puerta, regrese a la oficina, escriba un resumen de un párrafo sobre sus impresiones y busque al siguiente candidato.

El tema = *subject, topic*; **el tópico** = *trite expression*, pero a veces se usa como sinónimo de **tema.**

Determining reference

Actividad 6: ¿A qué se refiere?   Vuelve a mirar el texto y determina a qué se refieren las palabras en negrita.

1. (Párrafo 1) Cualquier experto en construcción civil **se lo** puede decir: . . .
2. (Párrafo 3) **La primera** se conoce como el efecto de primacía . . .
3. (Párrafo 3) Las estadísticas demuestran que la última persona entrevistada es **la** que se queda con el trabajo.
4. (Párrafo 6) Saber lo que **le** espera, hace que el aspirante se sienta más cómodo . . .
5. (Párrafo 7) **Le** ayudará a recordar la necesidad de documentar la charla . . .
6. (Párrafo 15) . . . y replantée**sela** al entrevistado.

Actividad 7: Desde otro punto de vista   En grupos de tres, decidan cuáles son las dos sugerencias más útiles de la lectura. Después, usen las sugerencias y sus notas de la Actividad 5 y hagan una lista de cinco a diez recomendaciones para el entrevistado.

Scanning, Making inferences

Actividad 8: Una entrevista   En parejas, imagínense que son ejecutivos uruguayos que van a entrevistar a candidatos para el trabajo del anuncio. Basándose en las sugerencias del artículo, inventen de ocho a diez preguntas apropiadas.

Checking comprehension

Para nuestro equipo de trabajo seleccionamos:
SECRETARIO DE DIRECCIÓN

- Conocimiento de técnicas secretariales (archivo, PC, etc.)
- Excelente manejo telefónico
- Capacidad de vínculo y toma de decisiones
- Redacción impecable en español e inglés
- Inglés fluido
- Conocimiento y gusto por marketing y ventas
- Menor de 35 años
- Disponibilidad para viajes cortos
- Se apreciará experiencia en empresas multinacionales

Los interesados deberán enviar Curriculum Vitae, referencias personales y aspiraciones económicas antes del 10 de junio a:

Torcuato & Asociados
J. Barrios Amorín 1074 P. 2
Montevideo
Tel. (5982) 49.54.07

8-1
CUADERNO PERSONAL
¿Crees que es posible en una entrevista formarse una buena idea de cómo es una persona? ¿Qué otras maneras existen para conocer la personalidad de un/a entrevistado/a?

Redacción 1: El curriculum vitae

ESTRATEGIA
DE REDACCIÓN

Focusing on Surface Form

Writing involves several stages: generating ideas, focusing on specific ideas, organizing, composing and, for more formal texts, polishing surface form. Surface form includes physical layout, punctuation, spelling, and use of capital letters. Since it is the first thing the reader notices, it can be very important in determining the reader's initial reaction to a text, its content, and/or the writer. Here are some suggestions for polishing what you write:

1. Make sure that margins are clearly set. Computers make it possible to justify text easily.
2. Check punctuation. Though similar in formal Spanish and English, remember: inverted question and exclamation marks must be used in Spanish; commas are not used before **y** or **o** in a series (*rojo, blanco y azul*); use of commas and periods in numbers differs in English and Spanish (*GPA: 3.67* = **Promedio de notas: 3,67** and *2,000 dollars* = **2.000 dólares**).
3. Watch your spelling, including accents. Do not let English influence your spelling of cognates (*professional*/**profesional**) and remember that the use of accents can differ between singular and plural forms (**recomendación/recomendaciones**). Most native speakers do not use written accents on capital letters.
4. The use of capital letters (**mayúsculas**) is more restricted in Spanish. Use capital letters for the first word of a sentence or title (*Cien años de soledad*), for names of people, clubs, organizations, businesses, and for abbreviated titles (**Ud., Sr.**). Do not use capital letters for days of the week (**lunes**), months (**enero**), seasons (**primavera**), languages (**inglés**), religions (**catolicismo**), compass points (**norte**) or adjectives (**católico**).

Actividad 9: Un curriculum Aunque el curriculum vitae tradicionalmente no ha sido muy importante en Latinoamérica, con el aumento de la influencia comercial norteamericana en la región, se está extendiendo el uso del curriculum al estilo norteamericano.

Parte A: Al preparar el curriculum propio, generalmente se usa el de otra persona como base y modelo. En parejas, miren el siguiente curriculum y observen el vocabulario que se usa y cómo está organizado. ¿Hay otras maneras de organizar un curriculum?

Using a model

maestría o **master** = **master's degree.**

licenciatura = un título un poco más avanzado que **bachelor's degree**

bachiller = *high school graduate*

Rosa Cunningham González
67 Chula Vista Road
Los Ángeles, California 50215
(213) 789-2389

Objetivo profesional
> Gerente de ventas y mercadeo

Preparación académica

1995-1993	Universidad de California, Los Ángeles, CA
	Maestría
	Especialización: Administración de empresas
1992-1988	Universidad de Georgia, Athens, Georgia
	Licenciatura *magna cum laude*
	Especialización: español e inglés
1988-1984	Las Palmas High School, Los Ángeles, CA
	Bachiller

Experiencia profesional

1994 (verano)	Ventamundo, S.A., México, D.F.
	Asistente ejecutiva
1992-1990	Toyland, Inc., Altanta, GA
(veranos)	Vendedora regional

Experiencia adicional

1995-1993	Club de Estudiantes de Negocios, tesorera
1992-1988	Unión Latina, UGA, presidenta

Preparación adicional
> Mecanografía y procesamiento de datos
> Dominio de inglés y español
> Conocimiento elemental de portugués

Becas y premios

1994	Beca Salinas (mejor estudiante del programa)
1992	Phi Beta Kappa (por excelencia académica)

Intereses
> Baile popular, música caribeña, navegación

Parte B: Individualmente, preparen el borrador de un curriculum propio similar al del modelo. Usen el diccionario o hablen con su profesor/a si necesitan vocabulario específico.   Writing a resumé

ESTRATEGIA DE LECTURA

Lectura 2: Panorama cultural

Recognizing Clauses and Phrases

A characteristic of Spanish writing is the frequent use of long sentences. Understanding the structure of these sentences can help you understand their meaning. Some are simple sentences with a single main conjugated verb; others are compound sentences which link two shorter sentences, or two independent clauses, with a conjunction such as **y** or **pero: Tienen trabajo, pero nunca tienen suficiente dinero.** Complex sentences are composed of a main clause and one or more dependent clauses. The dependent clause contains a conjugated verb and is introduced by the word **que** for noun clauses, by relative pronouns (**que, quien, el/la cual, etc.**) for adjective clauses, or by adverbial conjunctions (**aunque, porque, para que, como, cuando, ya que, si, etc.**) for adverbial clauses.

A good way to analyze complex sentences is to break them down into smaller sentences.

➤   Los cambios **que se implementaron** ayudaron a la economía.
= (1) los cambios ayudaron a la economía + (2) los cambios se implementaron

The adjective clause in the preceding example is a restrictive clause, since it limits the possible changes (only those that were implemented helped the economy). The information in restrictive clauses is important for determining the grammatical subject. On the other hand, a non-restrictive clause, set off with commas, adds extra, non-essential information:

➤   Los cambios, los cuales **se implementaron el año pasado,** ayudaron a la economía.

Another important element of Spanish sentences is the **complemento circunstancial,** which allows the inclusion of extra information describing where, when, how, with whom, etc.

The English prepositional phrase is analyzed as **complemento circunstancial** in Spanish.

➤   Los cambios se implementaron **en Argentina.**

Los cambios se implementaron en Argentina **el año pasado.**

Los cambios se implementaron el año pasado **de forma eficaz** en Argentina.

Actividad 10: Análisis de oraciones   Mira la lectura sobre las economías latinoamericanas y busca un ejemplo de cada tipo de oración.

Recognizing clauses and phrases

- una oración simple
- una oración compuesta (dos cláusulas independientes)
- una oración compleja (cláusula principal + cláusula dependiente)
- una oración con complemento circunstancial

Actividad 11: Del contexto al significado   Lee cada oración y da un sinónimo en español o un equivalente en inglés para cada una de las siguientes expresiones que se encuentran en la lectura. En caso de duda, usa el glosario o diccionario para confirmar tus respuestas.

Guessing meaning from context

1. Los presidentes firmaron **el acuerdo** económico ayer.
2. La **apertura** de la economía permitió el establecimiento de muchos negocios nuevos.
3. Pablo y Paco **se asemejan** tanto que muchas veces no sé con quién hablo.
4. Con el nuevo programa el gobierno **logró** una gran mejora en el nivel de vida de los ciudadanos.
5. Para que la máquina funcione hay que **montar** todos los componentes con cuidado.
6. La empresa **pertenecía** a la familia González, pero los nuevos dueños son unos inversionistas japoneses.
7. Empezaron a viajar hacia el norte, pero luego cambiaron de **rumbo** y fueron hacia el oeste.
8. Todos se quejan de que no hay suficientes casas, pero el gobierno no hace nada para remediar esta escasez de **vivienda.**

Actividad 12: Hablando de la economía   En la siguiente lectura se discute el desarrollo de las economías latinoamericanas y la importancia para estas economías del mercado libre. En grupos de tres, expliquen brevemente el significado de cada expresión. Después de explicar los términos, decidan cuáles de ellos se asocian con el concepto del mercado libre y expliquen de qué manera.

Activating background knowledge

la competencia	la inflación	la eficiencia
la nacionalización	la infraestructura	la mano de obra barata
la inversión	la pobreza	el desempleo
las tarifas altas	la congelación	los productos agrícolas
las exportaciones	el proteccionismo	la recesión
la deuda externa	la privatización	el presupuesto equilibrado
el salario mínimo	el capital	la bancarrota
los recursos minerales	las importaciones	la descongelación

Mientras leas, escribe en el margen tus reacciones a la información.

LAS ECONOMÍAS LATINOAMERICANAS: UN PASADO PROBLEMÁTICO Y UN NUEVO RUMBO

En el panorama actual, el mundo comercial y laboral latinoamericano se asemeja cada vez más al de los Estados Unidos, Europa y Japón. Se habla de la competencia y el mercado libre, de la privatización y la eficiencia productiva, y se importan técnicas y métodos de administración norteamericanos. Estos cambios han generado nuevas esperanzas de prosperidad, aunque quedan todavía enormes obstáculos, como una población creciente, la desigualdad y la pobreza.

Algunos países se hicieron bastante ricos; en los años 20. Argentina llegó a ocupar el décimo lugar en el mundo en cuanto a nivel de vida.

En 1985 la deuda externa de los países latinoamericanos llegó a un total de $374.000.000.000 y muchos países tuvieron tasas de inflación que llegaron hasta el 7.000% (Perú) y 14.000% (Nicaragua).

Las ideas neoliberales vienen de Milton Friedman y otros economistas de la Universidad de Chicago.

Para comprender los cambios, hay que echar un vistazo al pasado económico de la región. El sistema colonial y poscolonial dependía de la exportación de recursos minerales y productos agrícolas a los países europeos
10 y a los Estados Unidos. Con el dinero obtenido de las exportaciones, los países latinoamericanos importaban productos manufacturados de los países más desarrollados. Durante el siglo XIX, este sistema creció con la industrialización de Europa y los Estados Unidos hasta llegar a ser muy
15 importante. Entre 1850 y 1930, grandes inversiones de dinero de Gran Bretaña y los Estados Unidos permitieron el desarrollo de ferrocarriles, sistemas eléctricos y telecomunicaciones.

Sin embargo, la Gran Depresión de 1929 llevó a la destrucción de las fuentes tradicionales de ingresos: bajaron las exportaciones y desaparecieron
20 las inversiones de capital extranjero. Para remediar esta situación, muchos gobiernos buscaron la solución dentro de sus propios países. Decidieron desarrollar industrias para los mercados nacionales, creando así trabajos e industria con un mercado doméstico garantizado, sin necesidad de dinero extranjero. Los gobiernos fomentaron estos proyectos de "sustitución de
25 importaciones" con el propósito de garantizar mayor independencia económica y tomaron control de muchas industrias que habían pertenecido a empresas extranjeras, como por ejemplo, la industria petrolera de México que se nacionalizó en 1938. Para proteger las nuevas industrias de la competencia extranjera también se impusieron tarifas muy altas en las importaciones.
30 Estas políticas, aunque promovieron la variedad industrial, crearon nuevos problemas. Las altas tarifas impedían el comercio internacional y el control ineficiente y burocrático por parte del estado causó que muchas industrias perdieran dinero. No obstante, los grandes problemas no se hicieron visibles hasta 1973 y 1979, cuando el precio del petróleo subió radicalmente. Los
35 gobiernos latinoamericanos pidieron préstamos al Banco Mundial para pagar el petróleo y continuar sus programas de desarrollo, lo cual llevó a una seria crisis de la deuda en los años 80. A partir de 1982, los bancos internacionales y los gobiernos latinoamericanos empezaron a renegociar el pago de la deuda. Al mismo tiempo, los bancos comenzaron a insistir en que se hicieran cambios
40 radicales en el sistema económico de los países afectados.

Chile es quizás el país que representa mejor la nueva ruta tomada a raíz de las crisis del petróleo y de la deuda externa. Después de 1973, el gobierno militar de Pinochet aplicó una serie de medidas neoliberales drásticas: se congelaron los salarios y se descongelaron los precios, y como resultado, hubo
45 primero inflación y después recesión. Se privatizaron bancos, fábricas y empresas que habían pertenecido al gobierno. Se eliminaron las tarifas contra las importaciones, y el mercado se inundó de productos extranjeros baratos. Al mismo tiempo, las empresas locales o se adaptaron al nuevo mercado competitivo o se declararon en bancarrota. Un tercio de los trabajadores
50 quedó sin trabajo, y, como consecuencia, hubo disturbios sociales, pero el gobierno usó la represión política para controlar a la población.

▶ *En las portadas de estas revistas, a la venta en un quiosco en Santiago de Chile, se ven los intereses y las preocupaciones actuales de la próspera clase media de ese país.*

A partir de 1985, después de varios años difíciles, Chile empezó a experimentar un crecimiento económico enorme del 6 ó 7% anual. Se expandió tanto la variedad como la cantidad de las exportaciones, se
55 aumentaron las inversiones extranjeras y la inflación fue reducida a un nivel mínimo. Este éxito, descrito como "el milagro chileno", fue visto por otros países con graves problemas económicos como el camino de su propia salvación. Durante los años 90, los líderes de los países latinoamericanos han abandonado sus antiguas ideas sobre la independencia económica a favor de
60 una mayor integración en el mercado mundial.

México ha realizado también grandes cambios en su política económica. El primer paso hacia la integración económica fue el establecimiento, en la frontera con los Estados Unidos, de las maquiladoras, fábricas que aprovechan
65 la mano de obra barata de México para montar componentes fabricados en los Estados Unidos, que luego de ensamblados se vuelven a transportar a este país, sin que se paguen tarifas.
70 Durante los años 80, la apertura de la economía mexicana continuó. Al igual que en Chile, se bajaron las tarifas, se redujeron los gastos gubernamentales, se vendieron las industrias estatales a

▼ *La cadena de montaje de una maquiladora en la frontera de Texas y México.*

75 inversionistas privados y se fomentó la inversión extranjera. Es más, el
presidente Carlos Salinas de Gortari (1988–94) decidió que la mejor esperanza
para México era su integración completa a un mercado libre con Canadá y los
Estados Unidos, países a los que también les parecía ventajoso un acuerdo con
México.

80   En 1993 el congreso norteamericano aprobó el Tratado de Libre
Comercio de la América del Norte (TLC), que abrió las fronteras comerciales
entre Canadá, los Estados Unidos y México y creó un mercado y una fuerza
laboral de 360 millones de personas. Ya se habla de extender este acuerdo para
incluir a Chile y a otros países latinoamericanos. Asimismo, en 1995 entró en
85 vigor el Mercosur, un acuerdo de mercado libre entre Argentina, Uruguay,
Paraguay y Brasil, con unos 190 millones de personas y un producto bruto
interno de US$714.000.000.000. El Mercosur es ahora la mayor fuerza
agrícola del mundo.

el producto bruto interno =
Gross Domestic Product

     Sin embargo, estos logros económicos han ido acompañados de la
90 implementación generalizada de programas de austeridad, que han reducido
drásticamente los gastos en programas sociales y en infraestructura, dando
como resultado un aumento de la pobreza. En 1993 el Banco Mundial calculó
que había 133 millones de personas en la región que vivían en la más absoluta
pobreza con ingresos de menos de US$60,00 mensuales. Otros ponen la cifra
95 en 163 millones, o sea, un 40 por ciento de la población. El desempleo masivo
que acompaña esta pobreza tiene entre sus efectos el crecimiento del llamado
"sector informal" en el que las personas trabajan sin pagar impuestos, pero sin
tener tampoco acceso a servicios sociales. Otro gran sector de la población
está subempleado y, como resultado, muchos recurren a actividades ilegales.
100 Incluso las clases media y alta sufren, ya que los sistemas de educación, salud y
transporte se deterioran.
     De nuevo, Chile es el país que parece servir de modelo a los demás.

▼ *Mexicanos desem-*
pleados anuncian sus
servicios esperando algún
trabajo ocasional.

Aunque los programas de la dictadura de
Pinochet tuvieron un gran éxito económico, sólo
105 lo pudieron lograr a costa de las libertades civiles
y humanas, y pagando un alto precio social al
crear desempleo y pobreza. Con el retorno a la
democracia en 1989, el gobierno les subió los
impuestos a los negocios y a los ricos y utilizó el
110 dinero en viviendas, salud y educación. También
aumentó el salario mínimo de los trabajadores y
promovió el establecimiento de negocios
pequeños. En los primeros tres años, estos
programas sacaron a un millón de personas de la
115 pobreza. Lo sorprendente es que los chilenos
hayan podido mantener la salud económica de su
sociedad: inflación mínima, presupuesto
equilibrado, crecimiento fuerte, alto nivel de
inversión extranjera y tasa de desempleo baja. Los
120 líderes chilenos dicen que Chile representa una

"vía media" entre la eficacia del mercado libre que tiende a aumentar las diferencias entre pobres y ricos, y el socialismo que tiende a producir más igualdad. De todos los países latinoamericanos, sólo en Chile se observa una aproximación entre pobres y ricos, una aproximación de la que depende, dicen
125 muchos, su futura estabilidad política y social.

Otros países desean seguir el ejemplo de Chile, pero reconocen que es un país que tiene ciertas ventajas, entre ellas, una población relativamente pequeña (12.000.000). Sin embargo, su ejemplo da esperanzas, especialmente después de las notables mejoras económicas experimentadas por casi todos los
130 países de Latinoamérica en la primera mitad de la década de los 90. Todavía quedan graves problemas por resolver, como indica la crisis económica de México en 1995, pero en su mayoría, los países latinoamericanos han podido controlar la inflación y la deuda externa, además de crear nuevas fuentes de trabajo.

Actividad 13: Los datos económicos   Busca los siguientes datos en el artículo y las anotaciones.

Scanning

1. principales exportaciones latinoamericanas hasta 1930
2. dos países que hicieron importantes inversiones de capital hasta 1930
3. una política económica adoptada en muchos países latinoamericanos después de 1930
4. año en el que México nacionalizó su industria petrolera
5. años de crisis del petróleo
6. tasas de inflación más altas de los años 80
7. nombre y sigla del acuerdo económico entre México, EE.UU. y Canadá
8. nombre del acuerdo económico entre Argentina, Brasil, Paraguay y Uruguay
9. número de pobres en Latinoamérica en 1993 según el Banco Mundial
10. criterio usado por el Banco Mundial para determinar el índice de pobreza

Actividad 14: Lo principal y lo detallado   En grupos de dos o tres, busquen en la lectura datos e información sobre uno de los siguientes temas. Prepárense para presentar esta información a la clase.

Distinguishing main ideas and details

1. las economías latinoamericanas antes de la Depresión
2. el sistema de sustitución de importaciones
3. la aplicación de medidas neoliberales en Chile
4. los cambios en la economía mexicana
5. la integración económica en Latinoamérica
6. la pobreza y el desempleo
7. Chile como ejemplo de la "vía media"

8-2

CUADERNO PERSONAL

¿Qué efectos puede tener el TLC en la economía de los Estados Unidos? ¿Puede afectar tus posibilidades de trabajo?

Lectura 3: Literatura

Actividad 15: Modismos   Busca en el diccionario o el glosario el significado
de las siguientes expresiones idiomáticas, que se encuentran en el cuento
"Explicaciones a un cabo de servicio", y escribe una oración original con cada una.

Dealing with idioms

1. (no) hacer caso
2. darse cuenta de
3. no saber la cartilla
4. ir al grano
5. no dar el brazo a torcer
6. hacerse el disimulado (tonto)
7. a que

Actividad 16: Según el contexto   Las palabras en negrita aparecen en el cuento.
Lee las oraciones y después asocia las palabras indicadas con sus significados.

Guessing meaning from
context

- Un loco me atacó en la calle, pero un **cabo de servicio** vino corriendo, lo
  detuvo y se lo llevó a **la comisaría.**
- A mi padre le gusta tomarse un **pisco** y fumar un **puro** después de la cena.
- Él y sus amigos fueron a la **bodega** a tomar unas **copas.**
- Debemos elegir a Paula; es buena y es una persona **de confianza**.
- Yo no creo en el destino sino en los **azares** de la vida.
- Los **socios** decidieron cambiar **la razón social** de la empresa a "El Porvenir"
  para mostrar su dedicación al futuro.
- Una **sociedad anónima** depende del capital invertido por sus **socios.**

_____ 1. un cabo de servicio	a. que dice la verdad y hace lo que promete
_____ 2. la comisaría	b. un policía
_____ 3. el pisco	c. las personas que forman una empresa
_____ 4. el puro	d. una taberna o un bar
_____ 5. la bodega	e. una bebida alcohólica
_____ 6. la copa	f. un cigarro grande
_____ 7. de confianza	g. la oficina de la policía
_____ 8. el azar	h. un licor fuerte
_____ 9. los socios	i. la coincidencia
_____ 10. la razón social	j. una empresa con más de un dueño
_____ 11. la sociedad anónima	k. el nombre legal de una empresa

Actividad 17: Fantasías del éxito comercial   **Parte A:** El cuento que vas a leer es
un monólogo coloquial de un hombre que le habla a un policía mientras caminan.
Lee el título y las primeras siete líneas del siguiente cuento y contesta estas preguntas:

Skimming and scanning

- ¿Por qué está el narrador con el policía?
- ¿De qué habla el narrador?
- ¿Quién es el "Usted" de la línea 7?
- ¿Habla el policía en algún momento?

Parte B: El narrador y el policía están caminando mientras el narrador cuenta su historia. De vez en cuando, el narrador interrumpe su historia para hacer comentarios sobre las calles y la gente que pasa. Mientras leas la primera parte del cuento, subraya las secciones donde ocurren estas interrupciones.

Active reading

Julio Ramón Ribeyro (1929–1994), reconocido como uno de los mejores cuentistas de Latinoamérica, nació en Perú y residió en Francia desde 1960. Allí sirvió, por un tiempo, como embajador del Perú ante la UNESCO y siguió escribiendo sobre su país natal, al cual regresó en 1990. El comentario social es importante en sus cuentos que a menudo se enfocan en la nueva vida urbana producida por la modernización. Con frecuencia sus personajes de clase media u obrera revelan tener sueños y fantasías que entran en conflicto con la realidad y que los llevan al fracaso. Estos temas aparecen en "Explicaciones a un cabo de servicio", cuento que muestra los efectos de una difícil realidad económica.

EXPLICACIONES A UN CABO DE SERVICIO
Julio Ramón Ribeyro

Yo tomaba un pisco donde "el gordo" mientras le daba vueltas en la cabeza a un proyecto. Le diré la verdad: tenía en el bolsillo cincuenta soles . . . Mi mujer no me los quiso dar, pero usted sabe, al fin los aflojó, la muy tonta . . . Yo le dije: "Virginia, esta noche no vuelvo sin haber

sol = unidad monetaria del Perú hasta 1986

5   encontrado trabajo". Así fue como salí: para buscar un trabajo . . . pero no cualquier trabajo . . . eso, no . . . ¿Usted cree que un hombre de mi condición puede aceptar cualquier trabajo? . . . Yo tengo cuarenticinco años, amigo, y he corrido mucho . . .

10 Sé inglés, conozco la mecánica, puedo administrar una hacienda, he fabricado calentadores de baños, ¿comprende? En fin, tengo experiencia . . . Yo no entro en vainas: nada de jefes, nada de horarios, nada de estar sentado en un escritorio, eso no va

15 conmigo . . . Un trabajo independiente para mí, donde yo haga y deshaga, un trabajo con iniciativa, ¿se da cuenta? Pues eso salí a buscar esta mañana, como salí ayer, como salgo todos los días, desde hace cinco meses . . . ¿Usted sabe cómo se busca

20 un trabajo? No, señor; no hace falta coger un periódico y leer avisos . . . allí sólo ofrecen menudencias, puestos para ayudantes de zapatero, para sastres, para tenedores de libros . . . ¡bah!

Para buscar un trabajo hay que echarse a caminar por la ciudad, entrar en los
25 bares, conversar con la gente, acercarse a las construcciones, leer los carteles
pegados en las puertas . . . Ese es mi sistema, pero sobre todo tener mucho
olfato; uno nunca sabe; quizás allí, a la vuelta de una esquina . . . pero, ¿de qué
se ríe? ¡Si fue así precisamente! A la vuelta de una esquina me tropecé con
Simón Barriga . . . Fue en la avenida Arenales, cerca de la bodega Lescano,
30 donde venden pan con jamón y chilcanos . . . ¿Se figura usted? Hacía veinte
años que no nos veíamos; treinta, quizás; desde el colegio; hemos
mataperreado juntos . . . muchos abrazos, mucha alegría, fuimos a la bodega a
festejar el encuentro . . . ¿Pero qué? ¿Adónde vamos? Bueno, lo sigo a usted,
pero con una condición: siempre y cuando quiera escucharme . . . Así fue,
35 tomamos cuatro copetines . . . ¡Ah! usted no conoce a Simón, un tipo
macanudo, de la vieja escuela, con una inteligencia . . . En el colegio era un
burro y lo dejaban siempre los sábados con la cara a la pared . . . pero uno
después evoluciona . . . yo también nunca he sabido muy bien mi cartilla . . .
Pero vamos al grano . . . Simón andaba también en busca de un trabajo, es
40 decir, ya lo tenía entre manos; le faltaban sólo unos detalles, un hombre de
confianza . . .

   Hablamos largo y tendido y ¡qué coincidencia! Imagínese usted: la idea de
Simón coincidía con la mía . . . Como se lo dije en ese momento, nuestro
encuentro tenía algo de providencial . . . Yo no voy a misa ni me gustan
45 las sotanas, pero creo ciegamente en los azares . . . Ésa es la palabra:
¡providencial! . . . Figúrese usted: yo había pensado—y esto se lo digo
confidencialmente—que un magnífico negocio sería importar camionetas para
la repartición de leche y . . . ¿sabe usted cuál era el proyecto de Simón?
¡Importar material para puentes y caminos! . . . Usted dirá, claro, entre una y
50 otra cosa no hay relación . . . Sería mejor que importara vacas. ¡Vaya un chiste!
Pero no, hay relación; le digo que la hay . . . ¿Por dónde rueda la camioneta?
Por un camino. ¿Por dónde se atraviesa un río? Por un puente. Nada más
claro, eso no necesita demostración. De este modo comprenderá por qué
Simón y yo decidimos hacernos socios . . . Un momento, ¿dónde estamos?
55 ¿Ésta no es la avenida Abancay? ¡Magnífico! . . . Bueno, como le decía, ¡socios!
Pero socios de verdad . . . Fue entonces cuando nos dirigimos a Lince, a la
picantería de que le hablé. Era necesario planear bien el negocio, en todos sus
detalles, ¿eh? Nada mejor para eso que una buena enramada, que unos
tamales, que unas botellitas de vino Tacama . . . Ah, ¡si viera usted el plano que
60 le hice de la oficina! Lo dibujé sobre una servilleta . . . pero eso fue después . . .
Lo cierto es que Simón y yo llegamos a la conclusión de que necesitábamos un
millón de soles . . . ¿Qué? ¿Le parece mucho? No haga usted muecas . . . Para
mí, para Simón, un millón de soles es una bicoca . . . Claro, en ese momento
ni él ni yo los teníamos. Nadie tiene, dígame usted, un millón de soles en la
65 cartera como quien tiene un programa de cine . . . Pero cuando se tienen
ideas, proyectos y buena voluntad, conseguirlos es fácil . . . sobre todo ideas.
Como le dije a Simón: "Con ideas todo es posible. Ese es nuestro verdadero
capital" . . . Verá usted: por lo pronto Simón ofreció comprometer a un

picantería = restaurante
con comida picante

general retirado, de su conocencia y así, de un sopetón, teníamos ya cien mil
70 soles seguros . . . Luego a su tío Fernando, el hacendado, hombre muy
conocido . . . Yo, por mi parte, resolví hablar con el boticario de mi barrio, que
la semana pasada ganó una lotería . . . Además yo iba a poner una máquina de
escribir Remington, modelo universal . . . ¿Estamos por el mercado? Eso es,
deme el brazo, entre tanta gente podemos extraviarnos . . . En una palabra,
75 cuando terminamos de almorzar teníamos ya reunido el capital. Amigo: cosa
difícil es formar una sociedad. No se lo recomiendo . . . Nos faltaban aún dos
cosas importantes: el local y la razón social. Para local, mi casa . . . no se trata
de una residencia; todo lo contrario: una casita en el jirón Ica, cuatro piezas
solamente . . . Pero mi mujer y mis cinco hijos irían a dormir al fondo . . . De
80 la sala haría la oficina y del comedor que tiene ventana a la calle la sala de
exhibiciones . . . Todo era provisional, naturalmente; pero para comenzar,
magnífico, créalo usted; Simón estaba encantado . . . Pero a todo esto ya no
estábamos en la picantería. Pagué, recuerdo . . . Pagué el almuerzo y las cuatro
botellas de vino. Simón me trajo al Patio a tomar café. Pagué el taxi. Simón
85 me invitó un puro . . . ¿Fue de allí que llamé? . . . Sí, fue de allí. Llamé a
Virginia y le dije: "Mujer, acabó la mala época. Acabo de formar una sociedad
con Simón Barriga. Tenemos ya un millón de soles. No me esperes a comer
que Simón me invitará a su casa" . . .

jirón = calle

Actividad 18: Según el narrador . . . Los siguientes acontecimientos son de la primera parte del cuento. Ponlos en orden cronológico.

Recognizing chronological organization

a. _____ Decidieron ser socios y conseguir el capital para formar una empresa.

b. _____ Descubrieron que los dos querían formar su propia empresa.

c. _____ El narrador le pidió cincuenta soles a su mujer y salió de casa para buscar trabajo.

d. _____ El narrador pagó el almuerzo y las cuatro botellas de vino.

e. _____ Hablaron de inversionistas posibles y de establecer el local en la casa del narrador.

f. _____ Por azar, se tropezó con Simón Barriga, un amigo de la infancia.

g. _____ Simón llevó al narrador al bar "El Patio" y el narrador pagó el taxi.

h. _____ Simón y el narrador fueron a la bodega para festejar su reunión.

Actividad 19: Tiempo para reflexionar Antes de leer la segunda parte del cuento, contesta las siguientes preguntas.

Reacting to reading

1. ¿Qué opinión te has formado del narrador? ¿Qué muestra el uso frecuente de puntos suspensivos (. . .)?
2. ¿Cómo es el negocio planeado? ¿Qué opinas de sus planes para el negocio?
3. ¿Qué opinión tienes de Simón Barriga?
4. ¿Qué va a pasar en la segunda parte del cuento?

     . . . Luego del café, los piscos; Simón invitaba e invitaba, estupendo . . .
Entonces vino una cuestión delicada: el nombre de la sociedad . . . ¡Ah! no
crea usted que es una cosa fácil; yo también lo creía . . . Pero mirándolo bien,
todos los buenos nombres están ya tomados . . . Primero pensamos que "El
Porvenir", fíjese usted, es un bonito nombre, pero hay un barrio que se llama

5   El Porvenir, un cine que se llama El Porvenir, una Compañía de Seguros que
se llama El Porvenir y hasta un caballo, creo, que se llama El Porvenir . . . ¡Ah!
es cosa de mucho pensar . . . ¿Sabe usted qué nombre le pusimos? ¡A que no
adivina! . . . Fue idea mía, se lo aseguro . . . Ya había anochecido, claro. Le
pusimos "Fructífera S. A.". ¿Se da usted cuenta del efecto? Yo encuentro que

10   es un nombre formidablemente comercial. Pero ¡no me jale usted!, no vaya
tan rápido, ¿estamos en el jirón Cuzco? . . . Vea usted; después de los piscos,
una copa de menta, otra copa de menta . . . Pero entonces, ya no
organizábamos el negocio: nos repartíamos las ganancias, Simón dijo: "Yo me
compro un carro de carrera". ¿Para qué? —me pregunto yo. Ésos son lujos

15   inútiles . . . Yo pensé inmediatamente en un chalet con su jardincito, con una
cocina eléctrica, con su refrigeradora, con su bar para invitar a los amigos . . .
Ah, pensé también en el colegio de mis hijos . . . ¿Sabe usted? Me los han
devuelto porque hace tres meses que no pago . . . Pero no hablemos de esto . . .
Tomábamos menta, una y otra copa; Simón estaba generoso . . . De pronto se

20   me ocurrió la gran idea . . . ¿usted ha visto? Allí en los portales del Patio hay
un hombre que imprime tarjetas, un impresor ambulante . . . Yo me dije:
"Sería una bonita sorpresa para Simón que yo salga y mande hacer cien
tarjetas con el nombre y dirección de nuestra sociedad" . . . ¡Qué gusto se va a
llevar! Estupendo, así lo hice . . . Pagué las tarjetas con mis últimos veinte

25   soles y entré al bar . . . El hombre las traería a nuestra mesa cuando estuvieran
listas . . . "He estado tomando el aire", le dije a Simón; el muy tonto se lo

La mayoría de los colegios
peruanos son privados.

Fructífera, S.A.

Pablo Saldaña – Simón Barriga
Importación de camionetas de leche
Construcción de puentes y caminos
Jirón Ica, 22 – Lima.

creyó . . . Bueno, me hice el disimulado, seguimos hablando . . . Para esto, el negocio había crecido, ah, ¡naturalmente! Ya las camionetas para leche, los caminos, eran pequeñeces . . . Ahora hablábamos de una fábrica de cerveza, de

30 unos cines de actualidades, inversiones de primer orden . . . otra copita de menta . . . Pero, ¿qué es esto? ¿La plaza Francisco Pizarro? . . . Bueno, el hombre de las tarjetas vino. ¡Si viera usted a Simón! Se puso a bailar de alegría; le juro que me abrazó y me besó . . . Él cogió cincuenta tarjetas y yo cincuenta. Fumamos el último puro. Yo le dije: "Me he quedado sin un cobre

35 pero quería darme este gusto". Simón se levantó y se fue a llamar por teléfono . . . Avisaría a su mujer que íbamos a comer . . . Quedé solo en el bar. ¿Usted sabe lo que es quedarse solo en un bar luego de haber estado horas conversando? Todo cambia, todo parece distinto; uno se da cuenta que hay mozos, que hay paredes, que hay parroquianos, que la otra gente también

40 habla . . . es muy raro . . . Unos hombres con patillas hablaban de toros, otros eran artistas, creo, porque decían cosas que yo no entendía . . . y los mozos pasaban y repasaban por las mesas . . . Le juro, sus caras no me gustaban . . . Pero, ¿y Simón? me dirá usted . . . ¡Pues Simón no venía! Esperé diez minutos, luego veinte; la gente del Teatro Segura comenzó a llegar . . . Fui a

45 buscarlo al baño . . . cuando una persona se pierde en un bar hay que ir a buscarlo primero al baño . . . Luego fui al teléfono, di vueltas por el café, salí a los portales . . . ¡Nada! En ese momento el mozo se me acercó con la cuenta . . . ¡Demonios! se debía 47 soles . . . ¿en qué? me digo yo. Pero allí estaba escrito . . . Yo dije: "Estoy esperando a mi amigo". Pero el mozo no me hizo caso y llamó

50 al maître . . . Hablé con el maître que es una especie de notario con una servilleta en la mano . . . Imposible entenderse . . . Le enseñé mis tarjetas . . . ¡nada! Le dije: "Yo soy Pablo Saldaña!" ¡Ni caso! Le ofrecí asociarlo a nuestra empresa, darle parte de las utilidades . . . el tipo no daba su brazo a torcer . . . En eso pasó usted, ¿recuerda? ¡Fue verdaderamente una suerte! Con las

55 autoridades es fácil entenderse; claro, usted es un hombre instruido, un oficial, sin duda; yo admiro nuestras instituciones, yo voy a los desfiles para aplaudir a la policía . . . Usted me ha comprendido, naturalmente; usted se ha dado

mozo = camarero

cuenta que yo no soy una piltrafa, que soy un hombre importante, ¿eh? . . .
Pero, ¿qué es esto?, ¿dónde estamos?, ¿ésta no es la comisaría?, ¿qué quieren
60   estos hombres uniformados? ¡Suéltenme, déjeme el brazo le he dicho! ¿Qué se
ha creído usted? ¡Aquí están mis tarjetas! Yo soy Pablo Saldaña, el gerente, el
formador de la Sociedad, yo soy un hombre, ¿entiende?, ¡un hombre!

Actividad 20: . . . y la historia continúa . . .   Pon los acontecimientos de la
segunda mitad del cuento en orden según la narración de Pablo Saldaña.

Recognizing chronological
organization

a. _____ Después de las copas, empezaron a soñar con el futuro.

b. _____ El cabo de servicio pasó por el bar.

c. _____ El cabo y Pablo empezaron a caminar por la ciudad.

d. _____ El mozo le dio la cuenta a Pablo, pero Pablo no tenía dinero.

e. _____ En la comisaría lo detuvieron y lo metieron en la cárcel.

f. _____ Hubo una discusión entre el maître y Pablo.

g. _____ Se pusieron a tomar piscos y le pusieron el nombre "Fructífera, S.A." a
la compañía.

h. _____ Pablo contó toda la historia de la fundación de "Fructífera, S.A."

i. _____ Pablo salió e hizo imprimir cien tarjetas de negocios con sus últimos
veinte soles.

j. _____ Simón se levantó y se fue a llamar por teléfono, pero no volvió.

Actividad 21: La fantasía frente a la realidad   En parejas, contesten y comenten
las siguientes preguntas.

Checking comprehension

1. ¿Cómo es Pablo Saldaña en realidad? ¿Cuál es la verdadera situación
económica de él y su familia?
2. ¿Cómo se imagina a sí mismo Pablo Saldaña? ¿Es capaz de distinguir entre
sus sueños y la realidad? ¿Por qué sueña tanto?
3. ¿Qué representan las tarjetas para Pablo?
4. ¿Por qué engaña Simón a Pablo? ¿Es mala persona?
5. ¿Qué le va a pasar a Pablo en el futuro? ¿Le tienen Uds. compasión?
6. ¿Cuál es otro título adecuado para este cuento?

8-3

CUADERNO PERSONAL

¿Crees que el trabajo es
sólo una necesidad
económica o es algo
más? Explica tu punto
de vista.

Redacción 2: La carta de solicitud

Using a model

Actividad 22: Una carta de solicitud   Las cartas en español, generalmente tienen un formato diferente al de las cartas en inglés y emplean un lenguaje muy formal y formulaico. Mira la carta modelo en la página 158, que es una solicitud escrita para acompañar el curriculum vitae de la página 143, y haz lo siguiente:

1. Identifica: a. el encabezamiento b. el destinatario c. el saludo d. el cuerpo e. la despedida f. la firma y la dirección del remitente.
2. Identifica las diferencias entre el formato de esta carta y el de una carta en inglés.
3. Identifica el párrafo en el cual aparece la siguiente información:
    a. el puesto deseado y cómo se informó del puesto el solicitante
    b. la información más importante del curriculum vitae
    c. otros datos no incluidos en el curriculum vitae
    d. razón de su interés en el puesto
    e. esperanzas en cuanto al trabajo
    f. las gracias
4. Busca dos ejemplos de lenguaje muy formal o de fórmulas que se usan.

Writing an application letter

Actividad 23: Redacción de la carta   Imagina que quieres pasar algún tiempo trabajando en Hispanoamérica para perfeccionar tu español y decides solicitar el puesto de trabajo anunciado en la Actividad 8.

do for end of chapter example on 143 157,158

Parte A: Haz una lista de los datos del curriculum que preparaste para la Redacción 1 y que quieres enfatizar en tu carta de solicitud. Incluye información que te hará un candidato interesante.

Parte B: Escribe la carta. Incluye información semejante a la de la carta modelo. Decide qué partes de la carta modelo debes copiar y qué partes tienes que adaptar para personalizar tu carta.

Parte C: Después de redactar el primer borrador, corrígelo pensando en su presentación: el formato, la puntuación y el uso de letras mayúsculas.

Focusing on surface form

Los Angeles, 14 de julio de 1995

Sra. María Elena Pérez Pereira
Directora de personal
Juguetes Xochimilco, S.A.
Sagredo 263
Colonia Guadalupe Inn
010020 México, D.F.

Estimada señora:

Atentamente me dirijo a Ud. para comunicarle mi interés en el puesto de director de desarrollo de productos en su empresa y para enviarle copia de mi currículum vitae de acuerdo con el anuncio que apareció en *Uno Más Uno* el 1º de julio de 1995.

El reciente mayo pasado me gradué de la Universidad de California en Los Angeles con maestría en administración de empresas. Tengo también gran interés en mercadeo, asignatura que estudié intensamente durante la carrera universitaria.

En cuanto a mi habilidad lingüística, domino tanto el español como el inglés ya que he crecido en una familia bicultural y he viajado a México varias veces. Creo que tanto mi experiencia profesional, adquirida en una empresa americana conocida, como mis conocimientos lingüísticos y culturales hacen de mí una buena candidata para el puesto solicitado. Me interesa este puesto ya que su empresa tiene mucho prestigio en este campo y goza de gran éxito en el mercado norteamericano. Creo también que mis capacidades parecen corresponder con sus necesidades.

Le agradecería que me diera la oportunidad de conocerla en persona y de visitar sus instalaciones. Me gustaría hablar con usted tanto de los requisitos del puesto como de las contribuciones que yo podría ofrecer a su compañía.

Agradeciéndole anticipadamente su atención, quedo en espera de su pronta respuesta.

Muy atentamente,

Rosa Cunningham G.

Rosa Cunningham G.
67 Chula Vista Road
Los Angeles, CA 50215

Arte e identidad

▲ Autorretrato en la frontera entre México y los Estados Unidos, *1932, Frida Kahlo (México).*

Actividad 1: Interpretación del arte   **Parte A:** En grupos de tres, miren y comenten los cuadros que aparecen en este capítulo, usando las siguientes preguntas.

Activating background knowledge, Anticipating

1. ¿Qué tipo de arte son? (pinturas, dibujos, esculturas, etc.)
2. Expliquen el tema o el mensaje de dos o tres de las obras.
3. ¿Cuáles son las dos que les gustan más? Comparen el contenido o el tema de dos de ellas.

Parte B: Muchos artistas usan el arte para explorar su mundo y su propia identidad. El cuadro que aparece en la página anterior fue pintado por la artista mexicana Frida Kahlo durante una visita a Detroit, Michigan. En grupos de tres, miren la pintura y hagan la siguiente actividad usando el vocabulario que aparece a continuación:

1. comparen el lado izquierdo con el lado derecho
2. expliquen por qué la artista se representa en el centro
3. traten de adivinar lo que quiere expresar la artista
4. busquen un tema que aparezca en este cuadro y que aparezca también en otro cuadro del capítulo

la ambigüedad	colonial	el futuro	moderno
arcaico	el crecimiento	indígena	el pasado
la bandera	la explotación	la inhumanidad	el pedestal
Carmen Rivera	lo femenino	lo masculino	la tecnología
el cigarrillo	la fertilidad	la metáfora	la yuxtaposición

Frida Kahlo estaba casada con el artista Diego Rivera cuando pintó este autorretrato; Carmen Rivera era su nombre de casada.

Lectura 1: Reseña de un libro

Actividad 2: Preparación léxica   Después de mirar la lista de vocabulario sacado de la lectura sobre Frida Kahlo, escoge una palabra adecuada para completar cada una de las siguientes oraciones.

Building vocabulary

atávico/a	atavistic (related to ancestors' traits, primitive and/or visceral)
atónito/a	astonished, amazed
capacitado/a	qualified
el sostén	support
la varilla	rod, rail

En algunos países, **el sostén** = *bra*.

1. Ella sintió un temor _____ al ver las serpientes en el zoológico.

2. La tuvieron que llevar al hospital porque una _____ metálica le había penetrado el cuerpo.

3. La compañía no me contrató para el trabajo porque no me consideraba _____ para el puesto.

4. Él se quedó _____ al ver la conducta de su amigo borracho.

5. Ella tuvo que trabajar y contribuir al _____ de su familia.

Actividad 3: Contextos significativos Las palabras indicadas en cada oración aparecen en la lectura sobre Frida Kahlo. Lee las oraciones y después asocia las expresiones de la segunda columna con las de la primera.

Guessing meaning from context

- La mujer iba muy **ataviada:** llevaba un vestido negro elegante y collar de perlas.
- El público se quedó atónito por la **indumentaria** del poeta: ¡llevaba zapatos y nada más!
- Frida Kahlo dijo que pintaba **autorretratos** porque se conocía mejor a sí misma.
- Picasso pintó cientos de **telas** durante su vida.
- El artista **padeció** una enfermedad grave durante muchos años y murió joven.
- El nuevo estudiante no se llevaba bien con sus **condiscípulos,** pero se llevaba divinamente con la profesora.
- La **convivencia** puede resultar difícil si una de las personas no contribuye lo suficiente al bienestar común.
- En mi familia no sabemos nada de leyes y por eso **acudimos** a un abogado.
- El cocinero se había cortado el dedo y le **manaba** mucha sangre de la herida, pero él siguió su trabajo como si tal cosa.

1. _____ ataviado
2. _____ la indumentaria
3. _____ el autorretrato
4. _____ la tela
5. _____ padecer
6. _____ el/la condiscípulo/a
7. _____ la convivencia
8. _____ acudir
9. _____ manar

a. una pintura de un artista hecha por él mismo
b. el/la compañero/a de clase
c. el vivir juntos
d. ir en busca de algo
e. sufrir
f. vestido elegantemente
g. fluir
h. la pintura, el cuadro
i. la ropa

ESTRATEGIA DE LECTURA

Annotating and Reacting to Reading

Taking notes on important or interesting ideas can aid you in organizing and understanding a reading. You can use notes on information contained in the reading to guide your studying and to prepare outlines. Emotional reactions and doubts can be used as prompts to discuss and ask questions about difficult parts of the reading. Notetaking is most useful when done methodically, so you should develop a method which is comfortable for you. One possibility is to record notes on content in the outer margin and emotional reactions in the inner margin, while underlining important unfamiliar vocabulary and highlighting significant details.

Actividad 4: Reacciones e ideas importantes   Mientras leas la siguiente reseña de un libro sobre Frida Kahlo, apunta tus reacciones (¡qué fascinante!, ¡qué raro!, ¡qué barbaridad!, estoy de acuerdo, basura, no comprendo, etc.). Apunta o subraya también las ideas más importantes.

Annotating and reacting

Frida Kahlo, una de las figuras más celebradas de la pintura mexicana y la artista latinoamericana más conocida entre las de su generación, fue la esposa del gran muralista Diego Rivera. *Frida Kahlo: El pincel de la angustia* es una elogiable adición a la creciente lista de publicaciones sobre Kahlo.

La nueva biografía de Martha Zamora, que apareció en 1987 en una edición privada bajo el título *El pincel de la angustia*, contiene más de un centenar de ilustraciònes magníficas, incluyendo reproducciones de pinturas de Kahlo, fotografías de la pintora y recuerdos suyos.

Enferma de poliomielitis a los seis años, Frida padeció enfermedades durante toda su vida. Conoció a Diego mientras éste pintaba un mural en la Escuela Preparatoria Nacional donde ella estudiaba, pero en esa época Frida estaba enamorada de un condiscípulo y, aunque importunó a Rivera y dejó atónitos a sus compañeros de clase proclamando que adoraría tener un hijo del pintor, en realidad no llegó a conocerlo bien sino varios años más tarde.

A los dieciocho años, Frida sufrió un serio accidente de tránsito en el cual la varilla metálica de un pasamanos penetró en su cuerpo dañándole el útero. Comenzó a pintar durante su convalecencia y, tras recuperarse, debió comenzar a trabajar para ayudar al sostén de su familia. Fue entonces que acudió a Rivera para solicitarle su opinión acerca de su pintura, pues necesitaba saber si estaba o no capacitada para ganarse la vida como artista. Se enamoraron y en 1929, cuando ella tenía 19 años y Rivera 43, se casaron.

Al principio Frida subordinó su trabajo al de Diego. Cuidó de la casa para él y participó en sus actividades políticas, afiliándose al partido comunista y concurriendo a manifestaciones. Durante períodos prolongados pintó

Frida Kahlo: *El pincel de la angustia,* **de Martha Zamora.** Traducción al inglés de Marilyn Sode Smith con el título *Frida Kahlo: The Brush of Anguish* (San Francisco, Chronicle Books, 1990)

Aunque Rivera apoyó su carrera e hizo mucho para que lograra el reconocimiento que merecía, era un hombre con el cual la

FRIDA KAHLO

THE BRUSH OF ANGUISH

MARTHA ZAMORA

Autorretrato con collar de espinas y colibrí, 1940.

escasamente, pero a cierta altura comenzó a dedicar más tiempo a su trabajo y en algún momento se convirtió en una artista importante por derecho propio.

convivencia resultaba difícil. Además de habérselas con sus enfermedades, Frida tenía que lidiar con el temperamento, las mentiras y los constantes amoríos de su marido. En

1939 Frida y Diego se divorciaron, pero al año siguiente volvieron a casarse.

Las pinturas de Frida, en su mayoría autorretratos, muestran a una mujer angustiada, a menudo con lágrimas en los ojos. Su autorretrato de 1948 la presenta ataviada con un hermoso vestido tehuano: tanto ella como Diego adoraban las artesanías mexicanas tradicionales y Frida vestía casi siempre trajes regionales. En su "Autorretrato dedicado al doctor Eloesser" aparece con un collar de espinas que lacera su piel. Asimismo en su "Autorretrato con collar de espinas y colibrí", la sangre gotea de las heridas de su cuello.

"Las dos Fridas", pintado el año de su divorcio de Diego, consiste en un doble autorretrato que sugiere la dualidad de la artista y su soledad: Frida es la única compañía de Frida. La de la izquierda aparece ataviada con el tipo de indumentaria tehuana preferido por Diego, con el vestido abierto y dejando a la vista su corazón herido. Representa a la Frida que Diego había amado una vez. De un extremo de una vena abierta manan gotas de sangre que caen sobre la falda, y el otro extremo se halla conectado al corazón de una Frida totalmente vestida. Una vena se envuelve en torno al brazo de esta segunda Frida y termina en un retrato minúsculo de Diego niño, el Diego que alguna vez fue, símbolo del amor perdido.

En su introducción, Martha Zamora explica cómo su concepto sobre Frida se vio alterado por la investigación que requirió la biografía. "Comencé mi trabajo totalmente fascinada por la perfecta heroína romántica, la que sufrió enormemente, murió joven y habló directamente, con su arte, a nuestros temores atávicos frente a la esterilidad y la muerte". Bajo la influencia de las pinturas y los escritos de Frida, en los cuales ésta proyectó la imagen de una artista atormentada, vio al principio a su personaje como una artista maravillosa aunque bastante improductiva, una esposa fiel y resignada, y una semi inválida que había llevado una vida triste y recluida. Sin embargo, sus investigaciones sacaron a luz una rebelde amante de las diversiones y dada a la bebida, que tuvo incontables aventuras amorosas, con hombres y con mujeres. Frida viajó intensamente y llevó una vida activa, aparte de la de su marido. Además, pintó muchas más telas que las supuestas originalmente por Zamora.

Aunque la biógrafa insiste en la amplitud de su investigación, el texto

Las dos Fridas, 1940.

contiene escasa información que no aparezca en otras biografías, como la de Hayden Herrera titulada *Frida: Una biografía de Frida Kahlo.* Zamora disipa el viejo mito de la obsesión de Frida con su maternidad frustrada, perpetuado por Bertram Wolfe, biógrafo de Rivera, y por otros. Zamora señala que Frida se sometió a varios abortos, no todos por razones terapéuticas.

Sin embargo, lo mejor del libro de Zamora no es, realmente, el texto, sino las ilustraciones. Escogidas con inteligencia y bellamente reproducidas, las pinturas de Frida cobran vida en estas páginas, y las fotografías de la artista, muchas de ellas tomadas por fotógrafos famosos, revelan en mayor grado que la prosa de Zamora, la pasión y la complejidad de Frida. Aunque Martha Zamora brinda algunas advertencias importantes, en definitiva las imágenes tienen mayor resonancia que las palabras.

Actividad 5: La vida de Kahlo   Coloca en orden cronológico los siguientes sucesos de la vida de la artista mexicana Frida Kahlo, refiriéndote al texto cuando sea necesario.

Scanning, Recognizing chronological order

a. _____ Frida acompaña a Diego en sus actividades políticas.

b. _____ Frida declara que quiere tener un hijo de Diego Rivera.

c. _____ Frida sufre de poliomielitis.

d. _____ Comienza a estudiar en la Escuela Preparatoria Nacional.

e. _____ Frida Kahlo vuelve a casarse con Diego Rivera.

f. _____ Solicita la opinión de Diego Rivera sobre su arte.

g. _____ Frida sufre un serio accidente automovilístico.

h. _____ Frida y Diego se casan por primera vez.

Actividad 6: El arte de Frida   En parejas, expliquen lo que representan los detalles de cada retrato—los dos de la lectura y el que aparece al principio del capítulo—sobre la vida de la artista, observando cada autorretrato y buscando información pertinente en la reseña del libro.

Using visuals to understand meaning

Actividad 7: Las partes de una reseña   Una reseña de libro es un resumen parcial y un comentario de un libro. Una buena reseña tiene la información indicada en el siguiente cuadro. Complétalo según la reseña que acabas de leer.

Checking comprehension

Título del libro:
Autor(a):
Tipo de texto (novela, historia, biografía, etc.):
Tema:
Personajes:
Lugar y tiempo:
Acontecimientos:
Conceptos/aspectos importantes:
Comparación con otros textos:
Evaluación final:

CUADERNO PERSONAL

¿Crees que un artista o un músico tiene que sufrir mucho para crear grandes obras de arte? Cuando tú sufres, ¿cómo expresas tus sentimientos?

Lectura 2: Panorama cultural

ESTRATEGIA DE LECTURA

Dealing with Different Registers

A register is the type of language used in a particular situation. Formal and informal speech are examples of registers: "Good Morning, Sir." versus "Hey!", or "¿Cómo está usted?" versus "¿Qué tal?" In the same way that different registers are used in speech, there are different registers in writing. Some expressions and grammatical structures are only appropriate for informal uses, while other expressions and constructions, such as "be that as it may" or "thus," may sound unusual in informal situations, but appropriate in formal writing and formal speech. Likewise, formal letters in Spanish may begin with "Estimado/a señor/a" and close with "Atentamente," while a letter to a friend may begin with "Querido/a . . . " and end with "Besos". Authors generally use the register expected in the kind of text they are writing. For example, academic writing is characterized by very formal language. On the other hand, a creative writer of literature can break these conventions for artistic effect.

Actividad 8: El registro académico y artístico   Las siguientes expresiones formales aparecen en la lectura "Realidad, identidad y arte en Latinoamérica". Busca en el glosario un equivalente en inglés para cada una de las expresiones y después trata de encontrar un sinónimo español menos formal para cada expresión.

Dealing with formal registers

a la par con	el motivo (arte)
advenimiento	occidental
adinerado/a	primordial
antaño	pujante
autóctono/a	sea como fuere
didáctico/a	la vanguardia
empero	la yuxtaposición

Fuere = futuro del subjuntivo de **ser**. Actualmente, sólo se usa en ciertas expresiones hechas.

Actividad 9: ¿El arte?   **Parte A:** En grupos de tres, hagan tres listas breves: una de diferentes clases de arte; otra de posibles funciones del arte, o sea, por qué o para qué se crea; finalmente, una lista de temas que pueden aparecer en el arte.

Activating background knowledge

Parte B: Mientras lean, busquen en la lectura algunas de las ideas que Uds. dieron en la Parte A: a) las clases de arte que se discuten, b) las funciones del arte y c) los temas que aparecen. ¿Aparece alguna idea que no consideraron Uds.? Apunten sus reacciones.

Annotating and reacting

REALIDAD, IDENTIDAD Y ARTE EN LATINOAMÉRICA

Después de un largo proceso de desarrollo económico y cultural, la expresión artística latinoamericana, tanto en las bellas artes como en la literatura, ha llegado a reconocerse a nivel mundial como una fuerza pujante y vital. Este reconocimiento ha tardado en llegar, ya que desde la
5   perspectiva de la crítica artística tradicional, las bellas artes y la literatura tienden a evolucionar y madurar a la par de la historia. Puesto que el desarrollo económico de Latinoamérica ha sido lento y difícil, ante los ojos de los críticos, las bellas artes y la literatura de las antiguas colonias portuguesa y españolas no habían salido de una larga "niñez". En el siglo XX, sin embargo,
10   las artes latinoamericanas se independizaron de la tradición europea para encontrar su propia voz e identidad y se han colocado entre la vanguardia del movimiento artístico.

Varias son las razones por las cuales hoy en día se reconoce a Latinoamérica como una fuerza de importancia. La industrialización y el
15   avance de los medios de comunicación han derrumbado las barreras que aislaban a los diversos países y éstos han establecido contacto con el mundo exterior y entre ellos mismos. Asimismo, la industrialización y la rápida comunicación han traído consigo el reconocimiento y la valoración
20   de una identidad propia, tanto a nivel nacional como regional.

Durante siglos el arte y la identidad latinoamericanos se han venido formando a través del enfrentamiento con seis fuerzas culturales
25   íntimamente ligadas: la iglesia católica, la conquista y colonización españolas, las monarquías española y portuguesa, las culturas precolombinas, la civilización occidental, y el aislamiento geográfico y psicológico de la región.
30   Los latinoamericanos han ido moldeando el arte de sus países por medio de una búsqueda de identidad, y el enfrentamiento con estas fuerzas culturales ha contribuido a formar su expresión artística.

◄ Collage de Bolívar, *1979, Juan Camilo Uribe (Colombia).*

35   La iglesia católica ha sido un factor primordial en el desarrollo histórico y
cultural latinoamericano. Por un lado, muchos consideran que ha ofrecido
unidad y estabilidad social, mientras que otros ven su función como un medio
de opresión de las masas. Sea como fuere, el papel predominante de la Iglesia
se refleja de una manera u otra en el arte de toda la región, que abarca desde
40   los temas netamente religiosos hasta la sátira y la crítica religiosa.
       A semejanza de la Iglesia, la conquista y la colonia españolas han dejado
una huella indeleble en la conciencia latinoamericana y en su arte. En países

▼ Cinq siecles apres (Cinco siglos después), *1986, José Gamarra (Uruguay).*

▲ Sueño dominical de una tarde en la Alameda, *1947–8, Diego Rivera (México).*

como México, donde se mezclaron las razas y predomina la población mestiza, el arte ha representado la explotación de los indígenas y de los pobres por
45 parte de los conquistadores de antaño y de la clase adinerada y los grandes terratenientes de hoy. El tema de esta dominación y subyugación, de la lucha por la propia identidad política y social y del orgullo de la tradición indígena, ha encontrado su expresión artística en el muralismo, arte mexicano por excelencia. Las obras de los tres grandes muralistas de principios de siglo,
50 Diego Rivera, José Clemente Orozco y David Alfaro Siqueiros, y las de otros artistas contemporáneos, no sólo reflejan la realidad de la vida mexicana sino que constituyen una declaración pictórica social, económica y política accesible a un pueblo en gran parte analfabeto.

55   A la par con las clases dominantes y la jerarquía tradicional de la Iglesia, las monarquías española y portuguesa dejaron un legado de tiranía y paternalismo en Latinoamérica. Y, aunque el artista latinoamericano, por lo general,
60 se abstiene de atacar directamente a un líder específico, a menudo ridiculiza al ejército, las dictaduras militares y su opresión y a los jefes y caciques políticos con una sátira aguda y letal.
        La herencia de las culturas indígenas y
65 africanas también ha desempeñado un papel de suma importancia en la evolución del arte latinoamericano. El arte autóctono que antes se despreciaba, empezó a admirarse desde que floreció el movimiento de "vanguardia" de
70 principios de este siglo. Poco a poco, la belleza y

◄ La familia presidencial, *1967, Fernando Botero (Colombia).* Oil on canvas, 6'8-1/8" × 6'5-1/4" (203.5 × 196.2 cm). The Museum of Modern Art, New York. Gift of Warren D. Benedek. Photograph © 1996 The Museum of Modern Art, New York.

autenticidad de las artes indígenas y africanas fue penetrando e influyendo en la obra de artistas contemporáneos. Especialmente en países con numerosa población indígena como Guatemala, México y los países de la región andina, el orgullo de la herencia precolombina es una reafirmación de la identidad
75 cultural tanto del artista como de su pueblo. Los motivos humanos y animales, las representaciones tomadas de los ritos religiosos y las expresiones de la naturaleza, unen al artista a sus raíces indígenas o africanas.

   Empero, es importante reconocer que, a pesar de la influencia histórica y cultural de estas tradiciones, el artista latinoamericano se ha formado dentro
80 del contexto de la civilización occidental. Ser latinoamericano total es ser el producto de herencias indígenas, africanas y europeas que forman una identidad única. El latinoamericano funciona dentro de sus tradiciones, pero a la vez, dentro de la educación y las exigencias del mundo contemporáneo. Los artistas latinoamericanos viajan por largos períodos a Europa y a los Estados
85 Unidos, se mantienen en contacto con sus culturas y son parte activa de la comunidad artística internacional. Como resultado, sus obras reflejan las cambiantes tendencias del mundo actual. A menudo, la religión, el indigenismo y las tradiciones van mano a mano con el materialismo, la tecnología y la sociedad de consumo de finales de siglo. No obstante, el peso
90 de las culturas europea y norteamericana ha llevado a los artistas latinoamericanos a reaccionar contra ellas y a intentar definir una identidad propia y separada de esas culturas extranjeras. Algunos han echado mano de las artesanías del pueblo, incorporando elementos indígenas en pinturas o murales, sobre todo en países como México, mientras que en países como
95 Chile y Argentina, donde la población indígena es casi inexistente, usan telas, muñecas o vasijas de fabricación tradicional en las obras de arte.

   No como una paradoja sino como último elemento en esta mezcla de influencias, el aislamiento, tanto geográfico como psicológico, ha ayudado a

▶ Colombia, *1976,*
Antonio Caro (Colombia).

◀ Ojo de luz, *1987, Oswaldo Viteri
(Ecuador).*

100   definir la identidad del arte latinoamericano. La abrupta geografía de grandes
montañas, ríos caudalosos y selvas impenetrables mantuvo a Latinoamérica
casi totalmente aislada hasta el advenimiento de la aviación a principios del
siglo. Por otra parte, las guerras de fronteras entre países vecinos han
alimentado cierta separación. Pero este aislamiento va más allá del que
105   demarcan los límites geográficos: es el aislamiento íntimo del individuo que
habita el mundo moderno, un mundo deshumanizado por la mecanización y la
tecnología que se reflejan en el lenguaje universal del arte.

   Todo artista, todo escritor es el producto de una realidad y la refleja en su
creación artística. Los escritores y artistas latinoamericanos, a su vez, tratan en
110   sus obras aquellos temas sociales, políticos y culturales que han forjado su
realidad y su identidad nacionales. Sus países de origen son países ricos en
recursos, pero un gran sector de su población vive en la pobreza. Son países
donde la inestabilidad política es un fenómeno de la vida diaria; donde la
relación de opresor-oprimido continúa entre descendientes de conquistadores
115   y conquistados o esclavos. Esta realidad, a veces absurda y fantástica, ha sido la
fuente de inspiración para artistas que, tanto en las letras como en el arte
pictórico, utilizan a menudo imágenes fantásticas para representarla.

▶ El norte es el sur, *1943,*
Joaquín Torres-García
(Uruguay).

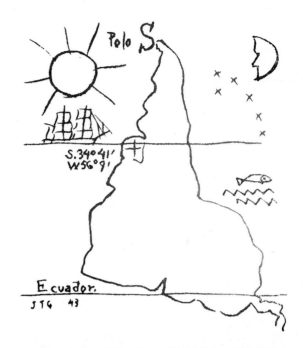

ESCUELA DEL SUR

PUBLICACION DEL TALLER

TORRES - GARCIA

M O N T E V I D E O   -   U R U G U A Y

     Bien se sabe que el uso de imágenes fantásticas en el arte y en la literatura no es nada nuevo ni exclusivo de Latinoamérica. La fantasía ha sido, por
120   ejemplo, un elemento esencial del surrealismo europeo, pero sigue las normas de una corriente articulada y metódica. Lo fantástico latinoamericano, en cambio, surge espontánea e intuitivamente de la imaginación; nace de culturas, religiones, historias y geografías ricas y contradictorias, y del choque de la perspectiva práctica y racional occidental con la realidad compleja,
125   conflictiva y a veces absurda de Latinoamérica. Lo fantástico, que ha llegado a ser casi sinónimo de la literatura y el arte latinoamericanos, se manifiesta en la distorsión, la inserción de elementos absurdos en escenas "normales" y la yuxtaposición inesperada de elementos muy diferentes. Este elemento de espontaneidad casi mágica hace difícil de comprender la fantasía
130   latinoamericana al observador europeo o norteamericano.

No obstante el hecho de que la aceptación del arte de Latinoamérica haya sido lenta y penosa, cada día se van abriendo paso más y más figuras notables en la escena artística y literaria mundial. Artistas de muchos países latinoamericanos son reconocidos; sus obras se exhiben en las mejores galerías 135 y museos del mundo y sus libros se leen en diversos idiomas. Con su creación artística, aportan ellos una vivacidad, frescura y originalidad propia y distinta de la que reflejan las artes de otras regiones del mundo; y que surgen de la realidad singular y la identidad vital de Latinoamérica y sus habitantes.

ESTRATEGIA DE LECTURA

Outlining

An outline **(bosquejo)** is a plan showing the relationship between main topics and supporting ideas. A good outline can both help your understanding of a reading and serve as a check that you have understood a passage. Use the notes you take while reading as a starting point and try to sort the ideas by their relative importance. The most important ideas are usually listed with Roman numerals (I, II, III, etc.), lesser ideas are listed with capital letters under each Roman numeral, and details may be listed with Arabic numerals (1, 2, 3, etc.), small letters (a, b, c, etc.), or small Roman numerals (i, ii, iii, etc.).

Actividad 10: Un bosquejo En parejas, vuelvan a mirar la lectura y preparen un bosquejo. Después, comparen su bosquejo con el de otra pareja.

Outlining

Actividad 11: Crítica de arte En grupos de tres, miren las reproducciones que acompañan la lectura y el cuadro de Frida Kahlo que aparece al principio del capítulo. Los artistas son conocidos y las obras reflejan los temas mencionados en la lectura. Identifiquen el tema o temas de la lectura que se ven reflejados en cada obra y justifiquen su identificación con detalles de las obras.

Relating text to visuals

9-2

CUADERNO PERSONAL

Se dice que todos somos artistas. ¿Cómo expresas tú tus sentimientos artísticos?

Lectura 3: Literatura

Actividad 12: Hipótesis   El cuento "Garabatos" que vas a leer trata de un artista puertorriqueño que se ha mudado a Nueva York para trabajar. En parejas, miren la siguiente lista de vocabulario del cuento y adivinen algunos de los personajes o acontecimientos del cuento.

Building vocabulary, Predicting

el garabato	scribbling, scrawl
borrar	to erase
la nube	cloud
la barriga (el vientre)	stomach, belly
parir	to give birth
la vela	candle
Domingo de Ramos	Palm Sunday
Navidad	Christmas
Reyes	Epiphany (January 6th)
el muñeco	doll, figure
agradecer	to thank
el rótulo	(business) sign
la tertulia	social gathering for conversation
mofarse (burlarse) de	to ridicule
cobrar	to collect one's pay
el sótano	basement
el clavo	nail
la telaraña	spider web
la suciedad	dirtiness, obscenity
la lápida	tombstone

Actividad 13: Hablar y leer en puertorriqueño   El autor de "Garabatos", el cuento que vas a leer, presenta en su texto el habla *(speech)* coloquial puertorriqueña, permitiendo así la creación de un ambiente más realista. El dialecto puertorriqueño tiene varios rasgos:

Dealing with different registers

- la aspiración de la **-s** a final de sílaba: o sea, se pronuncia como *h* en inglés, y a veces se pierde completamente.
- la confusión de la **-r** y la **-l** a final de sílaba
- la pérdida de la **-d-** entre dos vocales, y de la **-d** a final de palabra
- la sustitución de la **e** por la **i** (e > i) en sílabas no acentuadas
- para > pa'

Con esta información, cambia las siguientes oraciones del cuento al español estándar.

1. —¡Qué! ¿Tú piensah seguil echao toa tu vida? Parece que la mala barriga te ha dao a ti. Sin embalgo, yo calgo el muchacho.
2. —¡Acaba de levantalte, condenao! ¿O quiereh que te eche agua?

3. —¡Me levanto cuando me salga di adentro y no cuando uhté mande! ¡Adiós!
   ¿Qué se cree uhté?

4. —Sí, siempre eh lo mihmo: ¡déjame quieto! Mañana eh Crihmah y esoh
   muchachoh se van a quedal sin jugueteh.

5. —¡Ave María Purísima, qué padre, Dioh mío! ¡No te preocupan na máh que
   tuh garabatoh! ¡El altihta! ¡Un hombre viejo como tú!

6. —¿Ahora te dio por pintal suciedadeh?

Actividad 14: Parte por parte   Lee el cuento sin preocuparte por las palabras que   Active reading, Scanning
no conoces. Intenta captar la idea de lo que pasa. Antes de leer cada sección del
cuento, lee las siguientes oraciones incompletas. Luego, mientras leas, busca en la
lectura la información necesaria para completarlas y termínalas antes de pasar a la
próxima sección.

parte 1

1. Graciela quería que Rosendo . . .
2. Rosendo quería que Graciela . . .
3. Graciela se quejaba porque . . .

parte 2

1. Graciela le preguntó a Rosendo si . . .
2. Graciela no sabía que . . .
3. Rosendo iba a pintar . . .

parte 3

1. Rosendo decidió hacer su cuadro en . . . porque . . .
2. Con el carbón, dibujó . . .
3. Luego, decidió salir para . . .

parte 4

1. Cuando volvió, Rosendo . . .
2. Después de comer Rosendo, Graciela le dijo que había . . . porque. . .
3. Rosendo se sintió . . .

*Pedro Juan Soto nació en Puerto Rico en 1928, pero a la edad de dieciocho años se
fue a estudiar medicina a Nueva York. Allí, sin embargo, se dedicó a observar la vida
de la comunidad puertorriqueña y acabó estudiando literatura y convirtiéndose en
escritor. Fue entonces cuando escribió su primer cuento, "Garabatos", que trata de la
vida poco envidiable de un artista puertorriqueño que se ha mudado a Nueva York
para trabajar, pero que no recibe apoyo ni de su mujer. Luego de su primera estancia
en Nueva York, Soto volvió a su tierra natal para trabajar de profesor en la
Universidad de Puerto Rico, donde ha seguido escribiendo obras que tratan de la
experiencia y la identidad puertorriqueñas.*

GARABATOS   *Pedro Juan Soto*

1

El reloj marcaba las siete y él despertó por un instante. Ni su mujer estaba en la cama, ni sus hijos en el camastro. Sepultó la cabeza bajo la almohada para ensordecer el escándalo que venía desde la cocina. No volvió a abrir los ojos hasta las diez, obligado ahora por las sacudidas de Graciela. Oyó la voz

5 estentórea de ella, que parecía brotar directamente del ombligo.

—¡Qué! ¿Tú piensah seguil echao toa tu vida? Parece que la mala barriga te ha dao a ti. Sin embalgo, yo calgo el muchacho.

Todavía él no la miraba a la cara. Fijaba la vista en el vientre hinchado, en la pelota de carne que crecía diariamente y que amenazaba romper el

10 cinturón de la bata.

—¡Acaba de levantalte, condenao! ¿O quiereh que te eche agua?

El vociferó a las piernas abiertas y a los brazos en jarra, al vientre amenazante, al rostro enojado:

—¡Me levanto cuando me salga di adentro y no cuando uhté mande!

15 ¡Adiós! ¿Qué se cree uhté?

Retornó la cabeza a las sábanas, . . . A ella le dominó la masa inerte del hombre . . . Ahogó los reproches en un morder de labios y caminó de nuevo hacia la cocina, dejando atrás la habitación donde chisporroteaba, sobre el ropero, la vela ofrecida a San Lázaro. Dejando atrás la palma bendita del

20 último Domingo de Ramos y las estampas religiosas que colgaban de la pared.

En Santería, San Lázaro = Babalú Ayé, dios que causa y cura enfermedades.

Estampas religiosas = Imágenes de santos que frecuentemente se exhiben en los hogares católicos.

Era un sótano donde vivían. Pero aunque lo sostuviera la miseria, era un techo sobre sus cabezas. Aunque sobre ese techo patearan y barrieran otros inquilinos, aunque por las rendijas lloviera basura, ella agradecía a sus santos tener donde vivir. Pero Rosendo seguía sin empleo. Ni los santos lograban
25 emplearlo. Siempre en las nubes, atento más a su propio desvarío que a su familia.

Sintió que iba a llorar. Ahora lloraba con tanta facilidad. Pensando: *Dios Santo si yo no hago más que parir y parir como una perra y este hombre no se preocupa por buscar trabajo porque prefiere que el gobierno nos mantenga por correo*
30 *mientras él se la pasa por ahí mirando a los cuatro vientos como Juan Bobo y diciendo que quiere ser pintor . . .*

Se sentó a la mesa, viendo a sus hijos correr por la cocina. Pensando en el árbol de Navidad que no tendrían y los juguetes que mañana habrían de envidiarle a los demás niños. *Porque esta noche es Nochebuena y mañana es*
35 *Navidad . . .*

—¡ROSENDO ACABA DE LEVANTALTE!

2

Rosendo bebía el café sin hacer caso de los insultos de la mujer.

—¿Qué piensah hacer hoy, buhcal trabajo o seguil por ahí, de bodega en bodega y de bar en bar, dibujando a to esoh vagoh?
40 El bebía el café del desayuno, mordiéndose los labios distraídamente, fumando entre sorbo y sorbo su último cigarrillo. Ella daba vueltas alrededor de la mesa, pasándose la mano por encima del vientre para detener los movimientos del feto.

—Seguramente iráh a la tertulia de loh caricortaoh a jugar alguna peseta
45 prehtá, creyéndote que el maná va a cael del cielo hoy.

—Déjame quieto, mujer . . .

—Sí, siempre eh lo mihmo: ¡déjame quieto! Mañana eh Crihmah y esoh muchachoh se van a quedal sin jugueteh.

—El día de Reyeh en enero . . .
50 —A Niu Yol no vienen loh Reyeh. ¡A Niu Yol viene Santa Cloh!

—Bueno, cuando venga el que sea, ya veremoh.

—¡Ave María Purísima, qué padre, Dioh mío! ¡No te preocupan na máh que tuh garabatoh! ¡El altihta! ¡Un hombre viejo como tú!

Se levantó de la mesa y fue al dormitorio, hastiado de oír a la mujer . . .
55 Rosendo se acercó al ropero para sacar de una gaveta un envoltorio de papeles. Sentándose en el alféizar, comenzó a examinarlos. Allí estaban todas las bolsas de papel que él había recogido para romperlas y dibujar. Dibujaba de noche, mientras la mujer y los hijos dormían. Dibujaba de memoria los rostros borrachos, los rostros angustiados de la gente de Harlem: todo lo visto y
60 compartido en sus andanzas del día.

Graciela decía que él estaba en la segunda infancia . . . Mañana era Navidad y ella se preocupaba porque los niños no tendrían juguetes. No sabía que esta tarde él cobraría diez dólares por un rótulo hecho ayer para el bar de la esquina. El guardaba esa sorpresa para Graciela. Como también guardaba la
65 sorpresa del regalo de ella.

En la cultura hispana es aceptable el usar el nombre de Dios en exclamaciones.

Como Juan Bobo = like an idiot

Reyes Magos = The Three Wise Men. En algunos países, los Reyes traen regalos para los niños el 6 de enero.

En Nueva York, muchos hispanos pobres viven en *Spanish Harlem*, también conocido como El Barrio.

Para Graciela él pintaría un cuadro. Un cuadro que resumiría aquel vivir juntos, en medio de carencias y frustraciones. Un cuadro con un parecido melancólico a aquellas fotografías tomadas en las fiestas patronales de Bayamón. Las fotografías del tiempo del noviazgo, que formaban parte del álbum de recuerdos de la familia. En ellas, ambos aparecían recostados contra un taburete alto, en cuyo frente se leía "Nuestro Amor" o "Siempre Juntos". Detrás estaba el telón con las palmeras y el mar y una luna de papel dorado.

A Graciela le agradaría, seguramente, saber que en la memoria de él no había muerto nada. Quizá después no se mofaría más de sus esfuerzos.

Por falta de materiales, tendría que hacerlo en una pared y con carbón. Pero sería suyo, de sus manos, hecho para ella.

Bayamón = ciudad de Puerto Rico

70

75

3

A la caldera del edificio iba a parar toda la madera vieja e inservible que el superintendente traía de todos los pisos. De allí, sacó Rosendo el carbón que necesitaba. Luego anduvo por el sótano buscando una pared. En el dormitorio no podía ser. Graciela no permitiría que él descolgara sus estampas y sus ramos.

La cocina estaba demasiado resquebrajada y mugrienta.

Escogió el cuarto de baño por fuerza. Era lo único que quedaba.

—Si necesitan ir al cuarto de baño —dijo a su mujer—, aguántesen o usen la ehcupidera. Tengo que arreglar unoh tuboh.

Cerró la puerta y limpió la pared de clavos y telarañas. Bosquejó su idea: un hombre a caballo, desnudo y musculoso, que se inclinaba para abrazar a una mujer desnuda también, envuelta en una melena negra que servía de origen a la noche.

Meticulosamente, pacientemente, retocó repetidas veces los rasgos que no le satisfacían. Al cabo de unas horas, decidió salir a la calle a cobrar sus diez dólares, a comprar un árbol de Navidad y juguetes para sus hijos. De paso,

aguántesen = aguántense

80

85

90

traería tizas de colores del "candy store". Este cuadro tendría mar y palmeras y luna. Y colores, muchos colores. Mañana era Navidad.

95   Graciela iba y venía por el sótano, corrigiendo a los hijos, guardando ropa lavada, atendiendo a las hornillas encendidas.

El vistió su abrigo remendado.

—Voy a buhcal un árbol pa loh muchachoh. Don Pedro me debe dieh pesoh.

100   Ella le sonrió, dando gracias a los cielos por el milagro de los diez dólares.

don/doña = títulos de respeto que se usan con el nombre: don Juan/doña Ana

4

Regresó de noche al sótano, oloroso a whisky y a cerveza. Los niños se habían dormido ya. Acomodó el árbol en un rincón de la cocina y rodeó el tronco con juguetes.

Comió el arroz con frituras, sin tener hambre, pendiente más de lo que
105   haría luego. De rato en rato, miraba a Graciela, buscando en los labios de ella la sonrisa que no llegaba.

Retiró la taza quebrada que contuvo el café, puso las tizas sobre la mesa, y buscó en los bolsillos el cigarrillo que no tenía.

—Esoh muñecoh loh borré.
110   El olvidó el cigarrillo.

—¿Ahora te dio por pintal suciedadeh?

El dejó caer la sonrisa en el abismo de su realidad.

—Ya ni velgüenza tieneh . . .

Su sangre se hizo agua fría.
115   — . . . obligando a tus hijoh a fijalse en porqueríah, en indecenciah . . . Loh borré y si acabó y no quiero que vuelva sucedel.

Quiso abofetearla pero los deseos se le paralizaron en algún punto del organismo, sin llegar a los brazos, sin hacerse furia descontrolada en los puños.
120   Al incorporarse de la silla, sintió que todo él se vaciaba por los pies . . . Fue al cuarto de baño. No quedaba nada suyo. Sólo los clavos, torcidos y mohosos, devueltos a su lugar. Sólo las arañas vueltas a hilar.

Aquella pared no era más que la lápida ancha y clara de sus sueños.

Actividad 15: Interpretaciones   En parejas, contesten y comenten las siguientes   Checking comprehension preguntas.

1. En su opinión, ¿debía encontrar Rosendo un trabajo de verdad? ¿Tenía algún valor el trabajo de Rosendo o era una pérdida de tiempo?
2. ¿Qué opinan de Graciela? ¿Creen que las figuras desnudas de Rosendo eran suciedades e indecencias?
3. ¿Por qué creen que Rosendo (o cualquier artista) sentía la necesidad de crear? ¿Estaba loco? ¿Qué importancia tiene la última línea?

Redacción: Ensayo

ESTRATEGIA DE REDACCIÓN

Writing an Essay

In this and following chapters, you will have the opportunity to practice writing different types of essays. An essay usually consists of three or more paragraphs, in which you present, develop, and defend your ideas on a particular topic. The essay is normally structured into three main parts: an introduction, in which you present the topic, explain its importance, and give a thesis—a clear and concise explanation of the main idea—; the body, in which you develop the thesis and provide specific evidence to support it; and a conclusion, in which you summarize main points and consider possible further implications.

Several strategies are often employed by effective writers to develop the body of their essay. Examples and definitions of unfamiliar terms can help your reader follow your ideas. Descriptions of people or places may also be appropriate, and sometimes the narration of a short anecdote or event can help to support your thesis. You may also choose to compare and contrast certain ideas, break them down into their component parts, look for causes and effects, or argue for a particular course of action. Any of these strategies can also serve as the organizational backbone of an essay. For example, in describing a person you may briefly compare that person with someone else to point out a detail of their personality. On the other hand, you may write an entire essay comparing two different people.

Points to consider while composing your essay:

- Keep your audience in mind when writing, whether your teacher, classmates or some other group. How will they react to what you are saying? Is your style appropriate to them? What objections will they present to what you say?
- Keep your thesis in mind. Is discussion in the body pertinent to the thesis?
- Make up a title. It can be either informative or imaginative, but it must reflect the main idea of the essay.
- Keep in mind a working title. It will help keep you on track, but change it if your ideas change.

Comparing and Contrasting

You compare and contrast whenever you look for similarities or differences between two or more things. When you make choices, you are comparing and contrasting, and when learning, you often compare and contrast new information with information you already know. Comparison and contrast is a way of thinking that can be used in all types of writing, but can also serve as a way of organizing your writing. If you are looking at two different objects, you may talk about first one object and then the other (**comparación secuenciada**) or you may compare and contrast each object point by point (**comparación simultánea**). The following outlines show these two basic types:

comparación secuenciada	comparación simultánea
Tema: Kahlo y Rivera	Tema: Kahlo y Rivera
I. Kahlo	I. Origen
A. origen	A. Kahlo
B. intereses	B. Rivera
C. arte	II. Intereses
II. Rivera	A. Kahlo
A. origen	B. Rivera
B. intereses	III. Arte
C. arte	A. Kahlo
	B. Rivera

In a comparison and contrast essay, you may choose to emphasize either similarities or contrasts or to emphasize the description of unfamiliar objects over familiar ones. Using transition expressions to mark comparisons and contrasts will also help you improve the style and clarity of your writing.

comparación

al igual que/a semejanza de	just like, as
de la misma manera/forma, del mismo modo	in the same way
parecerse a	to resemble
ser similar, parecido, semejante a	to be similar to
tan (adjetivo) como	as _____ as
tanto A como B	both A and B

contraste

a diferencia de	unlike
diferenciarse de	to differ from
en cambio	on the other hand, instead
en contraste con	in contrast to/with
más/menos (adj./sustantivo) que	more/less _____ than
por un lado . . . por otro lado/ por el otro	on the one hand . . . on the other hand
sin embargo/no obstante	however

Actividad 17: Dos artistas   Vas a escribir un ensayo comparativo sobre dos artistas o escritores. Antes de escribir, debes determinar el tema y hacer investigación.

Focusing on a topic, Gathering information

Parte A: Con toda la clase, haz una lista de temas que se pueden incluir en un ensayo de comparación y contraste sobre dos artistas o escritores.

Parte B: Decide a qué dos personas quieres comparar. Debe haber una conexión lógica entre las dos.

Parte C: Busca información detallada sobre las dos personas en enciclopedias, revistas o libros. Toma apuntes de los aspectos que muestran semejanzas o diferencias importantes entre ellos.

Parte D: Determina cuáles son los temas que debes incluir en tu ensayo sobre las dos personas. Luego, decide el mejor orden de presentación para estos temas.

Actividad 18: A escribir   Parte A: Escribe el primer borrador de tu ensayo, basándote en tus decisiones de la actividad 17. Incluye expresiones de transición y asegúrate de incluir lo siguiente:

Writing a comparison and contrast essay

- una introducción con tesis clara que explique por qué es apropiado comparar y contrastar a estas dos personas
- una conclusión que comente y resuma las semejanzas o las diferencias entre las dos personas
- un título interesante que explique o se refiera al tema de tu ensayo

Parte B: Ahora, en parejas, intercambien los ensayos. Dense consejos sobre el contenido e interés de la introducción, el cuerpo, la conclusión y el título.

Parte C: Individualmente, escriban la segunda versión pulida, incorporando los cambios recomendados en la Parte B y revisando para asegurarse de que haya: organización clara, transiciones buenas y claras, gramática y ortografía correctas y vocabulario apropiado.

Lo femenino y lo masculino

– Todos son iguales.

– Todas son iguales.

– Qué lindo el nene, ¿cuántas novias tiene ya?

– Yo quiero un hombre rico que me mantenga.

– Es que está en esos días del mes.

– Estás criando ese muchacho como si fuera una nena.

– Yo no sé por qué está cansá, si ella no hace ná.

– Ser mujer es un castigo de Dios.

– A ti lo que te hace falta es un buen macho.

– Ella se lo buscó.

– Cálmate, no te pongas histérica.

– Yo soy el que llevo los pantalones y traigo los chavos a esta casa.

– El hombre es de la calle.

– No…fue que me di con la puerta.

– Los hombres no lloran.

Actividad 1: Perspectivas tradicionales   Las frases que aparecen en la página anterior son comentarios tradicionales hechos por hombres y mujeres.

Activating background knowledge

Parte A: En grupos de tres, identifiquen quiénes dirían cada frase y en qué situación.

Parte B: Comenten y contesten las siguientes preguntas.

1. ¿Cuáles son las diferencias que se perciben en estos comentarios entre el papel de la mujer y el del hombre?
2. ¿Se dicen cosas de este tipo en los Estados Unidos?

Lectura 1: Un ensayo

Actividad 2: Las palabras y el género   En el siguiente ensayo "El idioma español y lo femenino", la autora critica el uso del género en español. Después de leer la información del cuadro, aplica las reglas a la lista de palabras que se da a continuación. Determina el género, el artículo y la regla pertinente para cada palabra. En muchos casos tendrás que mirar el diccionario o el glosario.

Activating background knowledge

A En general, las palabras que terminan en **-a** son de género femenino y las que terminan en **-o** son de género masculino.	**la casa, el perro**
B Las palabras que terminan en consonante o en **-e** pueden ser de género masculino o femenino.	**el papel, la luz, el puente, la gente**
C Algunas palabras simplemente conservan el género original del latín.	**el día, la mano**
D Algunas palabras abreviadas conservan el género original.	**la moto(cicleta), la foto(grafía)**
E Las palabras griegas terminadas en **-ma, -ta** tienen género masculino en español.	**el idioma, el planeta**
F Las palabras con el sufijo **-ista** son masculinas o femeninas.	**el/la pianista, los/las comunistas**
G Las palabras que empiezan con **(h)a** acentuada, aunque sean femeninas, van precedidas del artículo **el** o **un** cuando aparecen en forma singular.	**el agua** pura, **un águila** negra

¡Ojo! La palabra **mapa** es masculina: **el mapa.**

artista	alba	problema	poeta	modista
alma	programa	poetisa	violinista	asma
sistema	arena	hacha	planeta	drama
poema	persona	puente	víctima	lenguaje
orden	ave	clase	fuente	árbol

La palabra **poetisa** tiene una connotación negativa ya que los hombres poetas consideraban a las mujeres poetas—poetisas—como inferiores.

Actividad 3: ¿Cuál es la palabra?   Las palabras en negrita aparecen en la lectura sobre el idioma y lo femenino. Después de estudiarlas, úsalas en las oraciones que les siguen.

Guessing meaning from context

el afán = el deseo	**la cacofonía** = palabras que juntas suenan mal
el giro = la expresión	**estado civil** = condición de soltero o casado
el varón = el hombre	**trasvasijar** = pasar de un recipiente a otro
hechizo/a = artificial	**pasársele la mano** = perder control
espigar = tomar, recoger	**escamotear** = hacer desaparecer; robar

¡Ojo! el hechizo = magic spell

1. Ella lo hizo con el _____ de ayudarme.
2. Bill habla muy bien el español pero no entiende muchos de los diferentes _____ del idioma.
3. Las mujeres españolas no cambian de apellido cuando cambian de _____ .
4. En todos los formularios hay que indicar el sexo: _____ o mujer.
5. La excesiva repetición del sonido "p" en "Pérez pide plata para pobres" crea _____ .
6. A la cocinera _____ y le echó demasiada sal a la sopa.
7. A mí no me llaman la atención las cosas _____ ; prefiero las cosas reales y auténticas.
8. Las personas muy finas prefieren _____ el vino a un recipiente de cristal fino antes de tomarlo.
9. Yo he _____ muchos datos en estos libros.
10. La niña _____ todos los dulces que había en la mesa.

Actividad 4: El sexismo en el lenguaje   Durante los últimos años, la cuestión del sexismo en el lenguaje se ha discutido mucho en los Estados Unidos.

Activating background knowledge

lenguaje = modo/estilo de expresión

Parte A: En parejas, respondan a las siguientes preguntas.
- ¿Cuáles son algunos de los cambios que se han aceptado en inglés? Den ejemplos.
- ¿Creen que estos cambios han mejorado la situación de las mujeres norteamericanas? ¿Por qué?
- En su opinión, ¿existen problemas parecidos en español? Den ejemplos.

Parte B: Ahora, individualmente, lean el ensayo para comprender las ideas básicas. Mientras lean, decidan si los problemas que discute la autora existen en español e inglés o si se limitan únicamente al español.

Active Reading

La autora de este ensayo cree que toda palabra que termine en **-a** debe considerarse femenina.

Teresa de Jesús

El idioma español y lo femenino

El idioma español se estructura a partir de una gramática compleja que ostenta sus irregularidades no con el afán de complicar su acceso, sin duda, sino con el propósito de hacer sus giros más interesantes, tal un valle guarda alguna oquedad misteriosa o enarbola ciertas salidas de madre en prominencias inexplicables.

El idioma especializó sus partes como un cuerpo especializa las suyas. Así, el verbo es la acción, el sustantivo la cosa, etc. Y en el orden que impuso a su ser, el género juega un rol importante. Dos géneros solamente: masculino y femenino para que no haya mucho donde perderse. Pero se perdió el idioma, en detrimento de lo femenino las más de las veces.

En ocasiones quiso echar pie atrás y se enredó, para empezar, en su propia denominación que, aún siendo femenina, se dice "el idioma" en lugar de "la idioma".

Pero esto es sólo el principio de una larga lista de caprichos idiomáticos. El sinónimo de humanidad, por ejemplo, es "el hombre" con lo cual se margina a la mujer, por lo menos en la forma, de un solo plumazo.

Sin embargo, lo femenino ostenta el término "persona" que abarca lo individual y lo colectivo, lo femenino y lo masculino.

Cuando hablamos de grupos de personas decimos hijos, alumnos, empleados, amigos, etc. para luego entrar a especificar si se trata de grupos mixtos o no. En las reuniones tendemos a ocupar el masculino aunque éstas sean puramente femeninas. Y aún más, si en un conglomerado femenino hay aunque sea sólo un hombre, nos sentimos forzadas a hablar en masculino: nosotros todos somos cuerdos, claros, precisos, justos, etc., pero si quien habla no se percata de la presencia del varón y dice nosotras todas somos cuerdas, claras, precisas, justas…él protesta y las mujeres acogen su reclamo sin chistar.

Cuando las mujeres cambian de estado civil cambia también el vocativo y pasan de señoritas a señoras para volver a señoritas si hay separación o divorcio. La viuda sigue siendo señora, como dependiendo aún del esposo muerto. El hombre será "don" o "señor" desde su juventud hasta la muerte.

La idioma—perdón, el idioma—espigó en el lote femenino y entregó una buena gavilla a lo masculino. Por eso, se dice el rentista, el conferencista, el modista, el violinista, el financista, el oficinista, el artista, etc.

En la misma línea, esta vez aduciendo la intención de evitar cacofonías, fueron pasadas al otro equipo las palabras agua, ansia, asma, alma, anca, águila, asta, etc. Se escaparon de tan singular trasvasije los vocablos harina, arena, angustia, admiración, agonía, arista, azucena, amatista, abuela, ameba, etc.

También se trasvasijaron los términos problema, planeta, cometa, mapa, sistema, anatema, teorema, esquema, anacoreta, edema, enema, etc.

Pero donde se le pasó la mano al idioma fue con los poetas; a ellos les adjudicó el femenino anteponiendo el artículo masculino y a ellas, que tienen el más absoluto e irrefutable derecho al título, las relegó a una suerte de cosa hechiza, como de segunda mano, y las llamó "poetisas". Y a propósito de que se le pasó la mano al idioma o de que le pasó el mano a la idioma, lo femenino escamoteó para sí el vocablo "mano" y, en Chile, la radio y la micro (El radiorreceptor, el microbús).

Lo masculino se quedó con el amor y el odio, dos pilares fundamentales y antagónicos en la vida de las personas. Lo femenino conservó la fe y la esperanza. Y mientras lo masculino se reservó el principio y el fin, lo femenino rescató la muerte y la vida.

Lo masculino está en los pájaros, lo femenino en las aves; lo masculino en el cielo, lo femenino en la altura; lo masculino en Dios, Hijo y Espíritu y lo femenino en la Santísima Trinidad.

Yo propongo, para ir allanando el camino de la valoración de lo femenino en el lenguaje, una reformulación de éste en los siguientes términos:

Primero: Que se cree un tercer género gramatical para ser aplicado cuando los grupos de cosas, entes o personas a los que se refiera el hablante estén constituidos por ambos géneros. Que este tercer género se denomine "mixto" y termine en "e". Ejemplo:

Todos iremos al río
Todas iremos al río
Todes iremos al río

Que se modifiquen asimismo los pronombres personales, sustantivos y adjetivos correspondientes. Ejemplo:

Nosotros - nosotras - nosotres
Los hijos - las hijas - les hijes
Contentos - contentas - contentes, etc.

Segundo: Que se cambie por "o" la "a" final en los vocablos terminados en "ista" cuando éstos se refieran a varones. Ejemplo: artisto, aliancisto, oficinisto, dentisto, optimisto, socialisto, etc.

Tercero: Que con los vocablos femeninos como idioma, aroma, etc., se usen los artículos correspondientes a su género y se diga la idioma, la aroma, etc.

Cuarto: Que para las mujeres se use el trato de señorita hasta los 15 años más o menos, y señora después de esa edad, independientemente de su estado civil (ejemplo de Francia).

Quinto: Que con los vocablos femeninos comenzados en "a" se use el artículo correspondiente a su género, a pesar de la cacofonía resultante. Ejemplo: la agua, la alma, la ansia, etc.

Sexto: Que con los vocablos femeninos en general se use el artículo correspondiente a su género y se diga la mapa, la problema, la sistema, etc.

Séptimo: Que se denominen poetos y poetas respectivamente a los varones y mujeres que ejerzan el oficio con propiedad y nobleza, y poetisos y poetisas a aquéllos que lo hagan con pobreza de inspiración, estilo o lenguaje.

Octavo: Que quede abierto este articulado para les estudioses que deseen hacer otros aportes, sean elles (les estudioses) maestres, escritores, poetes, etc.

Como los idiomas son vivos, el nuestro resistirá la operación y sin duda saldrá de ella airoso y gananciooso, más racional, más justo, y más armonioso.

Leamos, pues, un párrafo modificado según esta propuesta: "Lo que me preocupa como marino y especialisto de la sistema acuática mundial es que resulta cada día más difícil aislar los productos industriales nocivos de la sistema de la agua. Esta misma agua que bebemos y sin la cual no podríamos vivir…" (Jacques Cousteau, Rueda de Prensa, París, enero 1977).

O bien: "Les niñes salían con amigues los domingos. Flaques y débiles, no tenían buen aspecto, pero cuando regresaban, alegres y optimistes, llenaban las calles con sus risas. Sólo un niño nunca estaba alegro, por el contrario permanecía tristo todo el tiempo. La problema con él era la mala sistema de estudio pues su profesoro lo exigía demasiado con las mapas y las esquemas".

P.D. Les devolvemos la mano, perdón, el mano a los varones.

Teresa de Jesús es el seudónimo de la poeta chilena Teresa Pérez.

▲ La lengua: ¿Máquina o cuerpo vivo?

Actividad 5: Los problemas . . . en otras palabras Las citas que aparecen a continuación han sido sacadas de la lectura anterior. Basándote en el contexto general de la lectura, vuelve a expresar la idea de cada oración en tus propias palabras.

Paraphrasing, Guessing meaning from context

1. ". . . pero si quien habla no se percata de la presencia del varón y dice nosotras todas somos cuerdas, claras, precisas, justas . . . él protesta y las mujeres acogen su reclamo sin chistar".
2. "Cuando las mujeres cambian de estado civil cambia también el vocativo y pasan de señoritas a señoras para volver a señoritas si hay separación o divorcio".
3. ". . . fueron pasadas al otro equipo las palabras agua, ansia, asma, alma, etc."
4. "Se escaparon de tan singular trasvasije los vocablos harina, arena, . . . abuela, etc."
5. "Pero donde se le pasó la mano al idioma fue con los poetas; a ellos les adjudicó el femenino anteponiendo el artículo masculino y a ellas, que tienen el más absoluto e irrefutable derecho al título, las relegó a una suerte de cosa hechiza, como de segunda mano, y las llamó "poetisas".

Actividad 6: Análisis y comentario Pensando en la lectura anterior, contesta y comenta las siguientes preguntas.

Checking comprehension

1. ¿De qué trata la primera parte del artículo? ¿Y la segunda?
2. ¿Crees que todos los ejemplos de problemas son válidos?
3. ¿Cree la autora que se deben eliminar las diferencias de género en el idioma español?
4. ¿Hay errores en la interpretación de la gramática española?
5. ¿Por qué la autora no menciona la palabra "lengua"?
6. ¿Cuáles de sus propuestas te parecen más razonables? ¿Factibles?
7. La autora deja el octavo articulado abierto. ¿Puedes hacer otra propuesta?

10-1

CUADERNO PERSONAL

¿Crees que el uso del masculino para referirse a grupos mixtos en español fomenta el machismo? ¿Por qué sí o no?

Lectura 2: Panorama cultural

Actividad 7: La familia de una mujer   Estudia la siguiente lista de vocabulario
de la lectura y luego completa el párrafo con las palabras y expresiones adecuadas.

Building vocabulary

abnegado/a	self-sacrificing
acomodado/a	well-off, comfortable
aportar	to bring, contribute
cargo	important position
cariñoso/a	loving, affectionate
desafiar	to challenge
no cabe duda de (que) . . .	there is no doubt (that) . . .
ocultar	to hide
reclusión	seclusion
sumiso/a	submissive

La familia de Pilar no es muy rica, pero sí es _____. Pedro,
el padre, es médico y trabaja mucho. Aunque los hijos mayores también
trabajan, Pedro es el que _____ más ingresos a la casa y
_____ de que él es la persona que mantiene económicamente a
la familia. Pedro es muy _____ y siempre trata bien a sus hijos.
Pablo, el hijo mayor, es muy independiente y siempre se pelea con su padre. En
cambio, el hijo menor es muy _____ y nunca le desobedece a
Pedro. La madre de Pilar, Carmen, es un enigma; aunque es muy inteligente y
estudió en la universidad, prefiere no salir de la casa y vive en una
_____ casi completa. Es muy buena persona, pero es la típica
mujer _____ que cuida a los demás y _____
sus propias emociones para no molestarlos. Pilar, en cambio, ocupa un alto
_____ en un organismo feminista y le encanta
_____ las normas y las tradiciones de la sociedad.

Actividad 8: Los machos y el machismo   La siguiente lectura discute el
machismo y otras ideas relacionadas con la sociedad hispana.

Activating background
knowledge

Parte A: En grupos de tres, respondan a las siguientes preguntas.

1. ¿Qué es el machismo? ¿Qué es un macho?
2. En las culturas tradicionales ha habido siempre una diferencia entre las
   responsabilidades del hombre y de la mujer, ¿Por qué?
3. ¿Hay machismo en la sociedad de los Estados Unidos? Den ejemplos.
4. ¿Qué implicaciones tiene el machismo para las mujeres?

Parte B: Mientras lean, subrayen o apunten la idea general de cada párrafo.   Annotating, Active reading

MARIANISMO, MACHISMO Y FEMINISMO

E l feminismo, el machismo y la igualdad de los sexos son temas de polémica y controversia en el mundo actual. No cabe duda de que en toda sociedad tradicional se tiende a asociar a la mujer con la casa y la vida privada, mientras que se asocia al hombre con la vida pública y los aspectos políticos, económicos y militares. No obstante, el mundo hispano se diferencia de otras culturas, especialmente las del norte de Europa, por los diferentes ideales que rigen la conducta del hombre y de la mujer.

Las raíces de estas diferencias se encuentran en la historia de España. En 1492, los últimos moros fueron expulsados de España, pero dejaron atrás algunas huellas indelebles de su cultura. Como seguidores del Islam, los moros habían llevado a España costumbres que requerían la segregación de los sexos y la reclusión de la mujer. En la España cristiana, ciertos aspectos de estas tradiciones sobrevivieron, y más que en otros países europeos, las mujeres debían permanecer detrás de las rejas y paredes del hogar. En público, la costumbre de ocultar la cara y la cabeza con abanicos y mantillas reflejaba asimismo la influencia árabe. La negación de cualquier rol público para la mujer definía rotundamente su posición secundaria en la sociedad.

La herencia árabe poco a poco se fue mezclando con el culto a la Virgen María, que era la imagen perfecta de la madre cariñosa y sacrificada, y se fue formando así un nuevo conjunto de ideales de conducta femenina. Este modelo de conducta se conoce hoy como "marianismo". La mujer que emulaba a la Virgen creía que su meta en la vida era aceptar su destino y las restricciones de su situación. Como buena mujer, tenía que proteger su virginidad y los valores morales de la sociedad; como buena esposa, tenía que cuidar de la casa y las necesidades de su marido y aceptar sus decisiones; como buena madre, tenía que cuidar a sus niños y sacrificarse por ellos. En suma, la mujer buena era pura, sumisa, paciente y abnegada.

▶ *Un escaparate de abanicos. Además de su evidente función práctica, en la cultura española los abanicos también tenían funciones sociales: las mujeres los usaban para taparse el rostro y, por medio de un código especial, para comunicar mensajes a los hombres.*

El marianismo tenía su complemento masculino en lo que se llama actualmente "machismo". El hombre debía ser fuerte, dominante, independiente y, a menudo, rebelde. Tenía la responsabilidad de mantener y proteger a la familia por medio de sus actividades en la vida pública.

45   Asimismo, debía proteger su honor y el de su familia contra las ofensas de los demás.

El marianismo y el machismo tuvieron un gran impacto en la conducta de los habitantes de España e Hispanoamérica. Los dos modelos se complementaban y proporcionaban ciertos beneficios tanto para los hombres

50   como para las mujeres. Al hombre le daban mayor autoridad y libertad, a la vez que lo obligaban a ser responsable y cortés y a tratar a las mujeres con respeto. A la mujer le daban un sentido de superioridad y autoridad moral dentro de la familia. De hecho, son muchos los ejemplos de mujeres matriarcas en las grandes familias hispanas.

55   A su vez, la polarización entre lo masculino y lo femenino presentaba desventajas. Aunque el machismo, por su parte, tendía a alejar emocionalmente al padre de sus hijos, las grandes desventajas de este doble sistema afectaban mayormente a las mujeres, quienes no tenían control sobre su vida: legalmente, se consideraban menores de edad, dependientes del padre

60   o el marido; no podían desarrollar otros intereses que no tuvieran que ver con sus responsabilidades caseras; hasta el siglo XX se les negaba la educación y el voto; y no tenían la libertad de salir de casa sin ir acompañadas. La rigidez con la que la sociedad juzgaba a la mujer hacía cualquier transgresión casi imposible: la mujer o era pura y buena o pasaba a ser una perdida. Por

65   consiguiente, los hombres sólo estaban obligados a proteger a las mujeres de su propia familia—las buenas—mientras que a las demás las veían a menudo como objetos sexuales.

En la actualidad, las ideas marianistas-machistas no han desaparecido. Sus manifestaciones son numerosas, llevando a una libertad casi total para el

70   hombre y una libertad mucho más restringida para la mujer. Por lo general, se sigue apreciando al hombre fuerte, independiente y protector, alabando su hombría, aunque se usa el término "machista" con connotación muy negativa para criticar al hombre que abusa de sus privilegios. Igualmente, en gran parte se sigue viendo el cuidado del hogar y la familia como la responsabilidad de la

75   mujer, aun cuando se critican las limitaciones que le ha impuesto la sociedad. Sin embargo, poco a poco se va perdiendo la aceptación de estas limitaciones y se va abriendo paso a cambios más radicales.

La ruptura del sistema de valores tradicionales se debe a varias causas. En primer lugar, las ideas feministas de Europa y los Estados Unidos han

80   comenzado a infiltrarse. En la España actual, económica y culturalmente integrada a la Unión Europea, las mujeres ocupan una posición semejante a la de las mujeres del resto de Europa y los Estados Unidos. En Hispanoamérica, el feminismo ha tenido un impacto menos fuerte y se ha limitado principalmente a las clases alta y media. En estos niveles, las mujeres se

85   educan, pueden adoptar ideas progresistas y les es más fácil encontrar el

hombría = *manliness*
Suele tener una
connotación positiva.

tiempo para desarrollarse profesionalmente ya que suelen tener empleadas que hacen las tareas domésticas. Por tanto, no es raro encontrar mujeres que ocupen altos cargos en el gobierno y los negocios.

90   Otra causa de cambios ha sido la difícil situación económica y sus efectos en las mujeres pobres. Éstas, sin adoptar necesariamente el feminismo de la clase media, salen a trabajar por necesidad, puesto que o no tienen marido o éste no gana lo suficiente para mantener solo a la familia. Las mujeres pobres no tienden a cuestionar los valores tradicionales. Consideran el cuidado de la familia como su mayor responsabilidad, pero para cumplir con este deber,
95 tienen que trabajar fuera de casa y participar en la vida pública, desafiando así los límites tradicionales. En Centroamérica, Colombia y Venezuela, han surgido movimientos organizados de mujeres pobres que defienden un "feminismo latinoamericano", feminismo que busca la liberación de la mujer sin sacrificar su posición dentro de la familia.

100   Gracias a estas nuevas influencias, la situación de la mujer está cambiando a través de Latinoamérica. Colombia es uno de los países donde han ocurrido los cambios más radicales. A pesar de que fue uno de los últimos países en dar el voto a la mujer (1954), hoy en día se cuenta entre las naciones latinoamericanas donde más mujeres trabajan (43%). El número de mujeres que estudia
105 economía y negocios, por ejemplo, es igual al número de hombres. Por otro

▶ *Noemí Sanín de Rubio, Ministra de Asuntos Exteriores de Colombia.*

◄ *Una arpillera chilena en la que se muestra cómo descubren unas mujeres, en una mina, los cadáveres de sus maridos, asesinados bajo el régimen militar.*

lado, muchas mujeres pobres han podido abrir sus propios negocios gracias a la intervención de un organismo internacional llamado Acción International. Este organismo ofrece programas de educación y ayuda para obtener préstamos para pequeños negocios. Según dirigentes del programa, no son los hombres sino las
110 mujeres, encargadas del bienestar de sus familias, quienes asisten a las clases, aprenden a llevar un negocio y reciben los préstamos.

En otro plano, la preocupación de la mujer hispana por el bienestar de su familia la ha llevado a la protesta política. En Chile, las mujeres han jugado un rol decisivo en los cambios de gobierno. En 1973, las mujeres de familias
115 acomodadas participaron en las manifestaciones de las "cacerolas vacías" para protestar contra la falta de comida en las tiendas y el desorden que reinaba en la nación. Más tarde, las mujeres pobres protestaron contra la dictadura de Pinochet (1973–1989) y la escasez de comida, pero éstas lo hacían no sólo haciendo manifestaciones públicas sino cosiendo "arpilleras", pequeñas escenas
120 que mostraban los abusos de poder por parte del régimen militar. De manera semejante, en Argentina, las Madres y Abuelas de la Plaza de Mayo protestaron contra la dictadura militar en medio de la plaza más importante de Buenos Aires. Los generales nunca se atrevieron a atacar directamente a las madres que buscaban a sus hijos desaparecidos y a la vez hacían una dura crítica del régimen militar.
125 A través del panorama social latinoamericano actual, la presión combinada de mujeres de clase alta, media y baja—algunas feministas, otras no—tiene un fuerte impacto en el desarrollo de las leyes y las normas sociales. Hasta hace unos años, las leyes de los diversos países seguían reflejando, de una manera u

130 otra, los valores marianistas y machistas: las mujeres casadas no tenían derechos de persona adulta; sus esposos, en cambio, tenían derecho a mantener relaciones sexuales con otras mujeres con tal de que no fuera en la cama conyugal; el divorcio y el aborto eran ilegales en casi todos los países. En general, estas leyes están cambiando. El divorcio es legal en algunos países como México, Venezuela y Argentina. El aborto, aunque sigue siendo ilegal
135 excepto en Cuba y Puerto Rico, ha surgido como tema de debate a través de Hispanoamérica. Sin embargo, es interesante notar que después de las mujeres de los países desarrollados, son las hispanoamericanas las que más utilizan los métodos anticonceptivos (más del 50% en Costa Rica, Colombia, Panamá y Cuba).

Es difícil generalizar sobre el papel actual de los sexos en la cultura
140 hispana ya que en gran parte depende del país, de la clase social y de las propias creencias. Lo que sí se puede afirmar es que la mujer de hoy tiene oportunidades que su madre nunca tuvo. La familia y los papeles tradicionales de mujer y hombre siguen teniendo una resonancia fuerte en la cultura hispana, pero parece cierto que en los años venideros, será cada vez más
145 normal ver a las mujeres trabajando fuera de casa y participando plenamente en la vida pública de sus países a la par con los hombres.

Actividad 9: Aclaración de conceptos   Vuelve a mirar la lectura y termina las   Scanning
siguientes oraciones.

1. El marianismo y el machismo son . . .
2. El ideal del marianismo obligaba a la mujer a . . .
3. El machismo obligaba al hombre a . . .
4. Una fuente histórica del marianismo y del machismo fue . . .
5. Unas manifestaciones contemporáneas del marianismo y del machismo son . . .
6. El feminismo europeo y norteamericano ha tenido su mayor impacto entre . . .
7. Colombia es un país donde han ocurrido muchos cambios en la posición de la mujer, como por ejemplo . . .
8. Otros ejemplos de activismo femenino incluyen . . .

Actividad 10: El machismo y el marianismo   En grupos de tres, hagan un   Making inferences
cuadro como el siguiente que contenga los beneficios y problemas mencionados
en la lectura y luego amplifíquenlo con otros beneficios y problemas posibles que
no se mencionaron en la lectura.

Machismo/Hombría		**Marianismo**	
beneficios		**beneficios**	
Mujer	Hombre	Mujer	Hombre
. . .	. . .	. . .	. . .
problemas		**problemas**	
Mujer	Hombre	Mujer	Hombre
. . .	. . .	. . .	. . .

ESTRATEGIA
DE LECTURA

Summarizing

A summary is a unified piece of writing that includes the most important information from a reading. It can be a good study aid because it goes beyond notes and outlines by bringing out important relations between ideas. To prepare it, you should start with the notes you make while reading and with an outline of the material. If you are summarizing an informative text, you should make the thesis of the text the first sentence of your summary. In general, each paragraph can then be summarized with one sentence in your summary. Use transition expressions to help point out the relations between ideas, and restate the material in your own words, since this will deepen your understanding and permit greater concision.

Actividad 11: Preparación de un resumen   Parte A: Basándote en tus apuntes, prepara un bosquejo de la lectura. Luego, escribe una oración completa para cada sección y trata de conectar las ideas con expresiones de transición. Finalmente, escribe un párrafo que resuma toda la lectura.

Summarizing

Parte B: En grupos de tres, lean los resúmenes y decidan cómo se pueden mejorar, usando las siguientes sugerencias.
- Hay que expresar de forma más clara o concisa la tesis.
- Hay que alargar el resumen para que incluya todas las ideas importantes.
- Hay que acortar un poco el resumen.
- Hay que eliminar algunos detalles para que resalten las ideas principales.
- Hay que corregir la información incorrecta.

10-2
CUADERNO PERSONAL
¿Existe el marianismo, o algo parecido, en los Estados Unidos? Cita ejemplos que conozcas.

Lectura 3: Literatura

ESTRATEGIA
DE LECTURA

Diminutive suffixes are more frequently used by women speakers.

Interpreting Diminutive and Augmentative Suffixes

Spanish speakers often make use of prefixes and especially suffixes to modify the basic meanings of words. Strictly speaking, diminutive suffixes are used to refer to a smaller version of a noun or adjective, but they often indicate the positive or negative emotions that the speaker feels toward the thing mentioned. Thus, **caja** is a *box* and **cajita** is a *tiny box*, while **abuela** is *grandmother*, but **abuelita** corresponds to the English *grandma* or *granny*. When **-ito/a** is applied to persons, it more often implies affection than small physical size. In some dialects, diminutive suffixes may also alter the meaning of adverbs: **ahorita** may mean *right now* or in some dialects *in a while*.

Some diminutive suffixes and their general connotations are:

Suffix	Connotation	Example
-(c)ito/a	positive	cochecito *tiny car*
		prontito *quite soon*
-(t)ico/a	positive	momentico *brief moment*
-(c)illo/a	positive or negative	hombrecillo *insignificant little man*
-(z)uelo/a	negative	mujerzuela *loose woman*
-ucho/a	negative	hotelucho *nasty little hotel*

The suffix **-(t)ico** is so common in Costa Rica that inhabitants of this country are known as **ticos**.

Suffixes are used with varying frequency: **-ito** is very common; **-ico** is common only in certain regions, and **-illo** and **-uelo** are today infrequent. The forms with **(-c)**, **(-t)** and **(-z)** are frequently heard variants.

Augmentative suffixes refer to larger versions of a person or thing and may have a positive connotation of impressiveness or, more frequently, a pejorative connotation.

Certain prefixes can also be used to intensify the force of adjectives, such as **re-**, **recontra-** and **requete-**: **reviejo, requeteviejo**.

Suffix	Example
-ón/ona	un casón *a big rambling house*
	una solterona *a spinster*
-azo/a	un cochazo *a huge car; a "tank"*
	un buenazo *a really nice guy*
-acho/a	un ricacho *a "fat cat"*

Sometimes **-azo** means *blow* or *hit,* as in **portazo,** *slam of a door,* or **codazo,** *jab or poke with the elbow.*

Actividad 12: Diminutivos y aumentativos   En la lectura "El secreto mundo de la abuelita Anacleta", vas a encontrar los siguientes diminutivos y aumentativos. Trata de adivinar lo que quiere decir cada uno y usa el diccionario si no entiendes la palabra base. Luego, al leer, usa lo que acabas de aprender en la estrategia para entender la idea general de otros diminutivos y aumentativos que encuentres.

Interpreting suffixes

The suffix **-ón** often appears as the pejorative **-arrón**.

abuelita	montoncito
bracillo	mujercita
bultito	negrititicos/as
camón	nubarrón
caquita	papito
cuerpecillo	prontito
flacuchillo/a	puñadillo
golpazo	trajeadito/a
mamita	una mañanita
mayorcito/a	vozarrón

Actividad 13: La vida de una viejecita   Las palabras y expresiones indicadas en el siguiente párrafo aparecen en la lectura sobre la abuelita Anacleta. Usando el contexto del siguiente párrafo, pon encima de cada expresión en negrita el número de su equivalente en inglés de la lista que sigue.

Guessing meaning from context

1. (snotty) brat
2. to foresee, to predict
3. clear mind
4. ninety-year-old
5. bedpan
6. a bowling ball
7. substantial
8. to wait on, to take care of
9. bowling
10. childish pranks
11. bowling alley
12. lost soul, ghost
13. bursts of laughter
14. rubbish, garbage, filth
15. rusty, booming voice

Amparo acaba de cumplir noventa años, pero no parece una mujer **nonagenaria**. Tiene una **mente despejada** y no se olvida de nada. Vive en un asilo de ancianos, donde es conocida por su buen sentido del humor y se oyen sus **risotadas** por todo el edificio. Por otro lado, se echa a gritar a las enfermeras con un **vozarrón herrumbrado** que les inspira un miedo indecible. Comparte su habitación con una mujer de ochenta y tres años, Mercedes, pero la trata de "**mocosa**". Se llevan bien, y Amparo siempre **está pendiente** de su amiga y le lleva **la bacinica** cuando no se puede levantar para ir al baño. A las dos les gusta hablar de temas **enjundiosos**, y debaten política y critican las **porquerías** que aparecen en la televisión. La verdad es que Amparo tiene buen sentido político, y **previó** con exactitud los resultados de las últimas elecciones. Por otro lado, a veces dice las cosas más raras; jura que hay un **alma-en-pena** que vive en su habitación y que le habla todas las noches. Sin embargo, a Amparo se la conoce más que nada por sus **travesuras**. Una vez le robó el coche a una de las enfermeras y se fue a jugar al **boliche**. La policía la encontró en la **bolera**, pero ella se negó a soltar el **bolo** y tuvieron que dejar que terminara el partido.

Dealing with idioms

Actividad 14: Modismos   Busca las traducciones de estas expresiones en el diccionario o en el glosario.

1. darle a alguien la (real) gana
2. salvarse el pellejo
3. darse por vencido/a
4. con pelos y señales
5. tomarle el pelo a alguien
6. a escondidas
7. al dedillo

Actividad 15: Las abuelas   El siguiente cuento trata de una abuelita hispana vieja y viuda, que no se levanta de la cama. Antes de leer, contesta las siguientes preguntas. Luego, mientras leas, confirma o corrige tus predicciones.

Activating background knowledge, Anticipating

¿Dónde vivirá?
¿Quién la cuidará?
¿Cuáles serán sus responsabilidades?
¿Cómo será su vida en general?

Rima de Vallbona nació en Costa Rica en 1931. Vallbona, la autora de varias colecciones de cuentos cortos y dos novelas, estudió en su país natal y en Francia antes de mudarse a Houston, Texas y casarse con un médico español. Allí establecieron una familia y Vallbona siguió sus estudios y consiguió el puesto de profesora en la Univeridad de St. Thomas, donde sigue dando clases hoy. La inspiración para muchas de sus obras viene de sus experiencias con su familia en Costa Rica y con sus propios hijos, y en muchos de sus cuentos utiliza el lenguaje coloquial costarricense. Los temas favoritos de Vallbona incluyen un cuestionamiento de los papeles establecidos del hombre y de la mujer y el reclamo de mayor libertad por parte de las mujeres latinoamericanas, además de una valoración positiva de las posibilidades del cambio.

EL SECRETO MUNDO DE ABUELITA ANACLETA
Rima de Vallbona

En la inmensidad oceánica de la cama barroca encuadrada por frondosas columnas retorcidas, debajo de las sábanas y del ampuloso edredón, desde muchos años atrás naufragaba el bultito insignificante al que quedó reducida la nonagenaria abuelita Anacleta. Vista desde la altura de mis diez años, y quizás a falta de una mayor perspectiva, abuelita Anacleta era sólo

5   un montículo de huesos y pellejos corrugados. Se pasaba las horas quieta, moviendo los labios sin cesar, como si estuviera hablando consigo misma. Por más esfuerzos que hacíamos, ninguno de nosotros lograba descifrar el infinito barboteo que iba brotando de sus labios. Al principio, con la mismita paciencia

10 de Job intentamos tender un puente hacia ella, de tal modo que vivíamos pendientes de su incesante mascullar. Poco a poco nos fuimos dando por vencidos hasta que llegó el día en el que comenzó a ser tan poca cosa para nosotros, que le prestábamos más oídos al televisor, a la radio y hasta al runrún de la cortadora de zacate. Para compensar nuestra indiferencia y no sentirnos

15 muy culpables, le compramos un transistor de ésos que llaman "Walkman" y sólo oye quien se prende los auriculares en la oreja. ¡Bendita invención de estos tiempos que hizo el milagroso milagro de silenciar definitivamente los balbuceos de abuelita Anacleta y despejó para nosotros los amenazadores nubarrones de la culpa!

20 Desde entonces, sólo reaccionábamos cuando ella se instalaba de nuevo en nuestra realidad cotidiana llenando la casa entera con su vozarrón herrumbrado. Todavía ahora, en el recuerdo lejano, me resulta increíble que aquel montoncito de huesos y pellejos tuviese tal potencia que hasta hiciera vibrar el eterno vaso de agua sobre su mesa de noche. Todos vibrábamos

25 también cuando aquel vozarrón herrumbrado comenzaba a gritar, "¡que me traigan la bacinica ahora mismo!, ¡agua, un vaso de agua con hielo!, ¡que venga Norma a arreglarme las sábanas!, ¿qué pasa que nadie viene?, ¿se creen que estoy pintada en la pared?" ¡Qué sé yo cuántas impertinentes demandas de capitán al frente de un ejército se pasaba haciendo cuando le daba la real y

30 santa gana de sacar su presencia del silencio de las sábanas!

Su vozarrón herrumbrado salía de la interminable cama barroca hecho un poderoso proyectil que apuntaba certero a cada uno de nosotros: a mí me atravesaba el cuerpo y se me volvía remordimientos en la médula de la conciencia, los cuales hostigaba la pregunta de si mi deber no era el de llorar sin

35 tregua el drama de aquel cuerpecillo tirado como un trapo inservible sobre el lecho, y al que se le integraba el alma sólo para volverse un vozarrón despótico.

Para mamá, el vozarrón herrumbrado de la abuelita Anacleta representaba la sentencia indefinida de permanecer a su vera leyéndole en voz alta: al principio, sólo las sagradas escrituras; pero, para sorpresa nuestra, comenzó a

40 exigir no sólo los clásicos de siempre, sino también autores más actuales. Eso sí, que fueran enjundiosos, porque si no, se los arrancaba de las manos a mamá y los tiraba con rabia contra la pared:

—¡Porquería de escritores que nos toman el pelo pasándonos jarabe de palabrejas muy bien puestas y engalanadas para encubrir su estupidez! ¡Paja,

45 paja, paja!, decía Unamuno. En verdad abuelita Anacleta se las traía con la lectura y mi pobre mamá, aunque le complacieran los libros y sus comentarios, se pasaba en un puro sobresalto porque en la de menos emergía de las sábanas el vozarrón tiránico echando maldiciones contra el autor, o contra algún personaje, o contra mamá, quien de puro cansada se dormía en medio de la

50 lectura:

—¡Parece mentira que a tus años estés cansada! ¡Aprende de mí, pura vida, y con casi un siglo a cuestas! La gente de hoy es una caquita envuelta en papel de seda de tan pobre ánimo que tienen. A mamá no se le ocurría ni chistar porque abuelita Anacleta no le prestaba oídos a nadie y menos a su

55 propia hija.

Los mandatos acentuados en la última sílaba **(lavá, llevá)** y otras formas verbales como **hacés,** corresponden a **vos,** un pronombre equivalente a **tú** usado en algunos dialectos hispanoamericanos.

Para Norma, la nieta samaritana, el vozarrón de la abuela era una orden de comando que la ponía en inmediato y eficiente movimiento hacia el montículo de huesos y pellejos corrugados y entonces se soltaba desde la cama la

60 ametralladora de traéme la bacinica y lleváte la palangana y las toallas pues ya me lavaste bien, ¡no seás chambona, criatura!, y arregláme bien esta condenada cama que es mi único refugio y mi reino de todo el día . . . Porque una está aquí engurruñada creen que una es un estorbo, que ya no sirve para nada ¡y se equivocan!, recordar que mañana cumplo noventa años y yo en esta casa represento la voz del saber y de la experiencia.

65 Así lo creíamos todos, hasta papito, pues ella siempre, antes de que ocurriera algo, tenía la clarividencia de preverlo y precavernos:

Predijo el desastre de matrimonio de Anselma con ese tal Rogelio— buscafortunas, quien no sabe hacer otra cosa que pasársela peinando la culebra. También predijo el desastroso final de los negocios de papito y de

70 veras, todo resultó tal cual.

En suma, abuelita Anacleta era un puñadillo de huesos y carne, con un vozarrón herrumbrado que hacía retumbar la casa y sus habitantes y una mente despejada y previsora cuando le daba la real gana meter la cuchara en nuestros asuntos, porque cuando no, aunque se lo rogáramos, se emperraba en

75 darnos el silencio por respuesta. Así la habíamos aguantado y así la habíamos querido siempre. Ah, por poco olvido que sumado a su clarividencia, estaba su conocimiento, al dedillo, de las noticias del día. Tanto, que cuando le daba la real gana hablar, se refería a Gorbachov como si fuera su vecino y hasta llegó a afirmar que se estaba volviendo rusófila, por no decir marxista, pues se pasaba

80 despotricando contra los despilfarros del capitalismo mientras se erigía en la defensora número uno del proletariado; comentaba con pelos y señales la exterminación de las zonas forestales del Brasil; de la hambruna del Africa; del Canal de Panamá y su historia. Además, estaba informada de cuántos goles habían metido Maradona, Pelé, y sepa Judas qué otros renombrados

85 futbolistas. Una vez me contó la abuela que según Virginia Woolf, para que una mujer escribiese novelas y cuentos debería poseer dos cosas: dinero y un cuarto propio para ella sola:

—¡Inútil empeño, porque los hombres siempre nos arrebatarán ambos derechos para seguir como amos y señores nuestros!—, era su repetida y

90 desconsolada letanía. —¿Se han fijado que apenas si hay compositoras en el mundo de la música? Podríamos contarlas con los dedos de las manos. Se explica, se explica . . . La música se hace sentir por el sonido, mientras la pluma corre silenciosa por el papel de las escritoras, quienes a escondiditas, y como si cometieran un pecado mortal, desafían al hombre con sus libros.

95 Sabíamos que el transistor "Walkman", cuyos audífonos llevaba pegados a las orejas como un par de sanguijuelas, era la rica fuente de su conocimiento, porque jamás quiso un periódico ni se dignó mirar el televisor.

Marcos fue el de la idea de obsequiarle para su cumpleaños dos bolos, negrititicos, relucientes como el suelo del zaguán que se pasaba lustrando

100 Chelita, la criada, con el mismo esfuerzo de Sísifo. Muertos de risa por la travesura e imaginando el asombro de abuelita Anacleta al verlos, los metimos

en una caja a la que pusimos un bello papel rosado de niño recién nacido con un moñote del mismo color.

—¡Y cuidado, Sonia, con ponerte al lado de abuelita Anacleta, porque en uno de los arranques suyos, la fuerza que tiene en la voz se le puede pasar a la mano. ¡Zas!, te tira los bolos encima y te deja patitiesa de un golpazo. ¡A salvar el pellejo, se ha dicho, no te olvidés!— me advirtió Marcos con aire protector de hermano mayorcito. Yo, enternecida, se lo agradecí, porque para ver mejor a la abuela, siempre me trepaba sobre el colchón o en el marco que bordeaba el somier.

—¿Te imaginás, Marcos, con lo gurrumina y flacuchilla que soy, cómo quedaría aplastada bajo los bolos? ¡Una cucaracha sería mucho en comparación!

Era tan incontenible el gorjeo de nuestras risotadas, que no podíamos ni atarle el lazo al regalo. Al día siguiente, el del cumpleaños, hora tras hora fue una fiesta anticipada para nosotros dos ir saboreando de antemano el efecto de nuestra travesura.

Sin embargo, para sorpresa nuestra, aquellos bracillos huesudos de pellejo apergaminado, tomaron los bolos como si no pesaran casi nada. Marcos y yo nos miramos aturdidos, preguntándonos si por error, en vez de los bolos, habíamos puesto en la caja algún objeto liviano, pero sin duda alguna ambos sabíamos de sobra lo que había dentro. Íbamos de sorpresa en sorpresa, pues cuando nos habíamos ubicado muy a salvo de sus coléricos arrechuchos tiracosas, al abrir el regalo, su cara se iluminó como si en ese momento contemplara el Santo Grial y aquel regalo pusiese fin a una búsqueda interminable.

—¡Ajá!, esto, precisamente esto es lo que yo quería. ¿Cómo lo adivinaron si nunca expresé mi deseo? En mis mocedades . . . , bueno, quiero decir, cuando andaba en los cuarenta, fue mi deporte favorito. En el boliche gané
130   fama entre los buenos.

A partir del episodio de los bolos, mi madre se liberó de las esclavizadoras lecturas junto a su camón barroco. No obstante, de cuando en cuando pasaba por el cuarto para preguntarle si quería que la leyera algo, la respuesta era drástica:

135   ¡Diantres y recontradiantres!, ¿no te he dicho que no, pues ha llegado para mí el momento de la acción? *Acción*, así como se oye, sub-ra-ya-do.

Todos nos mirábamos preguntándonos qué quería decir con aquello del "momento de la acción" y la verdad es que no podíamos ni figurárnoslo de ninguna manera. Hasta que una mañanita soleada y olorosa a azahar, su voz,
140   de pronto desherrumbrada, sonó por la casa, como repiques de resurrección:

—¡Norma, traéme el pantalón y el suéter negros con la blusa roja, los de salir!

¿Los de salir? ¿Cuáles, si hacía unos veinte años se pasaba confinada en el camón barroco y nunca se había movido ni para sus más elementales
145   necesidades? No hubo quién no temiera que aquello fuese la señal evidente de que ya se nos marchaba para el otro mundo, bien trajeadita para que no tuviéramos que amortajarla.

—¿Y puede saberse adónde quiere ir usted, abuelita Anacleta?—Norma le preguntó tartamudeando y con miedo de que le contestara que se iba al otro
150   mundo. Pero no, sólo le dijo:

—¡Dejá de preguntar, majadera! Laváme deprisa y corriendo que quiero salir prontito.

¡No lo podíamos creer! Dio un salto ágil del camón barroco y se vistió sin ayuda de nadie. Entonces pensamos al unísono que aquella mujercita de
155   efímera apariencia, se había vivido torturándonos y esclavizándonos todo ese tiempo con el fin de conservarnos bajo su dominio; para tener esa agilidad y cumplir con su plan de larga premeditación, debía haberse ejercitado durante esos años. En aquel preciso instante nos explicamos los ruidos de pasos y movimientos que se escuchaban en su recámara a altas horas de la noche,
160   cuando en el resto de la casa todo era silencio y quietud. Hasta creíamos que en su cuarto había alguna alma-en-pena y llamamos al Padre Baltasar para que la exorcizara. Con razón la abuela se desternillaba de risa debajo de las sábanas mientras el cura asperjaba paredes y muebles con agua y latines.

—¿Dónde está la bolera? Marcos, lleváme a la bolera en tu Volkswagen.

—Pero abuelita Anacleta, ¿qué va a hacer usted en la bolera?
165

—¿Sos tonto o te hacés? ¿A qué se va a una bolera sino jugar a los bolos, mocoso del demonio? ¿No me diste junto con tu hermana unos bolos para mis noventa años? ¿Pues yo, Anacleta Gutiérrez del Castillo los iba a dejar guardados cuando es el mejor regalo de mi vida? ¡Aviados estaríamos! Arreá,
170   mocoso, que vamos ya a la bolera. Verás que tu abuelita batirá el récord mundial y la noticia será el escándalo más maravilloso del momento. ¡Hay que llenar el mundo de maravillas para despoblarlo de tanta brutalidad y porno

como abundan! Además, fijáte en el doble triunfo, pues soy mujer y nada
menos que recontravieja. ¿Te imaginás los grandes titulares de los periódicos
175   anunciando a los cuatro vientos: "ABUELA NONAGENARIA,
CAMPEONA MUNDIAL DE BOLOS"?

Actividad 16: La vida cotidiana de abuelita Anacleta   Lee las siguientes   Scanning
oraciones para ver si son ciertas o falsas. Corrige las falsas.

1. _____ La abuelita hablaba sola en voz baja, pero sin que nadie la entendiera.
2. _____ La abuela estaba enferma y un poco senil y, por eso, no podía pensar claramente.
3. _____ Sólo se levantaba de la cama para ir al baño.
4. _____ Los demás miembros de la familia cuidaban a Anacleta, pero Norma y la madre eran las más atentas.
5. _____ La abuela empezó a interesarse más en el mundo cuando le regalaron el Walkman.
6. _____ A la abuelita le gustaba leer el periódico y mirar la televisión.
7. _____ La madre de la narradora le leía novelas románticas a la abuela.
8. _____ La abuelita creía que los hombres mantenían a las mujeres en posición de inferioridad.
9. _____ La abuelita prefería no hablar de política, puesto que era cosa de hombres.
10. _____ La abuela era capaz de prever el futuro.

Actividad 17: El episodio de los bolos y . . . después   Termina las siguientes
oraciones que forman un resumen del episodio de los bolos y lo que ocurrió   Recognizing chronological
después.   organization

1. Un día, a Marcos se le ocurrió . . .
2. A la hermanita de Marcos (Sonia, la narradora) le encantó . . .
3. Compraron los bolos y los metieron en una caja, que . . .
4. Marcos le advirtió a su hermanita que . . . , ya que . . .
5. Sin embargo, al regalarle los bolos, la abuelita . . .
6. Después de su cumpleaños, la abuelita dejó de . . . y comenzó a . . .
7. Nadie entendió lo que quería decir y pensaban que . . .
8. Hasta que un día la abuela pidió . . . y . . .
9. Entonces, todos se dieron cuenta de que . . .
10. La abuelita le dijo a Marcos que la . . . y anunció que . . .

Actividad 18: ¿El marianismo?   En grupos de tres, contesten y comenten estas   Reacting to reading
preguntas, justificando sus respuestas con citas del cuento.

- ¿Es débil o poderosa la abuelita Anacleta?
- ¿Cómo consigue y logra mantener el control sobre la familia?
- ¿Qué ejemplos de marianismo o machismo hay en este cuento?

10-3

CUADERNO PERSONAL

En la sociedad de hoy,
¿qué diferencias existen
entre las actitudes de
los mayores y las de los
jóvenes en cuanto a la
conducta apropiada
del hombre y de la
mujer?

Redacción: Ensayo

**ESTRATEGIA
DE REDACCIÓN**

Analyzing

Analysis is a way of thinking and organizing that requires the division of
something into its component parts or aspects. The study of the parts may
allow better understanding of a complex whole.

Nearly anything can be analyzed: the structure of an atom, a human
being, a work of art or a short story. First you must decide the parts or
aspects to which these can be reduced. Then you must describe the parts and
look for relationships between these, allowing your own insights and other
information to guide you. For example, key elements of a short story would
include protagonist, narrator, setting, etc. Analysis often leads to
classification, or the grouping of specific parts or aspects into new categories.
Lectura 2 includes a breakdown of certain traditional ideas regarding gender
role expectations in Hispanic culture and classifications of these as
manifestations of **marianismo** or **machismo.**

You can use the results of your analysis as the basis of organization of an
essay. In a short essay you will have to isolate the most important elements
and limit discussion to how they lead to a clearer understanding of the object
under study.

Actividad 19: Los aspectos de un cuento corto   Parte A: Para poder escribir un   Analyzing
ensayo sobre un cuento, es necesario analizarlo para llegar a una comprensión
profunda del texto. Considera los siguientes aspectos para el cuento "El secreto
mundo de abuelita Anacleta" y trata de describir o contestar cada uno.

a. Lugar de la acción y el ambiente: ¿Qué detalles se mencionan? ¿Qué revelan
    sobre los personajes?
b. Protagonista (y/u otros personajes principales):
    ¿Cuáles son sus atributos? (rasgos físicos, actitudes, valores)
    ¿Qué cambios de actitud muestra?

c. Contexto social e histórico:
    ¿Cuáles son las condiciones de vida?

d. Palabras e imágenes: ¿Qué palabras se repiten?
    ¿Hay imágenes fuertes?

e. Suceso o comentarios raros: ¿Hay oraciones raras que no parecen tener
    sentido? ¿Revelan algo de importancia?
    ¿Hay ironías y contradicciones?

f. Punto de vista: ¿Quién es el narrador?
    ¿Qué valores y creencias tiene el narrador? ¿Cómo se revelan? ¿Cuándo
    ocurre la acción? ¿Qué (no) entiende el narrador?

h. Temas universales: ¿Aparece alguno de éstos: un viaje o una búsqueda; un
    conflicto entre la realidad y la apariencia; una iniciación a una nueva
    experiencia; el individuo frente a otros individuos o la naturaleza; un conflicto
    entre lo espiritual y lo material; las relaciones entre las generaciones; dos
    personajes opuestos?

i. Estructura: ¿Hay ejemplos de prefiguración *(foreshadowing)*, suspenso, clímax
    o resolución?

j. Conclusión: ¿Hay una moraleja o se evita una conclusión obvia?

Parte B: Considera estas preguntas: ¿Cuáles de estos aspectos parecen más
importantes en este cuento? ¿Cuáles son el tema principal y los subtemas del
cuento? ¿Qué aspectos ejemplifican el tema?

Actividad 20: La redacción del análisis   Parte A: En grupos de tres, piensen en   Writing an essay
los resultados de su análisis y escriban una oración de tesis para un ensayo sobre el
cuento "El secreto mundo de abuelita Anacleta". Luego, hagan una lista de
aspectos del cuento que apoyen esta tesis y sugieran una conclusión —o varias—
que se pueda sacar del análisis.

Parte B: Trabajando individualmente, preparen el primer borrador del ensayo.
Incluyan título, introducción con oración de tesis, cuerpo con detalles tomados del
análisis y conclusión.

Actos criminales

▲ Un soldado colombiano quema bolsas de cocaína confiscadas en redadas contra los narcotraficantes.

Actividad 1: Causas, efectos y soluciones   La siguiente lista incluye cinco de los problemas de criminalidad con los que se enfrentan los países latinoamericanos y muchos otros países del mundo. En grupos de tres, determinen para cada problema por lo menos una causa, un efecto y una solución. Luego, compartan sus ideas con el resto de la clase.

Activating background knowledge

- el tráfico de drogas
- los atracos y robos de casas
- los asesinatos
- el crimen organizado
- el soborno y la corrupción en el gobierno

Lectura 1: Dos editoriales

Actividad 2: Palabras en contexto   Antes de leer la carta abierta de Gabriel García Márquez, lee las oraciones y escoge de la lista un equivalente en inglés para las palabras indicadas.

Guessing meaning from context

a. thousands
b. network
c. cornered, trapped
d. stuck, bogged down

e. controversy, debate
f. crime boss
g. under arrest, imprisoned
h. supply

1. _____ Los carteles colombianos **abastecen** de cocaína a los consumidores de los Estados Unidos.

2. _____ La policía tenía al delincuente **acorralado,** pero éste se negó a entregarse y siguió disparando el rifle.

3. _____ A las cinco de la tarde, el tráfico estaba **atascado** porque había demasiados coches en la carretera.

4. _____ El **capo** del cartel mandó que sus asistentes mataran a todos los miembros del otro cartel.

5. _____ **Millares** de personas murieron cuando la policía decidió eliminar los carteles y éstos reaccionaron violentamente.

6. _____ Los dos candidatos anunciaron que tenían ideas opuestas y entraron en una larga **polémica**.

7. _____ El hombre está **preso** y sólo saldrá de la cárcel si lo declaran inocente.

8. _____ Una empresa que fabrica productos también necesita tener una **red** de distribución para poder venderlos.

Actividad 3: Una carta abierta al público   **Parte A:** Lee el título y la primera oración de la carta de García Márquez. En parejas, contesten y comenten estas preguntas: ¿Qué es un manifiesto? ¿Qué quiere el autor que se haga?

Activating background knowledge

Part B: Mientras leas, busca las razones por las cuales García Márquez quiere legalizar drogas como la cocaína.

Active reading

Manifiesto CAMBIO 16 en favor de la legalización de las drogas

LA PROHIBICIÓN HA HECHO MÁS ATRACTIVO Y fructífero el negocio de la droga, y fomenta la criminalidad y la corrupción a todos los niveles.

Sin embargo, los Estados Unidos se comportan como si no lo supieran. Colombia, con sus escasos recursos y sus millares de muertos, ha exterminado numerosas bandas y sus cárceles están repletas de delincuentes de la droga. Por lo menos cuatro capos de los más grandes están presos y el más grande de todos se encuentra acorralado. [Pablo Escobar murió a manos de la Policía colombiana el 2 de diciembre de 1993].

En Estados Unidos, en cambio, se abastecen a diario y sin problemas 20 millones de adictos, lo cual sólo es posible con redes de comercialización y distribución internas muchísimo más grandes y eficientes.

Puestas así las cosas, la polémica sobre la droga no debería seguir atascada entre la guerra y la libertad, sino agarrar de una vez al toro por los cuernos y centrarse en los diversos modos posibles de administrar la legalización. Es decir, poner término a la guerra interesada, perniciosa e inútil que nos han impuesto los países consumidores y afrontar el problema de la droga en el mundo como un asunto primordial de naturaleza ética y de carácter político, que sólo puede definirse por un acuerdo universal con los Estados Unidos en primera línea. Y, por supuesto, con compromisos serios de los países consumidores para con los países productores.

Pues no sería justo, aunque sí muy probable, que quienes sufrimos las consecuencias terribles de la guerra nos quedemos después sin los beneficios de la paz. Es decir: que nos suceda lo que a Nicaragua, que en la guerra era la primera prioridad mundial y en la paz ha pasado a ser la última.

Gabriel García Márquez
Premio Nóbel de Literatura

Cambio 16, la revista de noticias más importante de España, lanzó una campaña para legalizar las drogas a principios de 1994.

Esta carta abierta la firmaron más de dos mil personas de muchos países y profesiones.

Pablo Escobar fue el jefe del poderoso cartel de Medellín, Colombia.

Gabriel García Márquez (Colombia) es quizás el autor más conocido y más prestigioso de Latinoamérica. Ganó el Premio Nóbel de Literatura en 1982. Su novela más famosa es *Cien años de soledad.*

Actividad 4: Los pensamientos de Gabriel García Márquez   Contesta estas
preguntas, basándote en el manifiesto de García Márquez.

Scanning

1. Según García Márquez, ¿cuáles son los efectos de la prohibición?
2. ¿Han tenido éxito los esfuerzos del gobierno colombiano por exterminar el
   tráfico de drogas?
3. ¿Qué opina García Márquez de la guerra contra la droga?
4. ¿Qué países tienen la responsabilidad del aumento en el tráfico de drogas?
5. ¿Por qué es fundamental que la legalización sea internacional?
6. ¿Por qué menciona el ejemplo de Nicaragua?

Actividad 5: Términos de un editorial   Antes de leer otro editorial escrito por
el director de *Cambio 16*, asocia cada una de las palabras de la primera columna,
las cuales aparecen en el artículo, con la palabra o expresión correspondiente de la
segunda. Usa tus conocimientos de cognados y raíces para adivinar y consulta el
diccionario sólo cuando sea necesario.

Building vocabulary

1. _____ adormilado/a   a. juicio, prudencia

2. _____ adulterado/a   b. inundación

3. _____ el coraje   c. cantidad de una droga

4. _____ la cordura   d. mala costumbre

5. _____ la dosis   e. valor

6. _____ enganchado/a   f. que produce ganancias o intereses

7. _____ rentable   g. mezclado con sustancias peligrosas

8. _____ la riada   h. que depende de una droga

9. _____ el vicio   i. con sueño

Actividad 6: Más efectos de la legalización   **Parte A:** En el siguiente editorial,
Juan Tomás de Salas, director de *Cambio 16*, habla detalladamente de los efectos de
la legalización de las drogas. En parejas, antes de leer, imaginen cómo sería la
sociedad si se legalizaran las drogas. Piensen por lo menos en dos efectos que
tendría y apúntenlos.

Activating background
knowledge

Este artículo fue publicado
con el manifiesto anterior.

Parte B: Ahora, individualmente, mientras lean, comparen los efectos de la
legalización de las drogas que apuntaron con los que discute el autor del artículo.
¿Ven los mismos efectos que el autor?

Active reading

Drogata es un término de
la calle que quiere decir
drogadicto.

Legalización de las drogas

Qué pasaría si, en un gesto de cordura y de coraje sin precedentes, el Gobierno español despenalizara el consumo y comercio de drogas, autorizando su venta libre en las farmacias o estancos del país? Pasarían varias cosas:

1. De inmediato se detendría la sangría de muertos provocados por el consumo de droga, adulterada hasta el ladrillo, que es la que hoy se vende en el mercado nacional. Algún muerto habría, por sobredosis o imprudencia, pero la riada de jóvenes asesinados con porquería en sus venas se detendría de inmediato.

2. Las farmacias, con las condiciones razonables del caso, expenderían, a precio también razonable, las dosis de droga demandada por los ciudadanos. El producto estaría garantizado contra adulteraciones y sería tan seguro —y dañino— como indicara exactamente en el prospecto.

3. El precio de la venta de la droga sería una fracción de los feroces precios actuales de la droga clandestina. Ello detendría en el acto la riada de pequeños y grandes delitos que los drogatas actuales cometen para poder financiar su vicio. Si pocos roban para comprarse cerveza, bien pocos lo harían para comprarse dosis a precio normal. Al respecto conviene no olvidar que el costo original de la droga es bien bajo, lo astronómico del precio es resultado de la prohibición, no de la droga.

4. El Estado cobraría un fuerte impuesto sobre las drogas vendidas, como hace con alcoholes y tabacos. Con ello podría financiar masivamente programas de rehabilitación y de prevención del consumo de drogas. Igualmente podría dedicar parte de ese impuesto a financiar escuelas de educación profesional para una juventud como la nuestra que hemos condenado al paro y a la droga entre todos.

5. Millares de funcionarios —policías, aduaneros, jueces y oficiales, etc.— quedarían de inmediato liberados de la imposible tarea de impedir su tráfico, que es el más rentable del planeta, y contra el que han fracasado en todo el mundo. Con ello se reduciría el déficit público, mejoraría la justicia y policía común de nuestras calles, y hasta quedarían recursos humanos para luchar contra esa lacra, aún vigente, que es el terrorismo.

6. Posiblemente, como ocurrió al abolir la prohibición norteamericana del alcohol a principios de los años 30, el consumo legalizado de drogas aumentaría ligeramente. Sólo los puritanos extremos temen que la legalización traería consigo una drogadicción masiva. Pero un cierto aumento del consumo es casi seguro. Pero sólo el consumo, no la muerte. Habría algunos jóvenes más enganchados, es decir, adormilados y soñadores, poco útiles, quizás para la producción en cadena, pero no habría muertos.

JUAN TOMÁS DE SALAS

Actividad 7: Beneficios y problemas   En parejas, hagan una lista de los efectos propuestos por el autor. Luego pónganlos en orden del más convincente al menos convincente y expliquen por qué, considerando al hacerlo: ¿Qué nuevos problemas causaría cada efecto de la legalización? ¿Cuál es la causa fundamental de la demanda creciente de drogas?

Scanning, Making inferences

11-1

CUADERNO PERSONAL

¿Estás a favor o en contra de la legalización de las drogas? Justifica tu respuesta.

Lectura 2: Panorama cultural

Actividad 8: Vocablos **Parte A:** Usando tus conocimientos de vocabulario y
cognados, asocia las palabras de la primera columna, sacadas de la lectura,
"Modernización y criminalidad en Latinoamérica", con sus equivalentes en inglés
de la segunda columna. Busca en el diccionario o en el glosario las palabras que no
entiendas.

Building vocabulary

1. _____ delito
2. _____ echar raíz
3. _____ darse por descontado
4. _____ patrón
5. _____ estorbar
6. _____ endémico/a
7. _____ estupefaciente
8. _____ estragos
9. _____ involucrado/a
10. _____ abrumador/a
11. _____ semilla
12. _____ nocivo/a

a. to take for granted
b. involved
c. overwhelming
d. crime
e. standard
f. characteristic to a region
g. to take root
h. seed
i. devastation
j. harmful
k. to obstruct, to block
l. narcotic

ESTRATEGIA DE LECTURA

Increasing Reading Speed

If you want to increase reading speed, you must learn to decide how carefully
to read any particular text. Slow readers often believe they must read and
understand every word. Though this is sometimes necessary, a quick first
reading can help you see the broader context and facilitate later, closer
readings. Some suggestions:

1. On a first reading, focus on understanding broad meaning and allow
   yourself to skip or only semi-comprehend some words.
2. Use your eyes efficiently. Many slow readers allow their eyes to wander
   back repeatedly to words they have just read without improving
   comprehension. Try to move your eyes over each line in smooth sweeps
   from left to right.
3. Read in short phrases rather than words. The brain absorbs information
   several words at a time, so read chunks or groups of words rather than
   individual words. Though there are no hard and fast rules for these
   groupings, they are often closely related by meaning: a noun plus its
   modifiers, a prepositional phrase or a verb and its complements.

Actividad 9: El lector eficiente   Parte A: Divide el primer párrafo de la lectura "Modernización y criminalidad en Latinoamérica" en pequeñas frases, manteniendo juntas las palabras que tienen alguna relación de significado. Luego, compara tus divisiones con las de un/a compañero/a.

Increasing reading speed

Parte B: Lee cada párrafo de la lectura tan rápido como puedas, leyendo en frases pequeñas sin volver atrás. Al final de cada párrafo, apunta en el margen la idea general del párrafo. Después, vuelve a leer todo el artículo con más cuidado para asegurarte de que entendiste bien la idea principal de cada párrafo.

Active reading

MODERNIZACIÓN Y CRIMINALIDAD EN LATINOAMÉRICA

mas = pero

La violencia es una de las enfermedades que ha afligido al mundo entero en las últimas décadas del siglo XX. Latinoamérica, al igual que otras regiones del mundo, tiene una larga tradición de violencia, mas en el pasado, ésta se ha caracterizado principalmente como violencia política, es decir, la represión de gobiernos dictatoriales y los movimientos que utilizaban la lucha armada de guerrilla, secuestro y terrorismo en contra de dichos gobiernos. Sin embargo, en la última década, la violencia está dejando de ser una lucha por ideales sociales y políticos para convertirse en una violencia con aspectos cada vez más criminales. A través de Latinoamérica, el problema de la criminalidad se ha convertido en una de las principales preocupaciones de los gobiernos y del público.

Aunque parezca irónico que la violencia criminal aumente precisamente cuando la violencia política disminuye, en realidad el aumento de la criminalidad es en parte un efecto normal de los cambios sociales y económicos que afectan a América Latina. En el plano internacional, los países latino-americanos pertenecen al grupo de países en vías de desarrollo, es decir, los que han participado en el proceso de modernización, industrialización y urbanización, pero que se encuentran todavía en una etapa intermedia entre la sociedad tradicional y la plenamente moderna.

El proceso de modernización implica profundos cambios en la sociedad. Para empezar, los campesinos abandonan el campo donde la mecanización de la agricultura los deja sin trabajo y se trasladan a buscarlo a las ciudades industrializadas. Como resultado de la migración en masa se crean grandes urbes densamente pobladas. Los efectos más agudos de esta rápida urbanización son la pérdida de influencias estabilizadoras, como las viejas relaciones

▼ *Dos gamines de Bogotá. En Latinoamérica hay millones de niños abandonados que se ven obligados a vivir como vagabundos en las calles.*

personales y la familia extendida y su sustitución por nuevas relaciones impersonales. La familia deja de ejercer un control directo sobre las acciones del individuo y pierde influencia en la formación de los valores personales.

35   La modernización se ha producido en casi todos los países de Latinoamérica en el espacio de unas pocas decenas de años y, al mismo tiempo, la población ha crecido con una rapidez alarmante. La mezcla de estos dos factores ha hecho crítica la situación de las ciudades. En las afueras de las grandes ciudades donde viven muchos de los recién llegados, se han creado
40 enormes villas miseria, donde a menudo, los habitantes no tienen ni agua corriente ni electricidad. El contraste entre su situación y la de las clases acomodadas ha contribuido a alimentar la semilla de la criminalidad. En la ciudad, los campesinos encuentran una nueva ética de consumo y materialismo y abandonan su tradicional fatalismo. Es decir que, en vez de aceptar su
45 posición y su pobreza como lo hubieran hecho anteriormente, luchan por obtener y consumir más. A menudo, les es imposible alcanzar una vida mejor por medio del trabajo, y el crimen se ofrece como la ruta más directa hacia la adquisición de bienes materiales. Es así que han aumentado tanto los delitos contra la propiedad—robos y atracos—como los crímenes violentos contra la
50 persona—asaltos y asesinatos.

    Un tipo de delito endémico en las sociedades que se encuentran en vías de desarrollo es la corrupción que existe en el gobierno. En Latinoamérica hay dos razones principales de esta corrupción. En primer lugar, lo que actualmente se considera corrupción, se daba por descontado en las sociedades tradicionales.
55 Un funcionario con acceso al poder tenía la obligación de usar su poder para ayudar a parientes y amigos, ya que la familia extendida era la unidad más importante de la sociedad. Con la modernización actual, sin embargo, ha surgido mayor necesidad de adoptar y proteger ciertos patrones de conducta más amplios y generales. En segundo lugar, la situación económica desesperada
60 limita el sueldo de los funcionarios, quienes se ven obligados a buscar ingresos

▶ *Las elegantes rejas defienden esta casa puertorriqueña contra los posibles robos, causados por la polarización social y la ética de consumo.*

En México, el soborno a un funcionario se llama **mordida** (*bite*).

Después de la muerte de Pablo Escobar, el cartel de Medellín perdió importancia mientras que el de Cali adquirió mayor poder.

en forma de regalos, contribuciones o sobornos. De todas formas, las protestas en contra de la corrupción están echando raíz en Latinoamérica y muchos gobiernos empiezan a tomar medidas para resolver el problema.

65   Además de los problemas de crímenes violentos y de corrupción, la forma de criminalidad más perniciosa que azota a Latinoamérica es el narcotráfico. Éste también se puede considerar como el resultado de la modernización, puesto que depende del comercio internacional y los avances de la tecnología del transporte. El narcotráfico latinoamericano ha aumentado a medida que ha aumentado la demanda de estupefacientes por parte de los países

70   desarrollados: desde 1980 hasta 1994, el consumo de cocaína a nivel mundial se multiplicó unas doce veces, y en los países desarrollados, la cocaína se ha convertido en una droga de moda por la cual los consumidores pagan precios exorbitantes.

Este consumo insaciable hace crecer la producción, el transporte y la
75   distribución de la droga. El clima de los países ecuatoriales se presta al cultivo de la coca, planta autóctona de la región. La mayor parte de la coca se cultiva en Perú y Bolivia, donde cientos de miles de campesinos abandonan otros cultivos para dedicarse a esta cosecha rentable. De ahí, se transporta la coca a laboratorios en Colombia donde se usa para producir la cocaína y luego el
80   producto acabado se transporta para vender en los Estados Unidos, Europa, África y Asia.

El proceso de producción y distribución de la cocaína requiere una organización internacional a gran escala. Los carteles colombianos, en particular, se conocen por su riqueza, poder y violencia. De hecho, los
85   narcotraficantes o "narcos" han desestabilizado las elecciones colombianas durante muchos años, llegando a matar a tres candidatos presidenciales en 1990 a fin de estorbar los esfuerzos del gobierno por eliminar los carteles. Aunque Colombia es el país más afectado, las repúblicas andinas participan en la producción de la coca y sufren la influencia y la violencia de los carteles. Los
90   países de América Central, el Caribe y México también están involucrados, ya que la droga se transporta por su territorio y las grandes cantidades de dinero en juego contribuyen a fomentar la corrupción. Actualmente, las actividades de los carteles se extienden no sólo a todo rincón del continente americano, sino a muchas otras partes del mundo y las Naciones Unidas estiman que
95   actualmente se "lavan" unos 232 mil millones de dólares al año en Latinoamérica, cifra que sigue creciendo.

Es fácil reconocer que la creciente influencia de las organizaciones internacionales del crimen es nociva, pero no hay acuerdo en cuanto a cómo combatirla. Muchos gobiernos se encuentran relativamente impotentes ante la
100   amenaza. A veces sus presupuestos ni siquiera llegan a la altura de los ingresos de los carteles. Desde los años 80 los Estados Unidos han mantenido una guerra contra la droga, mandando equipo militar y miles de millones de dólares para destruir los campos de coca y para luchar contra los carteles. No obstante, nada ha logrado eliminar la demanda y el consumo en los Estados
105   Unidos y otros países, y mientras ésta exista, habrá personas dispuestas a arriesgarse para enriquecerse.

Por otra parte, el crimen latinoamericano asociado con la droga comienza a asemejarse al de los Estados Unidos. Cabe notar que, aunque el narcotráfico ha sido un gran problema durante varias décadas, el consumo de drogas entre
110 los jóvenes latinoamericanos se había mantenido bastante bajo. Sin embargo, la introducción de una droga barata, la PBC (pasta básica de cocaína), ha comenzado a cambiar la situación. La PBC es un producto intermedio del proceso de producción de la cocaína, el cual contiene queroseno y ácidos muy dañinos para el cuerpo humano. En los países andinos, la PBC, conocida
115 popularmente como "el basuco", ha producido estragos parecidos a los del "*crack*" entre los jóvenes urbanos de los Estados Unidos. La consecuencia es que los robos y otros delitos asociados con el consumo de drogas plagan hoy tanto a algunos países latinoamericanos como a los Estados Unidos.

Con los cambios que ha traído la modernización a Latinoamérica y con
120 sus consecuencias de corrupción y crimen, vale preguntarse cuál es la solución para este aumento de criminalidad en la región. Hay quienes abogan por el orden impuesto de la dictadura militar, solución ya intentada muchas veces, pero que trae sus propias formas de violencia al limitar las libertades individuales. Otros predicen que el índice de criminalidad debe bajar después
125 de las primeras etapas de modernización. Mientras tanto, el gran desafío para Latinoamérica es responder a la pobreza abrumadora, a la explosión demográfica y a la crisis de la estructura familiar tradicional, y controlar la violencia de manera que pueda encauzar sus sociedades hacia un futuro de paz y prosperidad.

Actividad 10: Datos y detalles   Lee las siguientes oraciones e indica si son   Scanning
ciertas o falsas según la lectura. Corrige las falsas.

1. __C__ El aumento rápido de la violencia criminal es un fenómeno relativamente reciente en Latinoamérica.

2. __F__ Los países latinoamericanos tienen economías y sociedades desarrolladas.

3. __F__ Los campesinos se trasladan a las ciudades ~~porque allí tienen trabajo~~ ~~garantizado.~~   *a buscarlo   industrializados,*

4. __F__ Las villas miseria son comunidades de pobres que viven en casitas sencillas, pero cómodas, en las afueras de las ciudades.

5. __C__ En parte, la corrupción es el resultado de una actitud que enfatizaba las obligaciones familiares.

6. __C__ El consumo de la cocaína en el mundo se multiplicó unas doce veces entre 1980 y 1994.

7. ___F___ Los centros de producción de la cocaína son Bolivia y Perú.

8. ___C___ Aunque los países latinoamericanos exportan cocaína, sólo en años recientes se ha visto un aumento en el consumo de drogas por parte de la población local.

Actividad 11: Las causas de la criminalidad Haz una lista de factores para cada tema indicado a continuación. Luego, compara tus listas con las de un/a compañero/a y, juntos, escojan el factor más importante para cada caso.

Scanning

1. La sociedad tradicional: factores que mantienen bajo el índice de criminalidad
2. La sociedad en vías de desarrollo: factores que contribuyen a aumentar el índice de criminalidad
3. La corrupción: factores que contribuyen a su aumento
4. El narcotráfico: factores que contribuyen a su aumento
5. Factores no mencionados en la lectura que contribuyen al aumento de la criminalidad.

> **11-2**
> **CUADERNO PERSONAL**
> Actualmente se habla mucho de la criminalidad en los EE.UU. En tu opinión, ¿cuáles son sus causas?

Lectura 3: Un cuento

Actividad 12: Dicho con ganas El autor del cuento que vas a leer utiliza varios modismos. Lee cada oración y usa el contexto para determinar el mejor equivalente en inglés.

Dealing with idioms

a. to be someone's turn
b. to have plenty of money
c. to leave a trace
d. to help someone who is in a bind
e. to risk one's neck
f. to stir up or tear out someone's guts
g. to trim off loose ends

1. _____ El delincuente le **hurgó las tripas** con el cuchillo y lo dejó por muerto.

2. _____ Tuvieron que **cercenar cabos sueltos,** así que mataron a todas las personas que sabían del crimen.

3. _____ Los narcos de Medellín eran muy peligrosos y el policía no quería **jugarse el pellejo** en la operación contra ellos.

4. _____ Miguel se puso nervioso y llamó a Pablo para que lo ayudara, y como siempre, Pablo fue a **sacarle las castañas del fuego.**

5. _____ En este momento Paco tiene un trabajo decente y **tiene los bolsillos bien forrados.**

6. _____ El asesino hizo su trabajo y luego se esfumó sin **dejar rastro.** La policía nunca lo encontró.

7. _____ En el póker, cuando **te toca (el turno),** tienes que poner cara seria para que nadie sepa lo que tienes en la mano.

Actividad 13: Vocabulario y detalles   Parte A: En parejas, estudien la siguiente lista de palabras y expresiones tomadas del cuento "Orden jerárquico", que trata en parte de un asesino a sueldo *(hitman).* Luego, comenten el significado del título y usen las palabras de la lista para adivinar por lo menos cinco detalles de la trama del cuento.

Building vocabulary, Predicting

apuntar	to aim (at)
el atorrante	worthless bum
el cartel	poster, ad
las coristas	showgirls
el cortapapeles	letter opener
el cuchillero	knife-carrying hoodlum
deslizar(se)	to slip, slide
disimular	to dissimulate, pretend
disparar	to fire, shoot
los escombros	rubble, debris
esfumarse	to disappear
el farol	street light
las hembras	females
la hoja	blade of a knife
misión cumplida	mission accomplished
la mugre	filth
la niebla espesa	thick fog
el pasaje	ticket (for travel)
las pisadas	footsteps
el puñal de fabricación casera	homemade dagger
rematar	to finish off
las sombras	shadows
el tufo	stench

Parte B: Ahora, individualmente, lean el cuento para verificar si en la Parte A han adivinado los detalles del cuento.

Active reading

Eduardo Goligorsky nació en Argentina en 1931. Goligorsky se conoce por sus obras policíacas y de ciencia ficción, géneros que tradicionalmente no han sido muy cultivados en el mundo hispano. En una época publicó sus novelas policíacas bajo el seudónimo de James Alistair. Sus creencias políticas lo llevaron a abandonar su país natal en 1976 y mudarse a España, donde ha trabajado de traductor y asesor editorial en Barcelona. Ha escrito muchos ensayos de tema político en los que ataca el autoritarismo, la censura y el fanatismo, temas que también aparecen en su ficción. El siguiente cuento ganó un premio en un concurso juzgado por los famosos escritores latinoamericanos Jorge Luis Borges, Augusto Roa Bastos y Marco Denevi.

ORDEN JERÁRQUICO   *Eduardo Goligorsky*

Abáscal lo perdió de vista, sorpresivamente, entre las sombras de la calle solitaria. Ya era casi de madrugada, y unos jirones de niebla espesa se adherían a los portales oscuros. Sin embargo, no se inquietó. A él, a Abáscal, nunca se le había escapado nadie. Ese infeliz no sería el primero.

5 Correcto. El Cholo reapareció en la esquina, allí donde las corrientes de aire hacían danzar remolinos de bruma. Lo alumbraba el cono de luz amarillenta de un farol.

El Cholo caminaba excesivamente erguido, tieso, con la rigidez artificial de los borrachos que tratan de disimular su condición. Y no hacía ningún

10 esfuerzo por ocultarse. Se sentía seguro.

Abáscal había empezado a seguirlo a las ocho de la noche. Lo vio bajar, primero, al sórdido subsuelo de la Galería Güemes, de cuyas entrañas brotaba una música gangosa. Los carteles multicolores prometían un espectáculo estimulante, y

15 desgranaban los apodos exóticos de las coristas. El también debió sumergirse, por fuerza, en la penumbra cómplice, para asistir a un monótono desfile de hembras aburridas. Las carnes fláccidas, ajadas, que los reflectores acribillaban sin piedad,

20 bastaban, a juicio de Abáscal, para sofocar cualquier atisbo de excitación. Por si eso fuera poco, un tufo en el que se mezclaban el sudor, la mugre y la felpa apolillada, impregnaba el aire rancio, adhiriéndose a la piel y las ropas.

25 Se preguntó qué atractivo podía encontrar el Cholo en ese lugar. Y la respuesta surgió, implacable, en el preciso momento en que terminaba de formularse el interrogante.

El Cholo se encuadraba en otra categoría

30 humana, cuyos gustos y placeres él jamás lograría entender. Vivía en una pensión de Retiro°, un conventillo, mejor dicho, compartiendo una pieza minúscula con varios comprovincianos recién llegados a la ciudad. Vestía miserablemente,

35 incluso cuando tenía los bolsillos bien forrados: camisa deshilachada, saco y pantalón andrajosos, mocasines trajinados y cortajeados. Era, apenas, un cuchillero sin ambiciones, o con una imagen ridícula de la ambición. Útil en su hora, pero

40 peligroso, por lo que sabía, desde el instante en que había ejecutado su último trabajo, en una emergencia, cuando todos los expertos de confianza y responsables, como él, como Abáscal,

El Cholo es un apodo *(nickname).* En Argentina y otros países, **cholo** = persona de sangre mezclada.

El Retiro es una zona de estaciones de autobuses y de trenes de Buenos Aires.

piringundín = antro o bar barato

La 25 de Mayo es una calle de Buenos Aires.

El título doctor se les aplica a muchos profesionales: médicos, abogados, profesores universitarios, etc.

se hallaban fuera del país. Porque últimamente las
45 operaciones se realizaban, cada vez más, en escala
internacional, y los viajes estaban a la orden del día.

Recurrir al Cholo había sido, de todos modos, una
imprudencia. Con plata en el bolsillo, ese atorrante no sabía
ser discreto. Abáscal lo había seguido del teatrito
50 subterráneo a un piringundín° de la 25 de Mayo,° y después
a otro, y a otro, y lo vio tomar todas las porquerías que le
sirvieron, y manosear a las coperas, y darse importancia
hablando de lo que nadie debía hablar. No mencionó
nombres, afortunadamente, ni se refirió a los hechos
55 concretos, identificables, porque si lo hubiera hecho,
Abáscal, que lo vigilaba con el oído atento, desde el taburete
vecino, habría tenido que rematarlo ahí nomás, a la vista de
todos, con la temeridad de un principiante.

No era sensato arriesgar así una organización que tanto
60 había costado montar, amenazando, de paso, la doble vida
que él, Abáscal, un verdadero técnico, siempre había
protegido con tanto celo. Es que él estaba en otra cosa, se
movía en otros ambientes. Sus modelos, aquellos cuyos
refinamientos procuraba copiar, los había encontrado en las
65 recepciones de las embajadas, en los grandes casinos, en los
salones de los ministerios, en las convenciones empresarias.
Cuidaba, sobre todo, las apariencias: ropa bien cortada,
restaurantes escogidos, *starlets* trepadoras, licores finos, autos
deportivos, vuelos en cabinas de primera clase. Por ejemplo,
70 ya llevaba encima, mientras se deslizaba por la calle de
Retiro, siguiendo al Cholo, el pasaje que lo transportaría,
pocas horas más tarde, a Caracas. Lejos del cadáver del
Cholo y de las suspicacias que su eliminación podría generar
en algunos círculos.

75 En eso, el Doctor° había sido terminante. Matar y
esfumarse. El número del vuelo, estampado en el pasaje,
ponía un límite estricto a su margen de maniobra. Lástima
que el Doctor, tan exigente con él, hubiera cometido el error
garrafal de contratar, en ausencia de los auténticos
80 profesionales, a un rata como el Cholo. Ahora, como de
costumbre, él tenía que jugarse el pellejo para sacarles las
castañas del fuego a los demás. Aunque eso también iba a
cambiar, algún día. Él apuntaba alto, muy alto, en la
organización.

85   Abáscal deslizó la mano por la abertura del saco, en dirección al correaje
que le ceñía el hombro y la axila. Al hacerlo rozó, sin querer, el cuadernillo de
los pasajes. Sonrió. Luego, sus dedos encontraron las cachas estriadas de la

Luger = una pistola de fabricación alemana

Leningrado, en Rusia, y El Alamein, en el norte de África, fueron batallas que los nazis (alemanes) perdieron en la Segunda Guerra Mundial.

Luger, las acariciaron, casi sensualmente, y se cerraron con fuerza, apretando la culata.

90 El orden jerárquico también se manifestaba en las armas. Él había visto, hacía mucho tiempo, la herramienta predilecta del Cholo. Un puñal de fabricación casera, cuya hoja se había encogido tras infinitos contactos con la piedra de afilar. Dos sunchos apretaban el mango de madera, incipientemente resquebrajado y pulido por el manipuleo. Por supuesto, el Cholo había usado

95 ese cuchillo en el último trabajo, dejando un sello peculiar, inconfundible. Otra razón para romper allí, en el eslabón más débil, la cadena que trepaba hasta cúpulas innombrables.

En cambio, la pistola de Abáscal llevaba impresa, sobre el acero azul, la nobleza de su linaje. Cuando la desarmaba, y cuando la aceitaba, prolijamente,

100 pieza por pieza, se complacía en fantasear sobre la personalidad de sus anteriores propietarios. ¿Un gallardo "junker" prusiano, que había preferido dispararse un tiro en la sien antes que admitir la derrota en un suburbio de Leningrado? ¿O un lugarteniente del mariscal Rommel, muerto en las tórridas arenas de El Alamein? Él había comprado la Luger, justamente, en un zoco de

105 Tánger donde los mercachifles remataban su botín de cascos de acero, cruces gamadas y otros trofeos arrebatados a la inmensidad del desierto.

Eso sí, la Luger tampoco colmaba sus ambiciones. Conocía la existencia de una artillería más perfeccionada, más mortífera, cuyo manejo estaba reservado a otras instancias del orden jerárquico, hasta el punto de haberse

110 convertido en una especie de símbolo de status. A medida que él ascendiera, como sin duda iba a ascender, también tendría acceso a ese arsenal legendario, patrimonio exclusivo de los poderosos.

Curiosamente, el orden jerárquico tenía, para Abáscal, otra cara. No se trataba sólo de la forma de matar, sino, paralelamente, de la forma de morir.

115 Lo espantaba la posibilidad de que un arma improvisada, bastarda, como la del Cholo, le hurgara las tripas. A la vez, el chicotazo de la Luger enaltecería al Cholo, pero tampoco sería suficiente para él, para Abáscal, cuando llegara a su apogeo. La regla del juego estaba cantada y él, fatalista por convicción, la aceptaba: no iba a morir en la cama. Lo único que pedía era que, cuando le

120 tocara el turno, sus verdugos no fueran chapuceros y supiesen elegir instrumentos nobles.

La brusca detención de su presa, en la bocacalle siguiente, le cortó el hilo de los pensamientos. Probablemente el instinto del Cholo, afinado en los montes de Orán y en las emboscadas de un Buenos Aires traicionero, le había

125 advertido algo. Unas pisadas demasiado persistentes en la calle despoblada. Una vibración intrusa en la atmósfera. La conciencia del peligro acechante lo había ayudado a despejar la borrachera y giró en redondo, agazapándose. El cuchillo tajeó la bruma, haciendo firuletes, súbitamente convertido en la prolongación natural de la mano que lo empuñaba.

130 Abáscal terminó de desenfundar la Luger. Disparó desde una distancia segura, una sola vez, y la bala perforó un orificio de bordes nítidos en la frente del Cholo.

Misión cumplida.

• • •

Río de la Plata = el río que bordea la ciudad de Buenos Aires

El tableteo de las máquinas de escribir llegaba vagamente a la oficina,
135   venciendo la barrera de aislación acústica. Por el ventanal panorámico se
divisaba un horizonte de hormigón y, más lejos, donde las moles dejaban
algunos resquicios, asomaban las parcelas leonadas del Río de la Plata. El
smog formaba un colchón sobre la ciudad y las aguas.

El Doctor tomó, en primer lugar, el cable fechado en Caracas que su
140   secretaria acababa de depositar sobre el escritorio, junto a la foto de una mujer
rubia, de facciones finas, aristocráticas, flanqueada, en un jardín, por dos
criaturas igualmente rubias. Conocía, de antemano, el texto del cable:
"Firmamos contrato". No podía ser de otra manera. La organización funcionaba
como una maquinaria bien sincronizada. En eso residía la clave del éxito.

145   "Firmamos contrato", leyó, efectivamente. O sea que alguien—no
importaba quién—había cercenado el último cabo suelto, producto de una
operación desgraciada.

Primero había sido necesario recurrir al Cholo, un malevito marginado,
venal, que no ofrecía ninguna garantía para el futuro. Después, lógicamente,
150   había sido indispensable silenciar al Cholo. Y ahora el círculo acababa de
cerrarse. "Firmamos contrato" significaba que Abáscal había sido recibido en
el aeropuerto de Caracas, en la escalerilla misma del avión, por un proyectil de
un rifle Browning calibre 30, equipado con mira telescópica Leupold M8-100.
Un fusil, se dijo el Doctor, que Abáscal habría respetado y admirado, en razón
155   de su proverbial entusiasmo por el orden jerárquico de las armas. La
liquidación en el aeropuerto, con ese rifle y no
otro, era, en verdad, el método favorito de la filial
Caracas, tradicionalmente partidaria de ganar
tiempo y evitar sobresaltos inútiles.

160   Una pérdida sensible, reflexionó el Doctor,
dejando caer el cable sobre el escritorio. Abáscal
siempre había sido muy eficiente, pero su
intervención, obligada, en ese caso, lo había
condenado irremisiblemente. La orden recibida
165   de arriba había sido inapelable: no dejar rastros,
ni nexos delatores. Aunque, desde luego, resultaba
imposible extirpar todos, absolutamente todos, los
nexos. Él, el Doctor, era, en última instancia, otro
de ellos.

170   A continuación, el Doctor recogió el
voluminoso sobre de papel manila que su
secretaria le había entregado junto con el cable.
El matasellos era de Nueva York. El membrete
era el de la firma que servía de fachada a la
175   organización. Habitualmente, la llegada de uno
de esos sobres marcaba el comienzo de otra
operación. El código para descifrar las
instrucciones descansaba en el fondo de su caja
fuerte.

180　　　El Doctor metió la punta del cortapapeles debajo de la solapa del sobre. La hoja se deslizó hasta tropezar, brevemente, con un obstáculo. La inercia determinó que siguiera avanzando. El Doctor comprendió que para descifrar el mensaje no necesitaría ayuda. Y le sorprendió descubrir que en ese trance no pensaba en su mujer y sus hijos, sino en Abáscal y en su culto por el orden

185　jerárquico de las armas. Luego, la carga explosiva, activada por el tirón del cortapapeles sobre el hilo del detonador, transformó todo ese piso del edificio en un campo de escombros.

Actividad 14: La trama del cuento　Completa las siguientes oraciones para formar un resumen del cuento. Luego, en parejas, comparen los resúmenes.

Summarizing, making inferences

1. Al empezar el cuento, ya era de madrugada y Abáscal seguía . . .
2. Mientras andaba de lugar en lugar, Abáscal pensaba en . . .
3. Esa noche, el Cholo había visitado . . .
4. De repente, el Cholo se dio cuenta de que alguien lo seguía, y en ese momento . . .
5. Abáscal se fue a . . .
6. Al bajar del avión en Caracas . . .
7. La filial de Caracas mandó . . .
8. Después de leer el cable el Doctor empezó a . . .
9. Entonces, . . .

Actividad 15: Los peldaños de la pirámide　**Parte A:** Proporciona la siguiente información para cada uno de los tres personajes: el Cholo, Abáscal y el Doctor. Luego, compara tus respuestas con las de un/a compañero/a de clase y corrige o amplía tus respuestas si es necesario.

Transferring information to a chart

	Cholo	Abáscal	Doctor
Su contexto (su origen, cómo y dónde vive)			
Forma de matar			
Forma de morir			
Lo que opina Abáscal de este personaje			
Lo que opina el Doctor de este personaje			

Parte B: Contesten y comenten las siguientes preguntas.

Making inferences

- ¿Qué significa el título del cuento?
- Cuando Abáscal se refiere a "cúpulas innombrables" y el Doctor a los "de arriba", ¿a quiénes se refieren?
- ¿Quiénes ocupan la posición más alta en el orden jerárquico social?

11-3
CUADERNO PERSONAL
¿Estás de acuerdo con la perspectiva del autor sobre la violencia criminal? Justifica tu respuesta.

Redacción: Ensayo

ESTRATEGIA DE REDACCIÓN

Analyzing Causes and Effects

In this chapter you have been reading about causes and effects, for example, the causes of criminal violence and the possible effects of drug legalization. Analyzing cause and effect is both a way of organizing thoughts and a means of organizing writing. It is a useful strategy to employ when you need to answer the question "Why?". The discussion of a cause automatically assumes an effect and vice versa, but in writing, one of these two aspects may become the focus. In Lectura 1, Juan Tomás de Salas sees several effects for one cause, drug legalization. On the other hand, Lectura 2 looks at many causes for one broad phenomenon, a rise in crime.

Using cause and effect as a basis for your writing requires clear thinking on your part. Think about the following points before writing.

1. Determine whether you want to analyze the causes of an event or phenomenon, its effects, or both. Make a list of the points you want to discuss.
2. Distinguish clearly between causes and effects or indicate where this is difficult to do. For example, is violence on television a cause or an effect of increasing violence in society?
3. Avoid the assumption that one event causes another simply because one precedes the other; there may be no causal relation. For example, a change in curriculum at a school is followed by a gradual fall in test scores, but other factors besides the change in curriculum, such as broader changes in society, may have actually caused the fall in test scores.
4. Finally, be aware that it is not possible to fully explain many phenomena. The number of potential causes is in reality infinite, and you should limit yourself to speculation about those that are most important or immediate or to those for which you have the most compelling arguments.

The following list of expressions are often useful for discussing causes and effects:

así que	thus, so
como consecuencia, como resultado	as a consequence, as a result
el factor; la causa	factor; cause

por consiguiente, por eso, por lo tanto	therefore
porque + *verbo conjugado*	because
una razón por la cual	one reason why
el resultado	result
ya que, puesto que, como	since
a causa de (que), debido a (que)	because, due to
por + *infinitivo/sustantivo*	because of, for
causar, provocar, producir	to cause
conducir a, llevar a	to lead to
deberse a (que)	to be due to
resultar de	to result from
tener como/por resultado	to result in

Actividad 16: Fenómenos y causas   **Parte A:** La siguiente lista incluye temas importantes en los Estados Unidos. En grupos de tres, escriban oraciones sobre algunos de los fenómenos asociados con estos temas.

Analyzing causes and effects

➤   Cada vez hay más personas que consumen drogas.

- el consumo y tráfico de drogas
- el crimen violento (asesinatos, asaltos, violaciones)
- el crimen organizado
- el terrorismo y las milicias
- el número de cárceles y prisioneros
- la pena de muerte
- la corrupción en el gobierno
- la violencia en los medios de comunicación

Parte B: Escojan uno de los fenómenos y hagan una lista de causas posibles. Usen las sugerencias de la Estrategia de redacción, para discutir qué causas son posibles. Luego, de las que queden, decidan cuáles son más importantes y cuáles menos importantes.

Writing an essay

Actividad 17: La redacción   Vas a redactar un ensayo para explicarles a tus compañeros las causas del fenómeno social escogido en la Actividad 16B.

Parte A: Escribe el título y la introducción de forma que presenten el tema general. Si tu público no conoce bien el fenómeno social que vas a tratar, tendrás que incluir evidencia, como estadísticas o comentarios hechos por expertos, para demostrar su existencia y su importancia.

Parte B: Basándote en tu lista de causas importantes, decide si vas a enfocarte en una o varias causas en el cuerpo de tu ensayo. Presenta evidencia para apoyar cada causa.

Parte C: Escribe la conclusión haciendo un resumen de las causas presentadas y considerando otra vez la importancia de este tema y otras implicaciones.

Latinos *americanos*

▲ Juan Luis Gómez Pereira
Lugar de nacimiento: Guanajuato, México
Fecha de nacimiento: 1950
Ocupación: Ingeniero civil
Residencia actual: Los Ángeles

▲ María Eugenia Zamora Li
Lugar de nacimiento: La Habana, Cuba
Fecha de nacimiento: 1978
Ocupación: Estudiante
Residencia actual: Miami

▲ Mercedes Roca Salinas
Lugar de nacimiento: San Antonio
Fecha de nacimiento: 1957
Ocupación: Banquera
Residencia actual: Houston

▲ Gonzalo Perales Cruz
Lugar de nacimiento: Ponce, Puerto Rico
Fecha de nacimiento: 1972
Ocupación: Modelo
Residencia actual: Nueva York

Actividad 1: ¿De quiénes estamos hablando?   **Parte A:** En parejas, definan cada término y digan los idiomas que se hablan en cada grupo.

Activating background knowledge

hispanos	hispanoamericanos
latinos	latinoamericanos
mexicanos	mexicoamericanos
chicanos	centroamericanos
caribeños	suramericanos
cubanos	cubanoamericanos
puertorriqueños	neorriqueños
norteamericanos	americanos

Parte B: Miren las fotos e información de la página anterior y digan cuáles de los términos de la Parte A se pueden usar para caracterizar a cada individuo. ¿Son todos inmigrantes?

Lectura 1: Un editorial

Actividad 2: Voces nuevas   Busca las expresiones de la lista que son sinónimas de las palabras en negrita en las oraciones. Estas palabras vienen del editorial que vas a leer sobre la educación bilingüe.

Guessing meaning from context

a. de forma completa
b. contribuir, traer
c. desarrollo lento o insuficiente
d. destruir
e. pertenecer, ser parte integral de algo
f. marginado, excluido
g. distanciamiento

1. Para comprender **cabalmente** este problema hay que estudiarlo con cuidado.
2. El niño se sentía **relegado,** como si no perteneciera al grupo.
3. Los niños y adolescentes muchas veces se esfuerzan por **encajar** en el grupo, imitando la manera de vestir y comportarse de los demás.
4. Las inseguridades pueden **minar** el desarrollo de un niño, de manera que nunca tendrá éxito ni se creerá capaz de conseguir lo que quiere.
5. Los inmigrantes suelen **aportar** aspectos de su propia cultura a la de los Estados Unidos.
6. Muchas veces los niños que no saben inglés sufren **retrasos** en la escuela y tienen que repetir un grado.
7. El aprendizaje del inglés causa el **alejamiento** de la cultura original y el abandono de las tradiciones propias.

Actividad 3: Ser hispano en los Estados Unidos **Parte A:** Antes de leer el artículo, "La educación bilingüe y la reafirmación cultural", imagina cómo habría sido tu vida en otras circunstancias. En grupos de tres, respondan a la situación y a las preguntas.

Si hubieras nacido en una familia de inmigrantes donde se hablara principalmente el español, . . .

1. ¿qué aspectos de la vida habrían sido o serían diferentes para ti?
2. ¿qué problemas habrías tenido o tendrías que afrontar?
3. ¿qué habrías pensado o pensarías de los anglohablantes?
4. ¿qué sería mejor: hablar sólo español, intentar asimilarte y hablar sólo inglés, o usar los dos idiomas?

Parte B: Ahora, lee el texto para ver lo que opina el autor sobre estas ideas.

Activating background knowledge, Anticipating

Active reading

La educación bilingüe y la reafirmación cultural

— D A N I E L   A J Z E N —

Todos los años resurgen las viejas discusiones, sobre el bajo nivel de la educación pública en California, o sobre el problema del bilingüismo, el cual despierta tormentosas emociones en todos los participantes.

Comprender cabalmente este problema y las intensas pasiones que genera requiere comprender el país en el que ahora vivimos, sus miedos y temores.

Estados Unidos a pesar de ser un país formado por inmigrantes, es en general sospechoso del que es diferente. Todo está bien, nada está mal, todos somos iguales y tenemos las mismas oportunidades. ¿O no?

Quizás sí, quizás no. Pero no es igual el niño que depende de la escuela pública que el que recibirá sus "credenciales"—aun cuando aprenda lo mismo—en un colegio de "prestigio reconocido"; tampoco es lo mismo un joven con clara identidad y metas en su vida, que aquel que se siente relegado o presionado, ya sea por su origen nacional o social, su credo o su color.

Para un niño latino todo puede estar en su contra: origen, color, nombre, credo. Elementos que por lo general no coinciden con "las buenas costumbres" que rigen los más "prestigiados" clubes del país y si bien poco es lo que se puede hacer al respecto, aparte de dejar todo a un lado y tratar de encajar a cualquier precio, sin embargo, mucho es lo que se puede lograr por medio de la educación bilingüe.

Quienes se oponen a la enseñanza del español en las escuelas nacionales y estatales, saben, aunque muchas veces no conscientemente, que la lengua es la relación más íntima e inmediata que un ser humano puede tener con su origen, su pasado y su propia identidad.

No hay forma de traducir la experiencia de los padres, que se refleja en el idioma nativo y desaparece al tratar de transmitirse en otro; raíces que se sostienen por miles de años de experiencia cultural, de una forma particular de ver la vida, de una actitud ante el mundo, todo lo cual desaparece o se modifica al cambiarse el idioma, al perderse la posibilidad de recibir la herencia original y la experiencia familiar.

Pero aún, en el área de la identidad, todos estos elementos son fundamentales; sin ellos el niño no pasa de ser hijo de un barrio, sin antecedentes ni consecuencias particulares, lo cual se traduce en inseguridades que minarán para siempre su propio desarrollo.

La rápida asimilación de olas migratorias anteriores a este país, y el alejamiento violento de sus raíces, de su origen y el intento por ser parte de un concepto de "americano" poco claro, que niega la particularidad de cada uno de sus miembros, es una de las muchas razones que han llevado a esta nación a ocupar un lugar preponderante en las estadísticas del crimen y la drogadicción.

Una persona sin raíces es frágil como una planta y tiende a inclinarse hacia adonde la lleva el viento. Una persona con una clara identidad es firme, robusta y hasta más tolerante con la identidad de los demás.

Si en vez de negarlo, todos pudiéramos aprovechar sinceramente las cualidades particulares de cada grupo migratorio,

Daniel Ajzen es un escritor independiente que reside en San Diego. El artículo apareció en *La Opinión*, periódico en español de Los Ángeles que se edita desde 1926.

el país estaría en mucho mejores condiciones sociales y económicas.

Imagínense la ventaja que tendríamos en un mundo cada vez más internacional teniendo ciudadanos que manejen no sólo el idioma formal, de prácticamente cada nación del globo, sino también su contenido emocional, su manera de hacer las cosas, de vender, de comprar, de negociar y de todo eso que se transmite por medio de una lengua viva, transmitida de padres a hijos de manera orgullosa, sensible y consciente.

Yo tengo dos hijos, los dos son bilingües, los dos hablan perfectamente bien el inglés y los dos conocen el español.

Los niños no han sufrido ningún retraso en la escuela, no tienen problemas de identidad,

ni complejos de origen, entienden México y Estados Unidos, y espero que en el futuro servirán de puente entre ambas sociedades.

Si la escuela no les quiere dar español, problema de la escuela, literalmente ellos se lo pierden, pero ojalá pudiéramos organizarnos y pelear no sólo para que se enseñe el español y se cree un mosaico cultural que sólo produce beneficios, sino que también se motive a todos los demás grupos que conforman nuestra sociedad a conocer sus raíces, revivir su herencia, enorgullecerse de ella, y aportar al resto del país los beneficios de un multilingüismo que nunca ha afectado a nadie.

Hoy, cuando las crisis económicas, sociales y políticas

▲ *Una clase bilingüe en Virginia.*

de este país amenazan la inmigración y nuestra propia identidad, sólo el esfuerzo de cada madre, de cada padre, de cada hogar permitirá a los niños tener una clara identidad,

enorgullecerse de lo que son y aprovechar en beneficio de todos lo que su nuevo hogar les ofrece. No podemos esperar, tenemos que tomar la sartén por el mango. ❧

Actividad 4: Según el autor . . .   Parte A: Después de leer, decide si cada oración es cierta o falsa, según lo que ha dicho el autor, y cambia las oraciones falsas para que sean ciertas.

Scanning

1. _____ El tema de la educación bilingüe ha sido muy importante en el estado de California.

2. _____ En los Estados Unidos todos son iguales y tienen las mismas oportunidades.

3. _____ El origen, color, nombre y credo de un niño latino le pueden causar problemas en la sociedad norteamericana.

4. _____ Uno de los mayores problemas para los inmigrantes es la destrucción de su identidad.

5. _____ La falta de una identidad firme y estable contribuye al alto nivel de criminalidad y drogadicción.

6. _____ La educación bilingüe contribuye a minar la identidad positiva de los niños latinos.

7. _____ Sería una gran ventaja para los Estados Unidos tener ciudadanos multilingües y multiculturales de todas las naciones de la tierra.

8. _____ Los hijos del autor son bilingües y biculturales y no han sufrido ningún retraso.

9. _____ El mantenimiento de las lenguas y las culturas de los inmigrantes, en un mosaico cultural, sólo producirá beneficios.

10. _____ "Tenemos que tomar la sartén por el mango" se refiere a la necesidad de seguir preparando comida mexicana.

Parte B: Después de corregir las oraciones, decide cuáles representan hechos y cuáles opiniones. ¿Con cuáles de las opiniones estás de acuerdo? ¿Por qué?

Distinguishing fact from opinion

Actividad 5: Los argumentos del autor   En el artículo el autor defiende algo que él considera verdadero y quiere convencer a otros de la veracidad de este argumento. En parejas, contesten y comenten las siguientes preguntas.

Analyzing

1. ¿Cuál es el argumento básico del autor? ¿Dónde lo presenta?
2. ¿Qué evidencia da para apoyar su argumento? (datos y estadísticas, citas de expertos, experiencia personal, posibles escenarios)
3. ¿Hay generalizaciones o conclusiones que no tienen suficiente evidencia, o sea, que parecen más opinión que hecho?
4. ¿Hay algún contraargumento que el autor no haya considerado?
5. ¿Estás de acuerdo con el argumento del autor?

12-1

CUADERNO PERSONAL

Daniel Ajzen dice: " . . . la lengua es la relación más íntima e inmediata que un ser humano puede tener con su origen, su pasado y su propia identidad". ¿Te parece acertada esta declaración? ¿Por qué sí o no?

Lectura 2: Panorama cultural

Actividad 6: La palabra adecuada   Estudia la siguiente lista de palabras y expresiones de la lectura "La cara hispana de los Estados Unidos", y luego termina las oraciones.

Building vocabulary

a lo largo de	along, throughout
aferrarse a	to cling to
el desafío	challenge
dondequiera	wherever
engañoso/a	misleading
fechar	to specify a date
la fuga de cerebros	brain drain
hispanohablante/hispanoparlante	Spanish-speaking, Spanish speaker
la ola/oleada	wave

1. Cuando se van de un país los intelectuales y profesionales, se dice que ocurre una _____.

2. Los Estados Unidos y Australia son países angloparlantes, mientras que Honduras, Venezuela y Uruguay son países _____.

3. Con un teléfono celular es posible efectuar una llamada desde _____ que estés.

4. Con frecuencia los inmigrantes resisten el cambio y _____ sus viejas costumbres.

5. Las primeras _____ de inmigrantes ingleses llegaron a Norteamérica en el siglo XVII.

6. Muchas veces las estadísticas pueden ser _____ ya que es posible manipularlas.

7. Los obreros tuvieron que trabajar _____ del año sin tomar vacaciones.

8. Los historiadores _____ la llegada de los primeros colonos españoles a Nuevo México en el siglo XVI.

9. Es un gran _____ para la sociedad norteamericana facilitar la convivencia entre tantos grupos étnicos diferentes.

Actividad 7: ¿Qué sabes de los hispanos?   En grupos de tres, contesten y comenten las siguientes preguntas. Luego, lean para ver si contestaron correctamente las preguntas 2, 3 y 4. ¿Hay información que les llame la atención?

Activating background knowledge, Active reading

1. ¿Conoces a algunos hispanos? ¿De dónde son? ¿Qué idioma hablan?
2. ¿En qué partes de los Estados Unidos viven los hispanos?
3. ¿De dónde son los hispanos que viven en los Estados Unidos?
4. ¿Cuándo llegaron los primeros hispanos a los Estados Unidos?

LA CARA HISPANA DE LOS ESTADOS UNIDOS

Nueva York, Miami, Los Ángeles, Chicago, Santa Fe y San Antonio. Por todo el país, dondequiera que estemos, encontramos evidencia de que los Estados Unidos son un país multilingüe y multicultural. La nación, que tiene una larga tradición de abrir sus puertas a los extranjeros, durante los años 80 vio la entrada de un número mayor de inmigrantes que durante

5   cualquier década anterior. La mayor parte de ellos llegaron de Latinoamérica y el Caribe, y de éstos, la gran mayoría hablaba español. Su presencia ha hecho de los Estados Unidos el quinto de los países hispanohablantes, y las cifras siguen creciendo: en 1990 había más de 22.000.000 de hispanos en los Estados Unidos; en 1995, más de 27.000.000 y en el 2000 habrá más de 34.000.000. La

10   llegada en masa ha convertido a los hispanos en el grupo inmigrante principal del país. No obstante, es engañoso verlos a todos como miembros de un solo

Los cuatro países hispano-hablantes principales: México, España, Argentina y Colombia.

bloque monolítico, ya que su país de origen no es siempre el mismo, no todos
son inmigrantes, no todos hablan español y no todos se identifican de la
15 misma manera.

Los mexicanos y los mexicoamericanos

Los primeros hispanos "americanos" o estadounidenses fueron los mexicanos,
quienes no eran inmigrantes, sino residentes ya establecidos en los territorios
que perdió México después de la Guerra de 1846. El Tratado de Guadalupe
Hidalgo, que dio término a la guerra en 1848, les cedió a los Estados Unidos
20 gran parte del territorio del norte de México: los actuales estados de Texas,
Nuevo México, Arizona, California, Nevada, Utah y parte de Colorado. El
núcleo de población mexicana más importante era el de Nuevo México, lugar
poblado por hispanos desde el siglo XVI, y cuyos descendientes todavía
ocupan esa región. Pero, por lo general, la región del suroeste tenía una
25 población escasa hasta la segunda mitad del siglo XIX cuando llegaron
numerosos pioneros anglosajones.

A principios del siglo XX, empezaron a llegar inmigrantes mexicanos que
cruzaban la frontera para trabajar en la nueva industria agrícola de California y
para construir y mantener los ferrocarriles del suroeste de los Estados Unidos.
30 Esta inmigración se ha mantenido y aumentado a lo largo del siglo, a pesar de
pequeñas interrupciones como la que ocurrió durante los años 30 a causa de la
Depresión, cuando cientos de miles de "mexicanos" fueron deportados de los
Estados Unidos, entre ellos muchos que habían nacido en este país. Sin
embargo, con la Segunda Guerra Mundial se reanudó la necesidad de mano de
35 obra barata, y con ella la llegada de inmigrantes legales e ilegales.

La mayoría de los mexicoamericanos, tanto descendientes de colonos
españoles como nuevos inmigrantes, vivían y trabajaban en el campo, donde
no tenían acceso ni a la educación ni a las demás oportunidades que ofrecía la
ciudad. Sin embargo, a partir de los años 60, la población hispana del suroeste
40 se comenzó a urbanizar a grandes pasos. En California, por ejemplo, sólo un
7% de la población hispana actual es rural, y aunque hay muchos
mexicoamericanos pobres en las ciudades, un número creciente de ellos forma
parte de la clase media y vive en los suburbios.

Los cubanos y los cubanoamericanos

A diferencia de los mexicoamericanos, los cubanos pueden fechar con bastante
45 precisión su llegada a los Estados Unidos, ya que la gran mayoría de ellos llegó
después de 1959. Los primeros inmigrantes cubanos se escaparon del régimen
comunista de Fidel Castro entre 1959 y finales de los 70, y se fueron a vivir
como refugiados políticos a Nueva York y, especialmente, a Miami. Estos
cubanos que eran en su mayoría de las clases alta y media, a diferencia de
50 otros grupos de inmigrantes trajeron consigo conocimientos y experiencia de

la Guerra de 1846 entre México y los Estados Unidos = the Mexican American War

El término **anglosajón** se refiere a una persona de origen europeo que no es hispano. También se usa **anglo,** aunque a menudo tiene una connotación negativa.

Algunos mexicoamericanos prefieren llamarse **chicanos,** término de fuertes asociaciones políticas que antes de los años 60 se había considerado como un insulto.

las profesiones y los negocios. Pronto se dieron cuenta de que no podrían volver a Cuba, y se dedicaron a crear una nueva vida. Cubanos que tenían bancos les prestaron dinero a comerciantes cubanos que tenían experiencia pero que se encontraban con escasos recursos económicos. Esta comunidad
55   tuvo éxito, llegó a extender sus negocios a toda Latinoamérica y convirtió a la ciudad de Miami en una de las principales capitales financieras del continente.

El panorama cambió cuando en 1980 llegó otra oleada de inmigrantes muy distinta de la primera. Durante ese año, Castro dejó salir de Cuba por el puerto de Mariel a unos 125.000 cubanos, entre ellos criminales y personas de
60   poca formación que causaron grandes trastornos en la comunidad cubana de Miami, y se destruyó así el mito de los cubanos como inmigrantes distintos de todos los demás. Pero el enclave cubano de Miami ayudó a sus compatriotas a encontrar trabajo y a mejorar su condición. Finalmente, otra oleada—los *balseros*—empezó a llegar en 1994 cuando, una vez más, Castro permitió que
65   las personas descontentas con el gobierno salieran de Cuba.

Balsero proviene de **balsa** *(raft)*.

Hoy en día, los cubanos constituyen el único grupo hispano de los Estados Unidos que, en gran parte, disfruta de un nivel de vida parecido al de los americanos anglosajones. Representan una mayoría de la población de Miami, ciudad que han logrado convertir en la primera ciudad bilingüe de los Estados
70   Unidos, aunque el bilingüismo no se reconoce a nivel oficial. También han conseguido elegir al primer alcalde cubano y viven orgullosos de la prosperidad de su ciudad.

▶ *El festival de la Calle Ocho de Miami, que tiene lugar cada año en julio, comenzó como un festival de la comunidad cubana. Con la llegada de hispanos de otros países, esta fiesta se ha convertido en una muestra de la cultura hispana en general.*

Boricua (puertorriqueño) y
Borinquen (la isla de Puerto
Rico) son términos que usaban
los taínos, habitantes
originales de la isla.

la Guerra de 1898 entre
España y los Estados Unidos =
the Spanish American War

Estado Libre Asociado =
Commonwealth

Los residentes de Puerto Rico
eligen a sus líderes locales y
participan en las fuerzas
armadas de los EE.UU., pero
no votan para presidente de
los EE.UU. ni pagan impuestos
federales.

Aunque la palabra **barrio**
significa vecindario, en los
Estados Unidos ha adquirido
la connotación negativa de
ghetto.

Los puertorriqueños

El caso de los puertorriqueños o boricuas es diferente al de los demás
hispanos, puesto que han llegado a los Estados Unidos siendo ya ciudadanos
estadounidenses. La isla de Puerto Rico fue convertida en territorio de los
Estados Unidos después de la Guerra de 1898; en 1917 sus residentes fueron
declarados ciudadanos de este país; y en 1948 la isla fue declarada Estado
Libre Asociado de los Estados Unidos. Después de 1945, se inició una
migración masiva de puertorriqueños a las ciudades del norte, especialmente
Nueva York, donde se necesitaba mano de obra barata para la industria. Los
puertorriqueños llegaron con vistas a mejorar sus posibilidades económicas,
las cuales se hallaban limitadas en la isla debido al constante desempleo.

Con el pasar de los años, muchos puertorriqueños pudieron abandonar los
barrios pobres de Nueva York y llegar a formar parte de la clase media,
dispersándose por otras partes de los Estados Unidos. Al mismo tiempo, los
profesionales huían de la isla y también se dispersaban por los EE.UU., lo cual
constituyó una verdadera fuga de cerebros para Puerto Rico. Otros, pobres y
sin formación profesional, siguieron llegando a los barrios del norte. Sin
embargo, durante la década de los 70, la situación económica empezó a
cambiar. Los trabajos industriales que hacían los puertorriqueños se
exportaron a otros países esfumándose así gran parte de las oportunidades que
antes habían existido. Del millón de puertorriqueños que habita Nueva York y
otras ciudades industriales, muchos se han encontrado atrapados en el declive
general. Por tanto, la comunidad boricua de Nueva York, más que ninguna
otra comunidad hispana, se ve plagada de problemas de pobreza, desempleo,
abuso de drogas, crimen y educación inferior, y afronta la posibilidad de
convertirse en una subclase permanente. A pesar de estos problemas, los
puertorriqueños de Nueva York o "neorriqueños" mantienen un fuerte orgullo
étnico y luchan por curar los males que afligen a su comunidad.

La forja de la cultura latina en los EE.UU.

Aunque hay tres comunidades principales de hispanos en los Estados Unidos,
existe además un grupo de varios millones constituido por inmigrantes de
diversos países, como la República Dominicana, Colombia, Ecuador,
Guatemala, El Salvador y Nicaragua. Sus razones para emigrar a los Estados
Unidos varían según el país de origen. Los disturbios políticos de los 80
causaron el éxodo de muchos centroamericanos—de Guatemala, Nicaragua y
El Salvador—hacia Los Ángeles y Miami. Por lo general, la oportunidad
económica ha atraído a los demás. En todos los centros de población hispana,
la presencia de estos inmigrantes ha contribuido a crear y extender el concepto
de comunidad latina o hispana, a diferencia de la estrictamente mexicana,
cubana o puertorriqueña.

Hay polémicas sobre el uso de
estos términos; muchos
prefieren **latino** mientras que
otros usan **hispano**; muchos se
identifican por su país de
origen (**mexicano**, etc.)
mientras que otros se llaman
simplemente **americanos**.

75

80

85

90

95

100

105

110

◀ Un mural de San Diego, California. El arte mural sigue siendo una forma de expresión preferida en la comunidad mexicana y su empleo se ha extendido a otros grupos hispanos.

La nueva identidad latina se ve expresada en su producción cultural. La salsa, música creada entre las islas caribeñas y Nueva York, combina ritmos de muchos países sin ser de ninguno de ellos. En la literatura, autores como Sandra Cisneros (chicana de Chicago), Cristina García (cubana de Miami),
115 Oscar Hijuelos (cubano de Nueva York) y Tato Laviera (puertorriqueño) publican libros que tratan de las experiencias de los latinos en los Estados Unidos. El arte mural que durante mucho tiempo se asoció con México, ahora se ha convertido en medio de expresión no sólo de la comunidad chicana sino de otras comunidades hispanas, sobre todo la puertorriqueña.
120 El gran desafío que la cultura latina ha presentado al país del norte ha sido su ataque a la imagen y al mito del gran crisol norteamericano. En vez de aceptar la supuesta necesidad de abandonar su propia cultura para asimilarse y desaparecer dentro de la cultura dominante de los Estados Unidos, muchos latinos, junto con los representantes de otras minorías, han propuesto un
125 modelo según el cual los distintos grupos étnicos pueden conservar su cultura y su lengua, formando así una "ensalada" cultural que permite la diferencia dentro de la unidad. Conservando su lengua y su cultura no sólo mantienen viva la herencia de sus antepasados, sino que aportan a su país adoptivo la riqueza de una población bilingüe y bicultural.
130 Sin embargo, la tendencia hispana de aferrarse a sus costumbres y lengua ha alarmado a muchos otros americanos, ya que al hacerlo desafían las

tradiciones de este país. Pero la realidad es que, a pesar de las apariencias, los latinos sí están asimilándose y adoptando el inglés como otros grupos inmigrantes. Lo que los diferencia de los grupos anteriores es que conservan el uso de la lengua materna a la vez que aprenden el inglés. Esto ocurre por varias razones: la inmigración de los hispanos es superior a la de cualquier grupo anterior; el número de hispanohablantes y la constante llegada de nuevos inmigrantes fomentan el uso continuo del español; además, el avión y el teléfono hacen posible mantener el contacto con la tierra natal, cosa que no ocurría con los inmigrantes de antaño. El concepto del multiculturalismo que surgió de los movimientos de los años 60 también ha fomentado una nueva actitud hacia la diferencia cultural al ver en ella una causa de orgullo. Todos estos factores han contribuido a mantener vivo el uso del español en los Estados Unidos, pero la realidad es que la mayoría de los hijos de los inmigrantes aprenden a usar el inglés junto con el español, y que los nietos ya tienen el inglés como primer, y a veces, único idioma. Además, los autores latinos más importantes tienden a escribir mayormente en inglés.

En el siglo venidero, las personas de origen hispano llegarán a ser la minoría más grande de los Estados Unidos. Este aumento en su población ya se está manifestando en la elección de numerosos candidatos políticos de origen latino y una mayor dispersión de su influencia cultural y económica. Los hispanos, como tantos grupos anteriores, harán contribuciones importantes a la cultura de los Estados Unidos, cambiándola al mismo tiempo que se asimilan a ella. De hecho, la mutua adaptación y asimilación entre la sociedad mayoritaria de los Estados Unidos y su minoría principal será uno de los grandes desafíos del siglo XXI.

Actividad 8: Los tres grupos principales Asocia cada uno de los siguientes rasgos o hechos con los mexicanos o mexicoamericanos (M), los cubanos o cubanoamericanos (C) o los puertorriqueños (P). Luego, utilizando como base estos términos, escribe un breve resumen de la información presentada sobre cada grupo. *Scanning, Summarizing*

1. __M__ antepasados que llegaron antes del siglo XIX
2. __M__ inmigrantes legales e ilegales
3. __C__ refugiados políticos
4. __P__ ciudadanos de los Estados Unidos antes de llegar
5. __M__ la Guerra de 1846
6. __C__ la Revolución Cubana
7. __P__ la Guerra de 1898

8. __M__ el Tratado de Guadalupe Hidalgo
9. __R__ Estado Libre Asociado
10. __M__ el suroeste
11. __C__ Miami y Nueva York
12. __P__ Nueva York y otras ciudades norteñas
13. __M__ la industria agrícola y los ferrocarriles
14. __P__ el alto índice de desempleo
15. __C__ comunidad comercial de gran éxito
16. __M__ la urbanización de su población
17. __P__ la fuga de cerebros
18. __M__ la mudanza a los suburbios

Actividad 9: La cultura latina   En parejas, contesten y comenten las siguientes preguntas según la lectura.

El Salvador

1. ¿Cuál es el cuarto grupo latino importante? ¿Cuál es uno de los efectos de su presencia y mezcla con las demás comunidades latinas?
2. ¿Cuáles son algunas manifestaciones de la cultura latina?   *Mucha música,*
3. ¿Cuál es el desafío que presenta la cultura latina?   *arte,*
4. ¿Por qué los latinos logran mantener vivas su cultura y su lengua?

Scanning

12-2

CUADERNO PERSONAL

¿Cómo ves a la sociedad americana, como un crisol o como una ensalada? ¿Crees que a largo plazo los latinos deben mantener una identidad distinta o asimilarse a la cultura general?

Lectura 3: Literatura

Actividad 10: En otras palabras   Usando tus conocimientos y el contexto de las oraciones, explica, con otras palabras, el significado de las palabras en negrita, que aparecen en el cuento "Naranjas". Si tienes dudas, busca la palabra en el glosario o el diccionario.

Building vocabulary, Paraphrasing

1. Después de recoger las naranjas hay que **empacar**las en cajas, todo lo cual se hace en la **empacadora.**
2. Muchos objetos **dorados** no están hechos de oro.
3. Había más de cien árboles en ese **naranjal.**
4. En la primavera se podía oler la fragancia dulce de los **azahares** en los naranjales.
5. En el pasado, antes de que hubiera agua corriente, la gente tenía en la habitación una **palangana** donde se lavaba la cara y las manos y un **cántaro** para traer y echar el agua.

6. Para preparar las distintas comidas, un buen cocinero necesita tener una variedad de **ollas** de tamaños diferentes: algunas para salsa, otras para sopas, etc.
7. Antes de comprar, siempre leo la **etiqueta** de la ropa para ver de qué material está hecha.
8. Tienes que tener cuidado al trabajar con madera, ya que es fácil que se te meta una **astilla** en la mano.
9. Siempre ando **descalzo** por la casa; sólo me pongo zapatos para salir.
10. Después de trabajar varias horas bajo el sol caliente, el hombre quedó cubierto de **sudor.**
11. Como mi padre comía bien y hacía mucho trabajo físico, era muy **recio.**
12. Por la mañana hay **neblina** y casi no se puede ver a más de dos metros, pero cuando sube el sol, desaparece la neblina y se puede ver hasta muy lejos.
13. Pilar **se alistó** para irse al colegio, poniéndose los zapatos y cogiendo su bolso, y luego se fue a coger el autobús.
14. El tren era muy largo; debía haber más de cincuenta **vagones.**

Actividad 11: El trabajo del campo   **Parte A:** Lee el primer párrafo del cuento y contesta las siguientes preguntas.

Predicting

- ¿Qué hacían los padres del narrador?
- ¿Cómo era su nivel de vida?
- ¿Qué crees que se va a narrar en el cuento?

Parte B: Ahora, lee el cuento y decide si está escrito en un tono enojado, cómico, triste, nostálgico o irónico.

Active Reading

Ángela McEwan-Alvarado es una poeta chicana que vive y trabaja en Whittier, California.

NARANJAS   *Ángela McEwan-Alvarado*

Desde que me acuerdo, las cajas de naranjas eran parte de mi vida. Mi papá trabajaba cortando naranjas y mi mamá tenía un empleo en la empacadora, donde esos globos dorados rodaban sobre bandas para ser colocados en cajas de madera. En casa, esas mismas cajas burdas nos servían de

5   cómodas, bancos y hasta lavamanos, sosteniendo una palangana y un cántaro de esmalte descascarado. Una caja con cortina se usaba para guardar las ollas.
Cada caja tenía su etiqueta con dibujos distintos. Esas etiquetas eran casi los únicos adornos que había en la habitación pequeña que nos servía de sala, dormitorio y cocina. Me gustaba trazar con el dedo los diseños coloridos—

10   tantos diseños—me acuerdo que varios eran de flores—azahares, por supuesto —y amapolas y orquídeas, pero también había un gato negro y una caravela. Lo único inconveniente eran las astillas. De vez en cuando se me metía una en la mano. Pero como dicen, "A caballo regalado no se le mira los dientes".

El Dorado es un lugar mítico de riqueza fabulosa que buscaron los conquistadores por toda América.

Mis papás llegaron de México a California siguiendo su propio sueño de El Dorado. Pero lo único dorado que encontraron eran las naranjas colgadas entre abanicos de hojas temblorosas en hectáreas y hectáreas de árboles verdes y perfumados. Ganaron apenas suficiente para ajustar y cuando yo nací, el dinero fue más escaso aún, pero lograron seguir comiendo y yo pude ir a la escuela. Iba descalzo, con una camisa remendada y un pantalón recortado de uno viejo de mi papá. El sol había acentuado el color de mi piel y los otros muchachos se reían de mí, diciendo que yo era negro. Quería dejar de asistir, pero mi mamá me decía, —Estudia hijo, para que consigas un buen empleo y no tengas que trabajar tan duro como tus papás—. Por eso, iba todos los días a luchar con el sueño y el aburrimiento mientras la maestra seguía su zumbido monótono.

En los veranos acompañaba a mi papá a trabajar en los naranjales. Eso me parecía más interesante que ir a la escuela. Ganaba quince centavos por cada caja que llenaba. Iba con una enorme bolsa de lona colgada por una banda ancha, para tener las manos libres, y subía en una escalerilla angosta y tan alta que podía imaginarme pájaro. Todos usábamos sombreros de paja con ala ancha para protegernos del sol, y llevábamos un pañuelo para limpiar el sudor que salía como rocío salado en la frente. Al cortar las naranjas se llenaba el aire del olor punzante del zumo, porque había que cortarlas justo a la fruta sin dejar tallo. Una vez nos tomaron una foto al lado de las naranjas recogidas. Eso fue un gran evento para mí. Me puse al lado de mi papá, inflándome los pulmones y echando los hombros para atrás, con la esperanza de aparecer tan recio como él, y di una sonrisa tiesa a la cámara. Al regresar del trabajo, mi papá solía sentarme sobre sus hombros, y así caminaba a la casa riéndose y cantando.

Mi mamá era delicada. Llegaba a casa de la empacadora cansada y pálida, a preparar las tortillas y recalentar los frijoles; y todas las noches, recogiéndose en un abrigo de fe, rezaba el rosario ante un cuadro de la Virgen de Zapopán.

Yo tenía ocho años cuando nació mi hermana Ermenegilda. Pero ella sólo vivió año y medio. Dicen que se enfermó por una leche mala que le dieron cuando le quitaron el pecho. Yo no sé, pero me acuerdo que estuvo enferma un día nada más y el día siguiente, se murió.

Nuestras vidas hubieran seguido en la misma forma de siempre, pero vino un golpe inesperado. El dueño de la compañía vendió parte de los terrenos para un reparto de casas, y por eso pensaba despedir a varios empleados. Todas las familias que habíamos vivido de las naranjas sufríamos, pero no había remedio. Mi mamá rezaba más y se puso más pálida, y mi papá dejó de cantar. Caminaba cabizbajo y no me subía a los hombros.

—Ay, si fuera carpintero podría conseguir trabajo en la construcción de esas casas —decía. Al fin, decidió ir a Los Angeles donde tenía un primo, para ver si conseguía trabajo. Mi mamá sabía coser y tal vez ella podría trabajar en una fábrica. Como no había dinero para comprarle un pasaje en el tren, mi papá se decidió a meterse a escondidas en el tren de la madrugada. Una vez en Los Angeles, seguramente conseguiría un empleo bien pagado. Entonces, nos mandaría el pasaje para trasladarnos.

La mañana que se fue hubo mucha neblina. Nos dijo que no fuéramos a
60 despedirle al tren para no atraer atención. Metió un pedazo de pan en la
camisa y se puso un gorro. Después de besar a mi mamá y a mí, se fue
caminando rápidamente y desapareció en la neblina.

Mi mamá y yo nos quedamos sentados juntos en la oscuridad, temblando
de frío y de los nervios, y tensos con el esfuerzo de escuchar el primer silbido
65 del tren. Cuando al fin oímos que el tren salía, mi mamá dijo —Bueno, ya se
fue. Que vaya con Dios—. No pudimos volver a dormir. Por primera vez me
alisté temprano para ir a la escuela.

Como a las diez de la mañana me llamaron que fuera a mi casa. Estaba
agradecido de la oportunidad de salir de la clase, pero tenía una sensación rara
70 en el estómago y me bañaba un sudor helado mientras corría. Cuando llegué
jadeante estaban varias vecinas en la casa y mi mamá lloraba sin cesar.

—Se mató, se mató —gritaba entre sollozos. Me arrimé a ella mientras el
cuarto y las caras de la gente daban vueltas alrededor de mí. Ella me agarró
como un náufrago a una madera, pero siguió llorando.

75 Allí estaba el cuerpo quebrado de mi papá. Tenía la cara morada y
coágulos de sangre en el pelo. No pude creer que ese hombre tan fuerte y
alegre estuviera muerto. Por cuenta había tratado de cruzar de un vagón a otro
en los techos y a causa de la neblina no pudo ver bien el paraje. O tal vez por
la humedad se deslizó. La cosa es que se había caído poco después de haberse
80 subido. Un vecino que iba al trabajo lo encontró al lado de la vía, ya muerto.

Los que habían trabajado con él en los naranjales hicieron una colecta y
con los pocos centavos que podían dar, reunieron lo suficiente para pagarnos

85 los pasajes en el tren. Después del entierro, mi mamá empacó en dos bultos los escasos bienes que teníamos y fuimos a Los Angeles. Fue un cambio decisivo en nuestras vidas, más aún, que íbamos solos, sin mi papá. Mientras el tren ganaba velocidad, soplé un adiós final a los naranjos.

El primo de mi papá nos ayudó y mi mamá consiguió trabajo cosiendo en una fábrica de overoles. Yo empecé a vender periódicos después de la escuela. Hubiera dejado de ir del todo para poder trabajar más horas, pero mi mamá

90 insistió en que terminara la secundaria.

Eso pasó hace muchos años. Los naranjales de mi niñez han desaparecido. En el lugar donde alzaban sus ramas perfumadas hay casas, calles, tiendas y el constante vaivén de la ciudad. Mi mamá se jubiló con una pensión pequeña, y yo trabajo en una oficina del estado. Ya tengo familia y gano lo suficiente para

95 mantenerla. Tenemos muebles en vez de cajas, y mi mamá tiene una mecedora donde sentarse a descansar. Ya ni existen aquellas cajas de madera, y las etiquetas que las adornaban se coleccionan ahora como cosa de novedad.

Pero cuando veo las pirámides de naranjas en el mercado, hay veces que veo esas cajas de antaño y detrás de ellas está mi papá, sudado y sonriendo,

100 estirándome los brazos para subirme a sus hombros.

Actividad 12: Una tragedia   **Parte A:** Escribe una descripción de la vida del narrador cuando era niño y de sus padres.

Recognizing chronological organization

Parte B: Las siguientes oraciones resumen la acción de la segunda mitad del cuento a partir de la línea 46. Ponlas en orden según el cuento.

a. _____ A eso de las diez, le llamaron para decirle que fuera a su casa.

b. _____ Al llegar a Los Ángeles, un primo los ayudó a establecerse y a conseguir trabajo, aunque el narrador siguió asistiendo a la escuela.

c. _____ Así que el padre decidió meterse a escondidas en el tren de madrugada para poder llegar a Los Ángeles.

d. _____ Como no había otro trabajo, pensaron en la posibilidad de irse a trabajar a Los Ángeles.

e. _____ Cuando llegó, le dijeron que su padre había muerto, probablemente por haberse caído del tren.

f. _____ Cuando por fin oyeron que se había ido el tren, el narrador se alistó para irse a la escuela.

g. _____ El narrador y su madre se despidieron del padre en casa, para que nadie se fijara en ellos en la estación de trenes.

h. _____ El padre del narrador trabajaba en el naranjal y su madre en la empacadora. Habrían seguido trabajando allí, pero el dueño de los naranjales vendió parte de sus tierras y despidió al padre.

i. _____ Los vecinos hicieron una colecta y les dieron al narrador y a su madre el dinero para pagar los pasajes a Los Ángeles.

j. _____ Sin embargo, no tenían suficiente dinero para pagar el pasaje de tren del padre.

Actividad 13: Un poema bilingüe   Al hablar, muchos latinos mezclan el inglés y el español. Asimismo, muchos escritores latinos los mezclan en sus obras, con fines artísticos. Lee en voz alta el siguiente poema y contesta las preguntas.

Skimming, Active reading

1. ¿Es mexicana o mexicoamericana la poeta?
2. ¿Cuál es el aspecto del poema que más te llama la atención?

Gina Valdés, de Los Ángeles, creció a los dos lados de la frontera entre México y los Estados Unidos. Ha publicado varios libros de poesía y ha enseñado español e inglés en algunas universidades del suroeste.

WHERE YOU FROM?   *Gina Valdés*

    Soy de aquí
    y soy de allá
    from here
    and from there
5   born in L.A.
    del otro lado
    y de éste
    crecí en L.A.
    y en Ensenada
10   my mouth
    still tastes
    of naranjas
    con chile
    soy del sur
15   y del norte
    crecí zurda°   *left-handed; "wrong, clumsy"*
    y norteada°   *pointed northward*
    cruzando fron
    teras crossing
20   San Andreas
    tartamuda°   *stuttering*
    y mareada°   *dizzy*
    where you from?
    soy de aquí
25   y soy de allá
    I didn't build
    this border
    that halts me
    the word fron
30   tera splits
    on my tongue.

Actividad 14: Una identidad desdoblada   El poema contiene muchas imágenes. En parejas, decidan qué imágenes usa la poeta para mostrar el desdoblamiento cultural que ocurre dentro de ella y decidan si cada una refleja 1) a los Estados Unidos y su cultura, 2) a México y su cultura, 3) la reacción de la poeta ante la lucha interna entre estas dos culturas.

Scanning

12-3

CUADERNO PERSONAL

¿Qué sentimientos se comentan en el cuento y el poema? ¿Te puedes identificar con estas emociones?

Redacción: Ensayo

ESTRATEGIA DE REDACCIÓN

Defending a Position

When you declare your opinion on a topic, you must be ready to defend your position. Ideally, you can also convince others to share your views. In order to defend your position, you must garner facts that will support it, such as examples, statistics, statements by authorities, or even personal experiences. However, facts can lead to very different opinions on a specific issue, depending on your broader values and beliefs. The best way to convince your readers of the validity of your position is by showing them that, if they hold the same values and beliefs as you do, then the logical position to take is the one you are defending. Strategies such as the ones you have already practiced can help you build your argument: comparing and contrasting, analyzing, and looking at causes and effects. Acknowledging opposing points of view and maintaining a reasonable tone can also make the reader more willing to accept what you have to say.

Actividad 15: La defensa de una postura   **Parte A:** En grupos de tres, miren la lista y decidan qué tipo de debate puede surgir sobre cada tema.

Defending a position

- El bilingüismo
- English Only
- La educación bilingüe
- El uso de los términos latino e hispano
- La inmigración
- Los indocumentados
- La proposición 187 de California, 1994
- Las cuotas que favorecen a las minorías

Parte B: Escojan un tema de la lista que les parezca importante. Primero, definan la polémica. ¿Por qué hay desacuerdo? Luego, adopten una postura y hagan una lista de argumentos a favor de esta postura y otra lista de contraargumentos, o sea, argumentos a favor de la postura opuesta. Traten de explorar el tema en un tono moderado y objetivo.

Parte C: Escojan los mejores argumentos de su lista y decidan qué tipos de evidencia se necesita para apoyar cada argumento. Luego, miren los contraargumentos y decidan si es necesario mencionar alguno de éstos. De ser ése el caso, tendrán que refutar el argumento o mostrar que no es muy importante.

Actividad 16: La redacción   Vas a escribir un ensayo para convencer a los demás miembros de tu clase del valor de tu postura.   Writing an essay

Parte A: Escribe una introducción en la que demuestre, con estadísticas o ejemplos que el asunto o la polémica ya existe, y en la que la oración de tesis presente claramente tu postura.

Parte B: Basándote en las ideas de la Actividad 15, escribe el cuerpo de tu ensayo presentando argumentos específicos y evidencia para apoyarlos.

Parte C: Escribe una conclusión en la que resumas tus argumentos y tu tesis. Puedes elaborar un poco: ¿qué pasará en el futuro? ¿qué deben hacer las personas que asumen esa postura?

Spanish-English Vocabulary

This vocabulary includes both active and passive vocabulary found throughout the chapters. The definitions are limited to the context in which the words are used in the book. Exact or reasonably close cognates of English are not included, nor are certain common words that are considered to be within the mastery of a second-year student, such as numbers, articles, pronouns, and possessive adjectives.

The gender of nouns is given except for masculine nouns ending in **-l, -o, -n, -e, -r,** and **-s** and feminine nouns ending in **-a, -d, -ión,** and **-z.** Adjectives are given only in the masculine singular form.

The following abbreviations are used in this vocabulary:

adj.	adjective	*inf.*	infinitive	*p.p.*	past participle
adv.	adverb	*m.*	masculine	*prep.*	preposition
conj.	conjunction	*n.*	noun	*sing.*	singular
f.	feminine	*pl.*	plural		

abanico   folding fan
abarcar   to include, span
abastecer   to supply
abecedario   alphabet
abertura   opening, gap
abierto   open
abnegado   self-sacrificing
abofetear   to slap
abogar por   to advocate; to plead for
abolir   to abolish
abordar   to approach; to tackle
aborto   abortion
abrazar   to hug, embrace
abrazo *n.*   hug, embrace
abreviado   abbreviated
abreviatura   abbreviation
abrigo   coat
abrumador *adj.*   overwhelming, crushing
abstener (ie)   to abstain
abundar   to be plentiful; to abound
aburrimiento   boredom
acabado   finished; accomplished
acariciar   to caress
acechante *adj.*   threatening, lying in wait
aceitar   to oil, lubricate
aceite   oil
acelerado   accelerated
acentuado   accented
acentuar   to accentuate
aceptación   acceptance, approval
acercarse   to come near, draw near
acero   steel
aclaración   clarification

aclarar   to clarify
acoger   to welcome, receive
acogida   welcome, reception
acomodado   well-off, well-to-do
acomodar   to adjust, accommodate; **acomodarse**   to comply; to adapt; to settle in
acompañado   accompanied
acompañar   to accompany
acontecimiento   event
acordarse (ue)   to remember
acorralado   cornered, trapped
acortar   to shorten
acribillar   to shoot full of holes, riddle
actitud   attitude, position
actuación   performance
actual *adj.*   present-day, current
actualidad   present moment; current **actualidades**   importance; current events
actuar   to perform; to act upon/as
acudir   to come, come up
acuerdo   agreement; **de acuerdo con** in accordance with; **estar de acuerdo** to agree; **ponerse de acuerdo**   to agree
adecuado   appropriate, suitable
adelante   forward; **en adelante** from now/then on
además   in addition, moreover; besides
adherirse (ie, i)   to adhere, stick
adinerado   wealthy, well-off
adivinar   to guess
adjudicar   to award

admiración   admiration
admirado   admired
admirador *n.*   admirer; *adj.*   admiring
admirar   to admire
adoptivo   adopted; adoptive
adorar   to worship; to adore
adormilado   sleepy, drowsy
adorno   adornment; decoration
adquirir (ie, i)   to acquire
aduanero   customs officer
aducir   to bring forward; to offer as proof
adueñarse   to take possession of
adulterado   adulterated, made impure
advenimiento *n.*   coming, advent
advertencia   warning; observation
advertir (ie, i)   to warn, notify
afán   desire, urge
aferrarse   to cling (to)
afición   fondness, liking; interest, hobby
afilado   sharp; high-pitched
afilar   to sharpen; **piedra de afilar** whetstone
afín   similar
afinado   fine-tuned
afligido   distressed, grieved
afligir   to afflict, trouble
aflojar   to loosen, undo; to let up
afrontar   to confront, face
afuera   out, outside; **afueras** outskirts
agarrar   to grasp, grab; **agarrar el toro por los cuernos**   to take the bull by the horns

agazaparse to crouch down
agobiar to overwhelm
agotado exhausted; spent
agradar to please, be pleasing to
agradecer to thank; to be grateful
agregar to add
agrícola *adj.* agricultural
aguantar to stand, endure, tolerate;
 aguantarse to resign oneself
aguardiente type of liquor
aguas negras untreated sewage
agudo acute; sharp; witty
ahijuna Well, I'll be! (an exclamation)
ahogar to drown; to suffocate
ahuecar to hollow out; to fluff up;
 ahuecar el ala to take off, leave
aire *m.*: **a su aire** in one's own way
airoso graceful, elegant
aislación isolation
aislado isolated
aislamiento isolation (rare)
aislar to isolate
ajado creased, wrinkled
ajedrez *m.* chess
ajeno *adj.* alien, of other people, not
 one's own
ajiaco stew; mess, mix-up
ajustar to adjust, settle; to get by
ala *f.* (*but* **el ala**) wing; hat brim
alabar to praise
Al-Andalus Arabic name for southern
 Spain
alargar to lengthen
alarmante alarming
alba *f.* (*but* **el alba**) dawn, daybreak
albergar to give shelter to; to house
albóndiga meatball
albricias Great! Good! (an exclamation)
alcalde mayor
alcanzar to reach; to manage to; to
 succeed in
alcázar castle, fortress
aldea village; **aldea fantasma** ghost
 town
alejamiento distancing, withdrawal
alejar to move away
aleluya hallelujah
alentar to encourage, cheer
alféizar window sill
alfiler pin
alfombra carpet, rug
algas *pl.* algae
alimaña vermin, pest
alimentar to feed
alimento *n.* food

alistarse to get ready
allá over there; **más allá** beyond;
 farther on
alivianado *adj.* cool, hip (informal)
allanar to level, flatten
alma *f.* (*but* **el alma**) soul; **alma en
 pena** lost soul, ghost
almacenamiento storage
almena battlement
alondra lark (bird)
alrededor around; **los alrededores**
 surrounding areas
alternancia alternation
altibajos ups and downs
alto *adj.* high; **voz de alto** order to
 halt
altura height; moment in time
alumbrar to light, illuminate
alza *f.* (*but* **el alza**) rise
alzar to lift up, raise
amabilidad kindness; amiability
amaestrar to train
amanecer to dawn
amante *m./f.* lover
amapola poppy
amar to love
amargo bitter
amarillento yellowish
amatista amethyst
ambiental environmental
ambientalismo environmentalism
ambientalista *m./f.* environmentalist
ambiente atmosphere; environment;
 medio ambiente natural environment
ambos both
ambulante *adj.* traveling; walking
amenaza threat
amenazador *adj.* threatening
amenazante *adj.* threatening
amenazar to threaten
ametralladora machine gun
amistad friendship
amistoso friendly
amo *n.* master
amorío love affair, romance
amortajar to shroud
amparar to protect, shelter
amparo *n.* protection, shelter
amplificar to amplify
amplio wide, full; broad
amplitud extent, size
ampuloso pompous; full, stuffed
amurallado walled
anacoreta *n.* religious recluse
añadir to add

analfabeto illiterate
ananás *m. sing.* pineapple
anca *f.* (*but* **el anca**) haunch, rump;
 ancas de rana frog's legs
ancho *adj.* wide
Andalucía Andalusia
andaluz Andalusian
andanzas *pl.* deeds, adventures
andar to walk; to move along
andino Andean
andrajoso ragged, in tatters
anglohablante *adj.* English-speaking;
 n. English speaker
angosto narrow
angustia anguish, distress
angustiado anguished, distressed
angustiarse to be distressed; to grieve
anillo ring
ánimo energy, vitality; intention
anís anise
año year; **los años ochenta** the
 eighties
anochecer to get dark; to be/do at
 nightfall
ansia *f.* (*but* **el ansia**) anxiety
antagónico antagonistic
antaño *adv.* long ago
anteayer day before yesterday
antecedentes record, history,
 background
antemano: de antemano in advance,
 beforehand
anteojos eyeglasses
antepasado ancestor
anteponer to place in front of; to
 prefer
anterior *adj.* previous
anticipadamente in advance;
 beforehand
anticipado in advance, ahead of time
anticonceptivo contraceptive
anticuado old-fashioned
antifaz *m.* mask
antillano West Indian, of the Antilles
Antillas Antilles, West Indies
anuncio advertisement; **anuncio
 personal** personal ad
aparecer to appear
aparición appearance (action)
apariencia outward appearance
apartado section; heading; **apartado
 postal** post office box
apasionante exciting, thrilling
apelar to appeal; to resort to
apellido surname

apenas *adv.* scarcely, hardly
apergaminado *adj.* parchment-like, dried-up
apertura opening
aplastado crushed, squashed, flattened
aplicar to lay on, apply
apodo nickname
apogeo peak, height, top
apolillado moth-eaten, old
apolítico apolitical
aportar to bring, contribute
apoyar to support
apoyo *n.* support
apreciar to appreciate, value
aprendizaje training period; apprenticeship; learning
apretar (ie) to tighten; to squeeze; to press
apropiado appropriate
aprovechamiento use, development
aprovechar to make good use of; to make the most of; **aprovecharse (de)** to take advantage of
apuntar to take notes; to point out; to aim, point (gun)
apuntes written notes
aquejar to worry; to ail
árabe *n. m./f.* Arab; *m.* Arabic (language); *adj.* Arabic
araña spider
árbol tree
archivo file (record); filing; archive
arena sand
arete *m.* earring
argumento argument; plot
árido arid, dry
arista edge
arma *f. (but* **el arma***)* weapon
arpillera Chilean tapestry
arrancón sudden starting (car)
arranque fit, outburst
arrasamiento leveling, destruction
arrasar to level, flatten, destroy
arrear to get moving
arrebatado hasty, sudden; bemused, ecstatic
arrebatar to snatch, seize
arrechucho fit, attack
arreglado arranged
arreglar to arrange; to fix
arreglo *n.* agreement; musical arrangement
arriba up; above; upstairs; **de arriba abajo** from top to bottom
arriesgado risky, dangerous

arriesgar to risk
arrimarse to come/stay close
arrugado wrinkled
arte *m.* art; **bellas artes** *f.* fine arts
artesanía crafts, handicrafts
articulado *n.* article of a proposal or bill
artillería artillery
asado *adj.* roasted; *n.* roast
asaltar to rob; to assault
asalto *n.* robbery; assault
ascender (ie) to go up, rise; to be promoted
asegurado insured; made safe or secure
asegurar to make sure
asemejarse to be like, resemble
asentir (ie, i) to agree, approve
asesinar to murder; to assassinate
asesinato murder; assassination
asesino *n.* murderer; assassin
asesor consultant
aseverar to affirm, assert
asfixiado asphyxiated, suffocated
así thus, so, like this/that; **así que...** so . . .
asiático Asian
asiduamente assiduously; regularly
asignatura subject; course
asilo asylum; refuge, shelter; **asilo de ancianos** nursing/retirement home
asimismo likewise, in like manner
asistente *m./f.* **social** social worker
asma *f. (but* **el asma***)* asthma
asociar to associate, relate
asomar to show, stick out; to lean out
asombrado astonished, amazed
asombrar to astonish, amaze
asombro *n.* astonishment, amazement
asombroso astonishing, amazing
asperjar to sprinkle
aspirante *m./f.* candidate, applicant
aspirar to aspire; to breathe in
asta *f. (but* **el asta***)* spear; pole
astilla splinter, chip
asunto issue, affair, matter; **asuntos exteriores** foreign affairs
atar to tie; to tie up
atascado stuck, blocked up
atasco traffic jam
ataviado dressed up
atávico atavistic
atemorizar to frighten, scare
atentamente attentively; sincerely (in a letter)

atento attentive; polite, thoughtful
aterrado terrified, horrified
aterrar to terrify
atisbo *n.* flash, glimmer
atónito astounded, flabbergasted
atorrante worthless bum
atraco holdup, robbery
atrapado trapped
atrás behind; back; **hacia atrás** backwards
atravesar (ie) to cross; to pass through
atreverse to dare
atrevido daring, bold; forward
aturdido dazed, bewildered
audífonos headphones
auge rise, expansion
aumentar to increase
aumento *n.* increase
aun even
aún still, yet
aunque although, even though
auriculares headphones
aurora dawn
ausencia absence
austeridad austerity
autóctono *adj.* autochthonous, native, indigenous
automovilístico *adj.* car, automobile
autopsia autopsy
autor author
autorretrato self-portrait
avanzar to advance; to move forward
ave *f. (but* **el ave***)* bird
aventura adventure; love affair; fling
aventurero *n.* adventurer; *adj.* adventurous
averiguación investigation, inquiry
averiguar to investigate, ascertain; to find out, look up
aviación aviation
aviado ready; **¡Aviados estamos!** What a mess we're in!
avisar to inform, notify
aviso *n.* notice, announcement
axila armpit
ayuntar to yoke or join together
azafrán saffron
azahar orange blossom
azar *n.* chance; **al azar** at random, by chance
azotado beaten, whipped
azotar to lash; to whip
azucena white lily
azulado bluish

bache pothole; bad patch
bachiller *m./f.* high school graduate
bachillerato high school diploma
bacinica bedpan
bailarín dancer
baja *n.* decrease, drop
bajada descent, going down
bajar to go down; to fall
bajo *adj.* low, short; *prep.* under; *n.* bass (guitar)
bala bullet
balbuceo babbling
balsa raft
banano banana
bancarrota bankruptcy
banco bench; **Banco Mundial** World Bank
banda gang; strip, ribbon; conveyor belt; **banda sonora** sound track
bandera flag
bañera bathtub
barboteo murmuring
barco ship
barra bar, counter
barrer to sweep
barrera barrier
barriga stomach, belly
barrio neighborhood, quarter
barroco Baroque
basarse en to be based on
base *f.* basis, foundation
bastante enough, quite, rather; quite a lot
basura trash, garbage
bata housecoat
batalla battle
batata sweet potato
batazo *n.* a hit with a bat
batería car battery; small battery
batir to beat; **batir el récord** to break the record
beca scholarship, grant
Bella Durmiente Sleeping Beauty
bemba lip
bendito *adj.* blessed
beneficio benefit
bereber Berber
besar to kiss
bicoca trifle, mere nothing
bien *n.* good; **bienes materiales** material goods; **por el bien de** for the good of
bienestar well-being, welfare
bilingüe bilingual

bilingüismo bilingualism
birlar to steal
Blancanieves Snow White
blanco: en blanco blank
boca mouth; **ir a pedir de boca** to go/turn out perfectly
bocacalle street intersection
bochorno *n.* hot weather; hot flash
bodega bar; wine cellar
bolera bowling alley
boliche bowling
bolo bowling ball
bolsa bag
bolsillo pocket; **tener los bolsillos forrados** to have plenty of money
bondad goodness, kindness
borde edge; **al borde de** on the verge of
bordo: a bordo on board
borgoña burgundy
boricua Puerto Rican
borrador rough draft
borrar to erase
bosque forest, woods
bosquejar to outline
bosquejo *n.* outline
botar to throw out
boticario chemist, pharmacist
botín booty
brazo arm; **no dar el brazo a torcer** to stand firm
brevemente briefly
brindar to offer; to present
bronco raucous, harsh
brotar to bud, blossom; to come up, gush forth
bruja witch
brujo wizard, sorcerer
bruma mist, fog
brusco *adj.* sudden, abrupt; rude
brutalidad brutality
buey *m.* ox
bulto bundle; indistinct shape
burdo *adj.* coarse, rough
burro donkey; dunce
busca *n.* search
buscafortunas *m./f.* fortune hunter
buscar to seek, to look for; **buscárselo** to ask for it
búsqueda search

caballo horse
cabalmente completely, fully

caber to fit; to be possible; **no cabe duda** there is no doubt
cabildo town council; Santería group or chapter
cabina cabin; booth
cabizbajo crestfallen, downcast
cable cable, telegram
cabo end; **al cabo de** at the end of; **al fin y al cabo** after all; **llevar a cabo** to carry out, execute; **cabo de servicio** duty officer, policeman; **cercenar cabos sueltos** to trim off loose ends
caca "doo-doo," rubbish
cacerola pot, casserole
cacha butt of a revolver
cacique chief; political boss
cacofonía cacophony, discordant repetition of sound
cada each
cadena chain; **cadena de montaje** assembly line; **producción en cadena** mass production
caer(se) to fall; **caerle bien** to be to the liking of
caída *n.* fall (act of falling)
caja cash register; **caja fuerte** safe
cal *f.* lime (mineral)
caldera boiler
calefacción heating system
calentador heater
calentamiento heating, warming
calidad quality
calidez warmth
callarse to be quiet; to shut up
callejero *adj.* street
calmarse to calm down
camastro rough old bed
cambiante changing
cambio change; **en cambio** on the other hand
camino road; path; route; **de camino** on the way
camión truck
camioneta truck, van
campaña campaign
campeón champion
campera parka
campero country, rural
campesino peasant
campo field; scope, range
camuflado camouflaged
caña de azúcar sugar cane
cancha court (tennis)
candela candle; fire

candidatura candidacy
canoa canoe
cansado tired
cansancio tiredness, fatigue
cantante *m./f.* singer
cántaro pitcher, jug
cantidad quantity
capa layer; icecap
capacitado qualified
capaz capable, able
Caperucita Roja Little Red Riding
  Hood
capo mafia or crime leader
capricho whim
cara face
carácter character
caravela (carabela) caravel, ship
carbón (char)coal
cardíaco cardiac, heart
carencia lack, shortage
carga *n.* charge
cargar to carry; to load
cargo *n.* post, position
Caribe: Mar Caribe Caribbean Sea
caribeño *adj.* Caribbean
caricortado scarface
cariñoso affectionate, loving
carne de res beef
carpintero carpenter
carrera area of study; career; race;
  carrera empujada run batted in
carrito cart
carta letter
cartearse to correspond by mail
cartel poster, ad; cartel
cartera wallet
cartilla: no saber ni la cartilla not to
  know a single thing
cartón cardboard
casco helmet
casero *adj.* homemade; home
casi almost
casilla boxes
caso: case; hacer caso de to pay
  attention to; **¡ni caso!** no attention at
  all!; **no hacer caso** to ignore
castaña chestnut; **sacarle las castañas
  del fuego** to help out someone in a
  bad situation
castaño chestnut brown
castellano *n.* Castillian, Spanish
castigar to punish
castigo *n.* punishment
Castilla Castile

castillo castle
castrar to castrate
catolicismo Catholicism
caudaloso swift, large; abundant
caudillo leader; tyrant; political boss
causa *n.* cause; **a causa de** because
  of, due to
causante *n.* causer, originator
causar to cause
cautiverio captivity
cazar to hunt
ceder to hand over; to cede
célebre famous
celo zeal
Cenicienta Cinderella
ceñir (ie, i) to gird; to circle
cenit *m.* zenith
censura censorship
centenar *n.* hundred
cercano nearby
cercenar cabos sueltos to trim off
  loose ends
cerdo pig; pork
cerebro brain
certero accurate
cesar: sin cesar unceasingly
chacra small farm
chalet freestanding house outside the
  city
chambón awkward, clumsy; bungling
chancla slipper, "flip-flop"
chapucero rough, crude; clumsy
charla *n.* chat, talk
chau good-bye, ciao
chavos money
chicotazo lash, swipe
chilcano a type of alcoholic beverage
chimenea fireplace; chimney
chino *n.* kid, youngster; *adj.* Chinese
chisporrotear to crackle, sizzle
chistar to say a word; to speak
chocante *adj.* shocking
cholo mestizo, "half-breed"
chop *m.* draft beer
choque crash, shock; clash, conflict
cicatriz scar
ciegamente blindly
cielo sky, heaven
ciencia ficción science fiction
científico *n.* scientist
cifra figure, number, numeral
cigarrillo cigarette
cinturón belt
circundado surrounded

cita *n.* quote; appointment, date
citar to make an appointment with; to
  quote
ciudadano citizen
clandestino clandestine, underground
clarear to lighten; to dawn
clarividencia clairvoyance;
  clearsightedness
clarividente clairvoyant; clearsighted
claro clear
clave *f.* key; clue
clavo nail
coágulo clot
cobrar to charge; to collect money
  owed; to cash (a check)
cobre copper; **sin un cobre** without
  a cent
cocha pool; water tank
cocina kitchen; cooking, cuisine
cocinero cook
cocodrilo crocodile
código code
colchón mattress
colecta collection (for charity)
colega *m.* colleague; schoolmate
colegio high school
colérico angry, furious
colgado hung; hanging
colgar (ue) to hang
colibrí *m.* hummingbird
collar necklace
colmado *adj.* full, filled
colmar to fulfill
colocado placed
colocar to place
colonia colony; suburb; **colonia
  penitenciaria** prison camp
colono colonist, settler
comando commando; assault unit
combatir to fight
combustible fuel
comentario comment, remark
comercialización commercialization
comerciante *m./f.* trader, merchant,
  businessperson
comestibles food, provisions
cometer to commit
comisaría police station
cómoda chest of drawers, dresser
cómodo comfortable
compadecerse de to pity, be sorry for
compadre godfather of one's child;
  close friend
compañía company

comparación comparison
compartir to share
compatriota *m./f.* compatriot, fellow countryperson
competencia competition
competitividad competitiveness
complejo complex
complemento complement; object (grammar)
cómplice *m./f.* accomplice
componerse de to be composed of
comportamiento behavior
comportarse to behave
compositor composer
comprensivo *adj.* understanding
comprobar (ue) to check
comprometer to endanger; to compromise; to commit
comprovinciano person from the same province as another
compuerta hatch; door
compuesto (*p.p.* of **componer**) composed, made
común common
conceder to grant; to concede
concienciación consciousness raising
conciliar el sueño to get to sleep
concurrir to converge, meet; to concur
concurso contest
conde *n.* count
condenado *adj.* damned, wretched; *n.* wretch
condiscípulo fellow student
conducir to lead
conducta behavior, conduct
conductor driver
conferencista lecturer
confianza trust; **hombre de confianza** reliable, trustworthy man
confinado *adj.* confined; *n.* prisoner
confirmar to confirm
congelar to freeze
conglomerado conglomerate
congrí rice and beans cooked together
conjunto whole, collection; musical group, band
conmemorar to commemorate
conmover to move; to touch emotionally
conocencia acquaintance
conocido well-known
conocimiento knowledge
conquistar to conquer
consecuencia consequence; **como consecuencia** consequently

conseguir (i,i) to get, obtain; to attain, achieve, succeed in
conserva canned food
conservación preservation; conservation
conservado preserved, kept
conservar to keep, preserve; to conserve
consigo with himself, herself, itself; with themselves
consiguiente: por consiguiente therefore
constatar to note; to verify
constituir to constitute; to form
consumidor consumer
consumo *n.* consumption
contabilidad accounting
contable accountant
contaminación pollution
contar (ue) to tell; to count; to include
contenedor large container
contener (ie) to contain
contenido content
continuación: a continuación next, following
contra against
contraer to contract, catch (disease)
contraste: en contraste con in contrast to/with
contratación hiring
contratar to hire
controvertido controversial
convalecencia convalescence
convenir (ie) to arrange; to agree; to be suitable or advisable
conventillo tenement house
convertirse (ie, i) en to convert into; to turn into
convincente convincing
convivencia coexistence
copa glass, cup; drink
copal resin, incense
copera bar waitress
copetín small drink
coraje courage
cordura good sense; sanity
corista chorus girl, showgirl
correaje strap, belt, harness
corregir (i, i) to correct
correo mail; post office
corriente *adj.* common, current; *f.* trend, tendency; **agua corriente** running water
corrugado corrugated
cortado *n.* espresso (coffee) cut with milk

cortadora lawn mower
cortajeado torn
cortapapeles *m.* letter opener
cortar to cut
cortejar to court, woo
cortés courteous, polite
cortina curtain
cosecha harvest; crop
coser to sew
costa: a costa de at the expense of; **a toda costa** at all costs
costoso expensive
costumbre *f.* custom, tradition; **como de costumbre** as usual
cotidiano *adj.* everyday, daily
crear to make, create
crecer to grow
creciente growing, increasing
crecimiento growth
credo creed
creencia belief
creer to believe
creíble believable
criada servant, maid
criado *n.* servant; (*p.p.* of **criar**) raised
crianza raising; upbringing
criar to raise; **criarse** to be brought up, be raised
criatura infant, baby
crimen crime
criminalidad criminality; crime rate
crisol melting pot
cristianismo Christianity
cristiano Christian; **moros y cristianos** black beans and rice
crítica criticism; critique
criticar to criticize; to critique
croasán croissant
crónico chronic
cruce crossing
cruz *f.* cross; **cruz gamada** swastika
cruzada crusade
cuadernillo folder, booklet
cuadrangular home run
cuadro box, table, chart; painting, picture
cualquier(a) *adj.* any; *n.* anyone, anybody
cuanto antes as soon as possible
cuarentón fortyish
cubeta pail, bucket
cubiertos silverware
cubrir to cover
cuchara spoon; **meter la cuchara** to meddle, butt in

cuchillero knife-carrying hoodlum
cuchillo knife
cuenca basin
cuenta bill; **cuenta bancaria** bank account; **darse cuenta de** to realize; **por cuenta** apparently
cuento short story
cuerdo sane
cuerno horn
cuero leather; drum skin
cuerpo body
cuestas: a cuestas upon one's back
cuestión matter, question, issue
cuestionario questionnaire; survey
culata butt of a gun
culebra snake; **peinar la culebra** to waste time, be lazy
culminar to culminate
culpa guilt
culpable guilty
cultivado cultivated, farmed
cultivar to cultivate, farm
cultivo crop; cultivation
culto *adj.* cultured, educated; *n.* worship
cumbre *f.* summit
cumplido accomplished
cumplir: cumplir años to turn, reach an age; **cumplir con** to carry out, fulfill
cuna cradle
cuota quota; share
cúpula dome, cupola
cura *f.* cure; *m.* priest

dama lady
dañar to damage
dañino harmful, destructive
daño *n.* damage
dar to give; **dar de comer** to feed; **darle igual** to be all the same to someone; **darle la (real) gana** to feel like doing (exactly as one likes); **darle vueltas a algo** to think a matter over; **dar por descontado/sentado** to take for granted; **darse a** to make oneself, to become; **darse cuenta de** to realize; **darse por vencido** to give up; **darse vuelta** to turn around; **dar vueltas** to turn, revolve, go around; **no dar el brazo a torcer** to stand firm
dato piece of information; **datos** data
deber *n.* duty; *inf.* to ought to, must

deberse (a) to be due (to)
debido (a) due (to)
débil weak
debilidad weakness
decidir to decide
decimotercero thirteenth
declinación decline
declive *n.* decline
decorado *n.* set (decorations and props)
dedicarse (a) to devote oneself (to)
dedillo: al dedillo at one's fingertips; perfectly, thoroughly
dejar to leave; to lend; **dejar de** to give up; to cease; **dejar en paz** to leave alone
delator informer, accuser
delincuente criminal
delito crime, offense
demanda *n.* demand; lawsuit
demandar to sue
demarcar to mark out
demás: los demás the others, the rest
demasía surplus
demasiado too (much)
demócrata *m./f.* democrat
demográfico *adj.* demographic, population; **explosión demográfica** population explosion
demoler (ue) to demolish
demonio demon, devil
denominar to name, denominate
denunciar to report, denounce
deportar to deport
depredación depredation, pillaging
deprisa rapidly
derechista *m./f.* rightist
derecho law; right
derivado derived
derrota *n.* defeat
derrotar to defeat
derrumbar to overthrow; to throw down; **derrumbarse** to collapse
desacuerdo disagreement
desafiante challenging; defiant
desafiar to challenge, dare
desafío *n.* challenge
desafortunadamente unfortunately
desagradable unpleasant
desaparecer to disappear
desaparecido *adj.* disappeared; *n.* missing person
desaparición disappearance
desarmar to disarm; to take apart
desarrollado developed
desarrollar to develop

desarrollo *n.* development; **en vías de desarrollo** developing
desbocado *adj.* runaway, uncontrolled
descalzo barefoot
descansar to rest, relax
descanso *n.* rest
descarnado raw, harsh
descascarado chipped
desconcierto confusion
desconfiar to distrust
descongelación thawing, unfreezing
descontado: dar por descontado to take for granted
desde since, from; **desde luego** naturally, of course
desdoblado split
desdoblamiento splitting
desechable disposable
desechar to throw out, get rid of
desecho *n.* scrap, rubbish; **desechos** industrial waste
desempeñar to carry out; to fulfill; to play (a part)
desempleo unemployment
desenfundar to unsheath, remove from a case
desenterrar (ie) to dig up
desentrañar to unravel, disentangle
desenvolverse (ue) to evolve, unfold
desequilibrio imbalance
desesperadamente desperately
desesperar to despair, lose hope
desestabilizar to destabilize
desfile parade
desgraciado unlucky, unfortunate
desgranar to tell; to announce
deshacer to undo
deshielo thawing, unfreezing
deshilachado worn, frayed
desierto desert
desigualdad inequality
deslizar to slip, slide
desnudo nude, naked
desobedecer to disobey
desorden disorder, confusion
despachar to dispatch, send
despedida farewell; closing (letter)
despedir to fire; to give off, emit; **despedirse** to say good-bye; to take leave
despejado clear, awake
despejar to clear; to remove
despenalizar to decriminalize
desperdiciar to waste
desperdicio n. waste

despertar (ie)   to awaken, wake up
despilfarro   wasting, squandering
desplegar (ie)   to unfold, unfurl
despoblar (ue)   to depopulate, reduce the population of
despótico   despotic, tyrannical
despotricar (ie)   to rave, carry on
despreciado   despised
despreciar   to scorn, despise
desprecio *n.*   scorn, contempt, disdain
despreocuparse   not to worry
desproporcionado   out of proportion
destacarse   to stand out
desternillarse de risa   to split one's sides laughing
destinatario   addressee
destino   destiny; destination
desvarío   delirium, raving
desventaja   disadvantage
detalladamente   in detail
detallado   detailed
detalle   detail
detención   arrest, detention
detener (ie)   to arrest; to stop, cease
deterioro   deterioration; damage
detonador   detonator
detrimento   damage, detriment
deuda   debt; **deuda exterior o externa** foreign debt
devolver (ue)   to return, give back
día de fiesta   holiday
diantres   Darn it! (an exclamation)
diario *n.*   daily newspaper; **a diario** *adv.* daily
dibujo   drawing
dictador   dictator
dictadura   dictatorship
didáctico   didactic
diestra: a diestra y siniestra *adv.* right, left, and all around
diestro   skilled
diferencia: a diferencia de   unlike
diferenciarse de   to differ from
dignarse   to deign, condescend
digno   worthy; decent; dignified
dios   god
diosa   goddess
dióxido de carbono   carbon dioxide
diptongo   diphthong
dirección   address
dirigente *n. m./f.*   leader
dirigir   to lead, direct; **dirigirse (a)** to speak (to), address; to head (to)
disculpa *n.*   excuse, plea, apology
diseño *n.*   design

disfrutar de   to enjoy
disgusto   dislike; unpleasant experience
disimulado   covered up, pretended; **hacerse el disimulado**   to pretend not to notice
disimular   to dissimulate, pretend, hide one's true feelings
disimulo *n.*   dissimulation; craftiness; concealment
disminuir   to lower, diminish
disparar   to fire, shoot; **dispararse un tiro**   to shoot oneself
disponibilidad   availability
disponible   available
dispuesto   willing
distraer   to distract, divert; **distraerse** to amuse oneself
distraídamente   absent-mindedly; casually
disturbio   disturbance; **disturbios** turmoil
diversión   amusement, entertainment
divertido *adj.*   fun, entertaining
divisar   to make out, discern
divisorio *adj.*   dividing
doblaje   dubbing
documental   documentary
doloroso   painful
dominación   domination; rule
dominado   dominated
dominador *adj.*   dominating, controlling; *n.*   dominator
dominante *adj.*   domineering; dominant
dominar   to dominate; **dominar una lengua**   to speak a language fluently
Domingo de Ramos   Palm Sunday
dominical *adj.*   Sunday
dominio   authority, control
don   title of respect used with male names
dondequiera   wherever
doña   title of respect used with female names
dorado   golden
dormirse sobre sus laureles   to rest on one's laurels
dosis *f.*   dose
drama *m.*   play
dramaturgo   playwright
droga   drug
drogadicción   drug addiction
drogata   junkie, drug addict
duda: sin duda   undoubtedly; **sin lugar a dudas**   undoubtedly; **no cabe duda**   there is no doubt

dulce *adj.*   sweet; *n.*   candy
duración   period, length of time; duration
duradero   lasting
durar   to last

echado *adj.*   stretched out
echar   to throw, toss; **echar mano a** to get hold of; **echar mano de**   to make use of; **echar pie atrás**   to back out/down; **echarse a**   to start; to burst out; **echar un vistazo**   to take a look at; **echar raíz**   to take root
ecología   ecology
ecológico *adj.*   ecological
ecologismo   environmentalism
ecologista *n. m./f.*   environmentalist
ecólogo   ecologist
edad   age; **Edad Media**   Middle Ages
edema *m.*   edema, swelling
edificación   building
editar   to publish; to edit
editorial *adj.*   publishing; *f.* publishing company
edredón   down comforter
efectuar   to carry out, (accomplish); to effect
eficacia *n.*   effectiveness; efficiency
eficaz *adj.*   effective; efficient
eficiencia   efficiency
eficiente   efficient
efímero   ephemeral, short-lived
egoísta   selfish
ejecutado   executed, carried out
ejemplificar   to exemplify
ejercer   to practice, perform; to exercise, wield
ejercitarse   to exercise
ejército   army
elaborar   to elaborate
elegido   elected
elegir (i, i)   to elect; to choose, select
elogiable   praiseworthy
elogiar   to praise
embajador   ambassador
embargo: sin embargo   however
emerger   to emerge
emocionante   exciting
empacadora   packing factory
empacar   to pack
empanada   meat pie
empaque *m. n.*   packaging
emparentado   related
empeño   aim, desire, ambition

empeorar to worsen
emperador emperor
empero but; yet; however
emperrarse to be dead set on; to lose one's temper
empinado steep
empleado employee
empleo job; employment
emprender to undertake; to start
empresa *n.* company; enterprise; **administración de empresas** business administration
empresario businessperson, employer, manager
empuñar to grasp, clutch, grip
emular to emulate
enaltecer to exalt, praise
enarbolar to hoist up
encabezamiento heading
encabezar to lead, head
encajar to fit; to insert; to fit in
encantado enchanted, delighted
encantador enchanting, charming
encantar to delight, charm
encanto *n.* enchantment; magic spell
encarcelar to put in jail
encargado *adj.* in charge
encargo *n.* errand, assignment; order
encauzar to channel, direct
encender (ie) to turn on; to light
encendido lit; turned on
enchufe plug; outlet; **tener enchufe** to have connections
encima on top, above; **por encima** on top
enclave enclave, area, grouping
encogerse to shrink
encuadrado framed
encuadrar to insert, incorporate
encuentro *n.* encounter; meeting
endémico endemic, characteristic of a region
enérgico energetic
enfatizar to emphasize
enfermedad disease, sickness
enfermero nurse
enfisema emphysema
enfocarse en to focus on
enfrentamiento clash, confrontation
enfrentarse (a/con) to deal (with), confront
engañar to deceive
enganchado hooked
engañoso misleading, deceptive
engordar to make fat; to become fat

engullir to swallow, gulp down
engurruñado wrinkled, crumpled
enjabonar to soap
enjundioso substantial
enmarañar to entangle
enojado angry
enorgullecerse de to take pride in
enramada a type of food
enredarse to get tangled up
enriquecer to enrich; **enriquecerse** to get rich
ensalmo spell
ensamblado assembled
ensayo essay; rehearsal
enseñanza *n.* teaching
enseñar to show; to teach
ensordecer to deafen; to muffle
ente entity
entendimiento understanding
enterarse de to find out about
enternecido touched emotionally, moved
enterrado buried
enterrar to bury
entierro *n.* burial; funeral
entrada entry; influx; ticket
entrañas entrails, bowels
entrega delivery
entregar to deliver, hand over, hand in; **entregarse** to surrender
entretenimiento entertainment
entrevista *n.* interview
entrevistado interviewee
entrevistador interviewer
entrevistar to interview; **entrevistarse** to be interviewed
envase container
envenenamiento poisoning
envenenar to poison
envidiar to envy
envoltorio bundle; wrapping
envoltura wrapping
envolver (ue) to wrap; **envolverse en** to get involved in
envuelto wrapped (up)
época period, time, age, epoch
equilibrado balanced
equipo team
erguido erect, straight
erguirse (i,i) to rise up, straighten up; to swell with pride
erosión erosion
escalerilla small ladder
escalofrío chill, shiver
escamotear to snatch away, make vanish

escaparate shop window
escaramuza skirmish
escasamente scarcely
escasez shortage, lack
escaso scarce; very limited; **escaso de** short of; **escasos** few
escena scene
escenario stage, setting; situation, scenario
escénico *adj.* stage
escenografía scenery
esclavizado enslaved
esclavizador *adj.* enslaving
esclavizar to enslave
esclavo *n.* slave
escobilla small broom; brush
escoger to choose
escombros rubble, debris
escondida: a escondidas secretly
escondite hideout
escritura writing; scripture
escultura sculpture
escupidera spittoon
escupir to spit
esforzarse (ue) to make an effort
esfuerzo *n.* effort
esfumarse to disappear
eslabón link
esmalte enamel
esmerarse to do one's best; to shine
eso: por eso therefore; that's why
espada sword
espantar to frighten, scare
especialización specialization; major
especie *f.* species; type, sort
espectáculo show, spectacle
espejo mirror
esperanza hope
espeso thick, dense
espiar to keep watch on; to spy upon
espigar to glean; to collect
espina thorn
esquema *m.* outline, diagram
esquina corner
estabilizante stabilizing
estable *adj.* stable
establecer to establish
establecido established
establecimiento establishment; institution
estación season; station
estadísticas statistics
estado state; **golpe de estado** coup d'état
estado civil marital status

estampa   print, engraving; look, image
estampado   stamped, printed
estampilla   stamp
estancamiento   stagnation
estancia   stay
estanco   tobacco shop
estándar   standard
estandarte *n.*   standard, banner; stand
estatal *adj.*   state
estentóreo *adj.*   booming, strident
estimado   dear (formal letter)
estimar   to estimate; to esteem
estirar   to stretch
estorbar   to hinder, obstruct, impede
estorbo *n.*   hindrance, annoyance
estragos   havoc, destruction
estrecharle la mano   to shake
  someone's hand
estrecho *adj.*   narrow; close;
  relaciones estrechas   close relations
estrella   star
estremecer   to shake, shudder
estrenar   to show or wear for the first
  time
estriado   grooved, striated
estribillo   refrain
estrofa   stanza, verse
estudioso *n.*   scholar
estupefaciente *n.*   narcotic
estupefacto   astonished, speechless
estupendo   marvelous, wonderful
etapa   stage, phase
ética   ethics
etiqueta   label
etnia   ethnic group
evitar   to avoid
exceso   excess, surplus
exigente   demanding
exigir   to demand, require
éxito   success
exitoso   successful
expender   to sell
explicar   to explain
explotar   to exploit; to explode
expulsar   to expel
exterior *adj.*   foreign; **al exterior**
  abroad, out of the country
extirpar   to remove, eradicate
extraído   extracted
extranjero *adj.*   foreign
extraviarse   to get lost

fábrica   factory
fabricante   maker

facción   facial feature
facilitar   to facilitate, make easy
factible   possible, feasible
faena   task, job
falla   fault, defect
falta *n.*   lack; **hacer falta**   to be needed
  or necessary
faltar   to be missing or lacking
fanatismo   fanaticism
fantasear   to fantasize
fantasma *m.*   ghost
farmacéutico *adj.*   pharmaceutical;
  n.   pharmacist
farmacia   pharmacy, drugstore
farol *m.*   street light
fascinación   fascination
fascinar   to fascinate
fatalista *adj.*   fatalistic
fatigarse   to wear oneself out
favorecer   to favor
fe   faith
fechado   dated
fechar   to date, put a date on
felpa   plush, velvet
feroz   ferocious
ferrocarril *m.*   railroad
festejar   to throw a party; to celebrate
feto   fetus
fiebre *f.*   fever
fiel   faithful
figurarse   to imagine, figure
fijar   to fix, fasten; **fijar la vista en**   to
  stare at; **fijarse en**   to notice
filial *f.*   branch, subsidiary
fin *m.* end; **a fin de**   in order to; **a fines
  de: a fines de los noventa**   in the late
  nineties; **al fin**   finally; **al fin y al cabo**
  after all; **en fin**   in short; well; **por fin**
  at last
final *m.*   ending; **al final**   at/toward
  the end
finalidad   objective, aim
firma *n.*   signature; firm
firmar   to sign
firulete   decorative pattern
físico *adj.*   physical
fláccido   flaccid, soft
flaco   thin, skinny; weak
flanqueado   flanked
flaqueza   weakness
flauta   flute
florecer   to flourish
fluir   to flow
foco   spotlight; light bulb
fomentar   to promote, encourage

fondo   bottom; back; **fondos**   funds;
  al fondo   in the back
forjar   to forge, shape, make
forma   form; way, manner; **de esta
  forma**   in this way; **de todas formas**
  at any rate
formación   formation; training;
  education
formar   to form; to train; to educate
forja   forging
formulario   form, document
fornido   well-built, hefty
forrado   lined
fortalecer   to strengthen
fortaleza   strength; fortress
fortuito   fortuitous, accidental
fracaso   failure
fracción   fraction
francamente   frankly, honestly
frasco   jar
frente *m.*   front; *f.*   forehead; **frente a**
  prep.   facing, in front of
frescura   freshness; coolness
fresno   ash tree
frijol *n.*   bean
fríjol   bean
fritura   fried dish
frondoso   leafy, lush
frontera   border; frontier
fructífero   fruitful
fuente   fountain; spring; source;
  serving platter
fuere: sea como fuere   be that as it may
fuerte *adj.*   strong; *n.*   fort
fuerza   strength; force; **por fuerza**   by
  force; against one's will
fuga de cerebros   brain drain
funcionar   to work, function
funcionario   official, employee;
  government official
fundación   foundation; founding
fundirse   to merge; to melt
fusil *m.*   rifle, gun
futbolista *m./f.*   soccer player

gabinete   cabinet; laboratory
galardonar   to give a prize to
gallardo   graceful, elegant; gallant
gama   gamut, range
gamada: cruz gamada   swastika
gamín *m.*   homeless child in Bogotá
gana *n.*   desire, wish, urge; **darle la
  gana**   to feel like; **tener ganas**   to
  feel like

ganadería cattle raising
ganado cattle
ganador winner
ganancia profit; **ganancias** earnings
ganancioso profitable; **salir ganancioso** to come out ahead
ganar to earn; to win
ganadero *adj.* cattle
gangoso nasal, twanging
garabato scribbling, scrawl
garantizado guaranteed
garantizar to guarantee
garrafal *adj.* enormous
gasto expense; **gastos** spending
gaveta drawer
gavilla bundle, sheaf
gemelo twin
general: por lo general generally
generar to generate
género gender; genre (type of literature)
gerente *m./f.* manager
gesto expression; gesture
girar to spin, rotate; **girar en redondo** to spin around
giro expression
gobernante *n.* ruler, governor
gobierno government
gol goal (soccer)
golpe blow; **de golpe** suddenly; **golpazo** heavy blow; **golpe de estado** coup d'état
golpear to hit, beat
goma eraser; rubber; tree gum
gorjeo trill, gurgling
gorro cap, hat
gota drop
gotear to drip
gozar to enjoy, delight in
grabación recording
grabado *adj.* recorded; engraved
grabadora tape recorder
grabar to record
gracia grace; wit
Gran Bretaña Great Britain
grano grain; seed; **ir al grano** to get to the point
grasa fat
grave serious, grave
Grecia Greece
griego Greek
gritar to scream, shout
gritón *n.* shouter; street vendor or collector
guajolote turkey
guardar to keep; to put away

guerra war; **nombre de guerra** underground name, pseudonym
guerrear to wage war
guerrero *n.* warrior; *adj.* warlike
guerrilla guerrilla warfare
guerrillero guerrilla fighter
guión *m.* script
gurrumino *adj.* puny
gustar de to take pleasure in
gusto *n.* like, interest; taste; **darse el gusto** to give oneself the pleasure

haber there to be; **haber que** to be necessary to; **había una vez** once upon a time there was; **habérselas con** to come face to face with
habichuela bean
habitante *m./f.* inhabitant
habitar to inhabit
habla speech; **de habla (española)** (Spanish)-speaking
hablante *m.f.* speaker
hacendado landowner
hacer: hacer caso de to heed, notice; **hacer falta** to be needed; **hacerse** to become; **hacerse daño** to hurt oneself; **hacerse el disimulado** to pretend not to notice; **no hacer caso** to ignore
hacha *f.* (*but* **el hacha**) ax
hacienda country estate, farm, ranch
hada *f.* (*but* **el hada**) **madrina** fairy godmother
hallado found
hallar to find; to discover; **hallarse** to find oneself; to be
hallazgo finding, discovery
hambruna ravenous hunger
harina flour
hasta until; up to; to
hastiado *adj.* fed up
hechizo *adj.* artificial; *n.* magic spell
hecho *n.* fact, deed; **de hecho** in fact; **hecho de** made of
hectárea hectare (2.471 acres)
helado *adj.* frozen; chilly, cold
hembra female
herencia heritage; inheritance
herida *n.* wound
herido *n.* wounded
herir (ie, i) to wound
hermético hermetic, self-contained
hermetismo hermitism; secrecy
herramienta tool
herrumbrado rusty

hervir (ie, i) to boil
hierba (yerba) grass; herb
hilar to spin
hilo *n.* thread; fabric
hinchado swollen
hipermercado supermarket and department store
Hispania Roman name for the Iberian Peninsula
hispanohablante *adj.* Spanish-speaking; *n.* Spanish speaker
hispanoparlante *adj.* Spanish-speaking; *n.* Spanish speaker
histérico *adj.* hysterical
historia tale, story; history
historiador historian
hogar home; hearth
hoja leaf; sheet of paper; knife blade
hombría manliness
hombro shoulder
honra honor, reputation
horario schedule
horizonte horizon
hormigón concrete
hornilla burner; hotplate
hostigar to harass, pester
hotelería hotel management
hueco empty space; hole
huella trace; footprint
hueso bone
huesudo bony
huir to flee; to escape
humedad humidity; dampness
humilde humble
humo smoke
hundir to sink
hurgar to poke, stir; **hurgar las tripas** to tear out someone's guts
husmear to sniff out; to pry into

ibérico Iberian
idioma *m.* language
igual equal; alike; **al igual que** just like; **igual a** equal to; just like
igualdad equality
imagen *f.* image
impecable impeccable, faultless
impedir (i,i) to prevent; to impede, obstruct
impertinente impertinent, insolent
implacable relentless
implantar to implant; to introduce
imponente imposing
imponer to impose

importación import
importunar to bother, pester
impregnar to saturate; to impregnate
imprescindible essential, indispensable
impreso *adj.* printed
impresor printer
imprimir to print
imprudencia imprudence, carelessness
impuesto *n.* tax; *adj.* imposed
impulsar to impel; to drive
inadecuado inappropriate
inapelable unappealable
inasequible unattainable
incaico *adj.* Inca
incansable tireless
incapaz incapable
incendiar to set fire to
incendio *n.* fire
incipientemente little by little, gradually
incluir to include
incluso even
inconforme not in agreement, nonconformist
inconfundible unmistakable
incontable countless, innumerable
incorporar(se) to sit up; to stand up
indecible unspeakable
indeleble indelible
indemnización compensation
indicado indicated, shown
indicar to indicate, show
índice index; rate
indígena *adj. m./f.* indigenous, native; **indígena americano** *m./f.* Native American
indocumentado *n.* illegal immigrant
indumentaria clothing, apparel, dress
ineficiente inefficient
inerte passive; inactive
inesperado unexpected
infeliz *n.* wretch
inflación inflation
inflar to inflate, pump air into
influir to influence
informe report
infraestructura infrastructure
infundir to instill, inspire
ingenuismo naiveté, ingenuousness
ingreso admission; **ingresos** income
injuriar to insult; to abuse
inmediato: de inmediato immediately
inmigración immigration
innato innate, inborn

innoble ignoble
innombrable unmentionable
inodoro toilet
inquietar to worry, disturb
inquietud anxiety, worry; interest
inquilino tenant
insaciable insatiable
insaludable unhealthy
inscribirse en to enter, sign up for
inseguridad insecurity
inservible useless
insomnio sleeplessness, insomnia
insoportable intolerable
inspirador inspiring
instancia: en última instancia ultimately
instruir to instruct, teach
insufrible unbearable
insustituible irreplaceable
intentar to try, attempt
intento *n.* attempt
intercambiar to exchange
interlocutor speaker, person being spoken with
internar to admit (hospitalize); **internarse** to go deeply into
interponerse to come between
intérprete *m./f.* performer, artist
interrogante *n.* query, question
íntimo intimate
intruso intruder, outsider
inundar to flood
inútil useless
invasor *m./f.* invader
invernadero *n.* greenhouse; **efecto invernadero** greenhouse effect
inversión investment
inversionista *m./f.* investor
invertido reversed
invertir (ie, i) to invest
invitar to invite; **invitar a una copa** to pay for someone's drink
involucrado involved
ir: ir al grano to get to the point; **ir a pedir de boca** to go/turn out perfectly
ira ire, wrath
irremisiblemente unpardonably
irrespirable unbreathable
itinerario itinerary
izquierdista *m./f.* leftist

jadeante panting, gasping
jalar to pull, haul
jarabe syrup

jarra pitcher
jerarquía hierarchy
jerárquico hierarchical
jerarquizar to hierarchize
jerez *m.* sherry
jeroglífico *n.* hieroglyphic
jirón bit, shred; short street, court
jonrón home run
jornada workday
jorobado hunchback
jubilado retired
jubilar to retire
Judas: sepa Judas God only knows
judería Jewish quarter
judío *n.* Jew; *adj.* Jewish
juego: en juego in play
juez *m.* judge
jugar (ue): jugarse el pellejo to risk one's neck; **jugarse la vida** to risk one's life
juguete toy
juicio judgment; **a juicio de** in the opinion of
junta *n.* board, council; **junta militar** military junta
juntar to bring together
junto together
jurar to swear, take an oath
justicia justice
justo just, fair
juventud youth
juzgar to judge

labor *f.* labor, work
laboral *adj.* labor, work, job
lacerado torn, mangled
lacio: pelo lacio straight hair
lacra blot, blemish
ladino person who has adopted Spanish and Hispanic culture in Guatemala
lado side; **por un lado** on the one hand; **por otro lado** on the other hand; **por el otro (lado)** on the other hand
ladrillo brick
ladrón thief
lago lake
lágrima teardrop
laguna lacuna, gap
lápida tombstone
largo long; **a largo plazo** in the long run; long term; **a lo largo de** along, throughout

lástima *n.* pity
lata tin can
latifundista owner of a large estate
laurear to honor, reward
lavamanos bathroom sink
lazo bow; tie
leal loyal
lecho bed
lector reader
lectura reading
legado *n.* legacy
legitimar to legitimize
lejano distant, remote
leña firewood
lenguaje language, style of language
lengua romance romance language
lentamente slowly
lente *f.* lens
lento slow
leonado tan-colored
letanía litany
letra letter; lyrics
levantar to raise
ley *f.* law
libertad freedom
libre free (at liberty)
licenciatura bachelor's degree
líder *m./f.* leader
liderazgo leadership
lidiar to fight; to deal with
ligado linked
ligeramente lightly
limosna alms
linaje lineage, family
linterna flashlight
liquidación elimination
liviano light
llamada *n.* call
llano *adj.* flat
llave *f.* key (door)
llegada *n.* arrival
llegar a ser to become
llenarse to fill up
lleno *adj.* full; **de lleno** fully, entirely
llevar to take, carry; **llevar a** to lead
  to; **llevar a cabo** to carry out, execute
  (accomplish); **llevarse** to take away
local *n.* locale, site (business)
localización location
localizar to find; to locate
locura insanity, craziness; crazy thing
  or deed
lograr to manage to; to succeed in
logro *n.* achievement
lona canvas

lote portion, share
lotería lottery
lucha *n.* struggle, fight; **lucha armada**
  armed struggle
luchador fighter
luchar to fight, struggle
lucidez lucidity, clarity
luego afterward, soon; next **luego de**
  after
lugar place; **sin lugar a dudas**
  undoubtedly; **tener lugar en** to take
  place in
lugarteniente lieutenant
lujo luxury; **de lujo** deluxe, luxury
lustrar to polish

macanudo great, terrific
machismo *n.* machismo, masculinity
machista *adj.* full of machismo
macho *n.* male; macho
madera wood; plank
maderero *adj.* timber, lumber
madre mother; river bed
madrugada very early morning
maestría master's degree
maestro teacher
mago magician; wizard
maíz *m.* corn, maize
majadero *n.* fool; *adj.* silly, foolish
mal *n. m.* evil
malcomprendido *adj.* misunderstood
maldecir (i) to curse
maldición curse, damnation
maldito damned
malevo malevolent, spiteful
malintencionado *adj.* having bad or
  evil intentions
malsano unhealthy
maltrato ill-treatment
malversación misappropriation;
  malversación de fondos
  embezzlement
manar to flow, run
mando *n.* command, control
manejar to run, manage; to drive; to use
manejo *n.* handling, running; use
manera manner, way; **de la misma**
  manera in the same way; **de todas**
  maneras at any rate
mango *n.* handle
manguera hose
manifestación manifestation, show,
  sign; demonstration, rally
manifiesto statement, declaration

maniobra maneuvering
manipuleo manipulation; handling
manito pal, buddy
mano *f.* hand; **echar mano de** to
  make use of; **estrecharle la mano a**
  alguien to shake someone's hand;
  mano a mano hand in hand, jointly;
  mano de obra labor, work force;
  pasársele la mano to go too far, go
  over the line; **poner mano a** to lay
  hands on
manosear to handle; to fondle
mantener (ie) to maintain, keep; to
  support
mantenimiento maintenance; support
mantilla mantilla, woman's shawl worn
  draped over a large comb
maquiladora assembly plant
maquillaje makeup, cosmetics
máquina de escribir typewriter
maquinaria machinery
maravilla marvel, wonder
marco frame
mareado seasick; dizzy
margen margin
marginado marginalized, excluded
marginar to marginalize, exclude
marido husband
marino *n.* sailor, seaman
mariscal field marshal
marítimo *adj.* maritime, sea
mas but, however
más more; **es más** what's more; **más**
  allá farther, beyond
masacrado massacred
mascullar to mumble, mutter
masivamente en masse, on a large scale
mataperrear to wander the streets,
  hang out
matasellos postmark
materno maternal
matriarca matriarch
matricial *adj.* matrix
matricularse to enroll; to register
matrimonio marriage
mayor older; oldest; greater; greatest;
  plaza mayor main square
mayoría *n.* majority
mayoritario *adj.* majority
mayúscula *n.* capital letter
mazorca ear of corn
mecanografía typing
mecedora rocking chair
mediante *prep.* by means of, through, by
medible measurable

medida measure; measurement, step; **en gran medida** to a great extent; **en la medida que** insofar as

medio *adj.* middle; half; average; *n.* means; **medio ambiente** natural environment; **medio de transporte** means of transportation; **Medio Oriente** Middle East; **medios de comunicación de masa** mass media; **por medio de** by means of; **término medio** compromise, happy medium

medir (i, i) to measure

médula marrow; core

mejor: a lo mejor maybe

mejora *n.* improvement

mejorado improved

mejorar to improve

melena long mane (hair)

membrete letterhead

menear to move, shake

menor de edad minor, underage

menos less

menospreciar to despise; to underrate

menta mint

mente *f.* mind

mentir (ie, i) to lie

mentira lie

menudencia trifle, small thing

menudo: a menudo often

mercachifle small-time trader, dealer

mercadeo marketing

mercader merchant

mercado market; **mercado libre** free market

merecer to deserve

merecido deserved

mero mere

meseta plateau

mestizaje mixing of races (European and Native American)

mestizo *adj.* of mixed European and Native American origin

mesurado moderate, measured

meta goal, aim

meticulosidad meticulousness

mezcla *n.* mixture

mezclar to mix

mezquita mosque

mientras while; **mientras tanto** meanwhile

milagro miracle

millar *n.* thousand

mil millones billion

milpa corn field

minar to undermine

minería mining

ministerio ministry

minoría minority

mira *n.* aim, intention

misa mass (Catholic)

miseria misery; poverty; **villa miseria** shantytown

mísero miserable, wretched

misión mission

mitad half

mítico mythical

mito myth

mixto mixed, co-ed

mocedad youth

mocoso *n.* (snotty) brat

moda: de moda in style, fashionable, popular

modismo idiom

modista *m./f.* fashion designer

modo mode, manner, way; **del mismo modo** in the same way; **de todos modos** at any rate; **modo de vivir** way of living

mofarse de to ridicule

mohoso rusty

moldear to mold, give shape

mole *f.* mass or pile of buildings

molestar to bother

moño hair bun; bow

montaje *m.* editing; assembly

montar to assemble; to set up

Montes Cantábricos Cantabrian Mountains

montículo small heap, lump

montón pile, heap

morado purple

moraleja moral (of a story)

morder (ue) to bite

moreno olive-skinned; dark-skinned; tanned

moribundo dying

moro *adj.* Moorish; *n.* Moor; **moros y cristianos** black beans and (white) rice

mortífero deadly, lethal

mosca fly; **por si las moscas** just in case (humorous)

mostrador store counter

mostrar (ue) to show

motivo motif; reason, motive

mozo young man; waiter

muchacho boy

muchedumbre *f.* crowd, mass

mudado moved

mudanza *n.* move to another house

mudarse to move to another house

mueca grimace, gesture

muerte *f.* death

muerto *adj.* dead; *n.* dead person

muestra sample; display

mugre *f.* filth

mugriento dirty, filthy

mulato mulatto; person of mixed European and African descent

multiplicar to multiply

mundial *adj.* world

mundo world

muñeca doll

muñeco doll, figure

muralla city wall

murmurado murmured, whispered

muro wall

musculoso muscular

musitar to murmur

musulmán Moslem

nacer to be born

nacimiento birth

naranjal orange grove

narcotráfico drug traffic

narrador narrator

narrar to narrate

natal *adj.* native, home

naturaleza nature

naufragar to be shipwrecked

náufrago shipwrecked person, castaway

navegación navigation; sailing

Navidad Christmas

neblina fog

necesidad *n.* need, necessity

negación denial; refusal

negar (ie) to deny; **negarse a** to refuse to

negociante businessperson

negociar to negotiate

negocio *n.* business

negrita: en negrita in boldface

nene small child

netamente clearly, purely

nexo link, connection

ni nor; not even

ni siquiera not even

niebla fog

niñez childhood

nítido neat, clean

nivel level; **nivel de vida** standard of living

nobleza nobility, honesty
nocivo harmful
nombrar to name; to appoint
nombre de guerra underground name; pseudonym
nomenclatura nomenclature
nonagenario *adj.* ninety-year-old
norteado pointing northward
norteño *adj.* northern; *n.* northerner
nota *n.* note; grade
notable noteworthy
notar to note
notario notary; clerk
noticia news item; **noticias** news
noticiario news program
novedad novelty
noviazgo engagement
nubarrón large black cloud
nube *f.* cloud
nuevamente again
numerar to enumerate, number

ñame yam (similar to sweet potato)

obligación obligation, duty, responsibility
obligado forced, obliged
obligar to force, oblige
obra *n.* work; **obra de teatro** play (theatrical); **mano de obra** workforce, labor
obrero worker, laborer; working class
obsequiar to offer as a gift
obstante: no obstante however, nevertheless
obtención obtaining, securing
ocasionar to cause, produce
occidental western
octavo eighth
ocultar to hide
oculto *adj.* hidden
ocupar to occupy, fill
ocurrir to happen
ofensa offense
oficial *n.* officer; *adj.* official
oficinista *m./f.* office worker, clerk
oficio trade, job
ofrecer to offer
ofrenda offering
ojo eye; **no pegar ojo** not to sleep a wink
ola wave
oleada large wave

oler (ue) to smell
olfato *n.* sense of smell
olla pot, pan
olor *n.* smell, odor
oloroso perfumed, fragrant
ombligo navel
opaco opaque
operar to operate on
operación operation, surgery
opinar to give one's opinion; to think
oponerse (a) to oppose
oprimido oppressed
oquedad *n.* hollow; void
oración prayer; sentence
orden *m.* order; arrangement, disposition; *f.* command
ordenar to order, command; to put in order
organismo organization; organism
orgullo pride
orgulloso proud
oriental eastern
orificio hole, orifice
orisha god/saint of Santería
orquesta orchestra
orquestar to orchestrate
orquídea orchid
osar to dare
oscurecer to get dark
oscuro dark
ostentar to show off; to have
otra vez again
oveja sheep
overol overalls

pacificar to pacify, appease
pacífico peaceful
padecer to suffer from
pago payment
paja straw
pájaro bird
pala shovel
palanca crowbar; **tener palanca** to have connections
palangana washbasin
pálido pale
palma palm leaf
palmada *n.* clap, pat
palmera palm tree
paloma dove; pigeon
panorama *m.* panorama, outlook
pantalla screen; lampshade
pañuelo handkerchief
papel paper; part, role; **papel**

periódico newsprint
paquete package
par couple, pair; **a la par con** at the same time as, while
parada *n.* stop
parado *adj.* unemployed
paradoja paradox
parador inn, state-owned hotel
paraje place, spot
parar to stop; **pararse** to stand up
parcela plot, piece of ground
pardo dark, brown
parecer to seem; **parecerse a** to resemble
parecido similar
pared wall
pareja pair, couple; partner; **en parejas** in pairs
pariente relative
parir to give birth
paro *n.* unemployment
párrafo paragraph
parroquiano parishioner; regular customer
particular *n.* private citizen
particularidad peculiarity; special feature
partidario partisan
partido political party; game, match
partir to leave, depart; **a partir de** beginning in/on/with
pasaje *m.* ticket (for travel); passage, selection
pasajero passenger
pasamanos *m.* handrail
pasar to happen; to spend (time); **pasar de** to go beyond, exceed; **pasársele la mano** to go too far, go over the line
paseo stroll, walk
paso *n.* step; pace
pastilla tablet, pill
patear to kick
patilla sideburn
patitieso *adj.* paralyzed
pato duck
patrimonio heritage
patrón patron; standard
P.D. (post data) P.S.
pecado sin
pecho chest; **pechos** breasts
pedazo piece
pedestal pedestal, stand, base
pedir (i, i) to ask for; to order; **pedir limosna** to beg for alms; **pedir**

prestado to borrow; **ir a pedir de boca** to go/turn out perfectly
pegado glued, stuck
pegar: no pegar ojo not to sleep a wink
peinar la culebra to waste time, be lazy
peldaño step
pelear to argue, quarrel
peligroso dangerous
pellejo hide, skin; **jugarse el pellejo** to risk one's neck; **salvarse el pellejo** to save one's skin
pelo: con pelos y señales with lots of details; **tomarle el pelo a alguien** to pull somebody's leg
pena punishment; distress; **pena de muerte** death penalty
pendiente pending, unsettled; **estar pendiente de** to be attentive to, waiting on
penitenciaria: colonia penitenciaria prison camp
penoso painful, distressing
pensión boarding house, guest house; retirement pension
penumbra shadows
pequeñez smallness; trifle, small thing
percatarse de to notice, take note of
percibir to perceive
perder (ie) to lose; **perder de vista** to lose sight of
pérdida loss; **pérdida de tiempo** waste of time
perdido *adj.* lost; **perdida** *n.* loose woman, tramp
perdiz partridge
perdurar to last
perfeccionado perfected
perfumado fragrant, perfumed
periódico newspaper; **papel periódico** newsprint
perjudicar to damage, harm, impair
permanecer to remain
pernicioso pernicious, harmful
perseguido pursued; persecuted
personaje character
pertenecer to belong
pertinente *adj.* relevant
pesado heavy; boring
pesar to weigh; **a pesar de** despite, in spite of
peseta unit of currency (Spain); twenty-five cents (Puerto Rico)
peso *n.* weight
pesquero *adj.* fishing

petición petition; request
petrolero *adj.* petroleum; **petrolera** *n.* oil company
pez *m.* fish
picado minced, chopped
picantería restaurant with hot, spicy food
pico: y pico and a bit
pie: echar pie atrás to back up, step back
piedad pity, compassion
piedra de afilar whetstone
piel *f.* skin; leather; fur
pieza piece; room
piltrafa worthless or cheap object
pincel *m.* paintbrush
pintado painted
pintura painting
pionero pioneer
piringundín dive, cheap bar
pisada footstep
pisar to step on
pisco a type of strong liquor
pistola gun
plagar to plague; to fill
planeación planning
planeta *m.* planet
plano plan, drawing
plantear to set forth; to state; **plantearse** to arise
plátano plantain; banana
plaza square; **plaza de toros** bullring; **plaza mayor** main square
plazo time limit; **a largo plazo** in the long run; long-term
plebiscito plebiscite, election
plenamente fully, completely
plomo *n.* lead (metal)
plumazo stroke of the pen
población population
pobre *adj.* poor
pobreza poverty
poco a poco little by little
poder (ue) *inf.* to be able; *n.* power
poderoso powerful
poema *m.* poem
poesía poetry; poem
polémica controversy, debate
policiaco *adj.* police, detective
polifacético multifaceted
poliomielitis *f.* poliomyelitis
politeísta polytheistic
política *n.* politics

político politician; *adj.* political
polo pole
poner to put; **poner en escena** to stage; **ponerle mano a** to lay hands on someone; **ponerse** to get, become; **ponerse a** to begin to; **ponerse de acuerdo** to come to an agreement, agree
pormenor *n.* detail, particular
porque because
porquería rubbish, garbage, filth
portada magazine/book cover
portafolio briefcase
portal *m.* vestibule, hall; main entrance
portavoz *m.* spokesperson
porvenir future
poseer to possess, own
postal *f.* post card; **tarjeta postal** post card
postura attitude, position, stand
potable drinkable
potencia power, ability
pozo *n.* well; **pozo de los deseos** wishing well
precario precarious
precaver to take precautions
precedente: sin precedente unprecedented, unparalleled; **sentar un precedente** to establish a precedent
precedido preceded
predecir to predict, foretell
predilecto favorite
prefiguración foreshadowing
prejuicio prejudice
premio prize; award
prensa press, media; **rueda de prensa** press conference
preponderante preponderant, superior
presa prey
presión pressure; **presión arterial** blood pressure
presionado under pressure
preso *adj.* imprisoned; *n.* prisoner
prestado *adj.* lent, loaned; **pedir prestado** to borrow
préstamo loan
prestar to lend; **prestar atención** to pay attention
prestigio prestige
presumido pretentious
presupuestar to budget
presupuesto *n.* budget

pretender to seek to; to aim at
prevención prevention
prever to foresee, predict
previsor foresighted, prudent
previsto foreseen; **tener previsto** to anticipate
prieto blackish, dark
primacía primacy
primordial basic, fundamental, essential
princesa princess
príncipe prince
principiante *m./f.* beginner
principio principle; **al principio** in the beginning; **a principios de** at the beginning of
prisión prison, jail
prisionero prisoner
problema *m.* problem
procedencia origin
procesamiento de datos data processing
procurar to try to
pródigo *adj.* prodigal, wasteful; generous
producción en cadena mass production
producir to cause; to produce
producto bruto interno gross domestic product
profundidad depth
profundo deep, profound
programa *m.* program
progresista progressive
prójimo neighbor; one's fellow man
proletariado proletariat
prolijamente meticulously; tediously
promedio *n.* average
promover (ue) to promote, encourage
pronobre *m.* pronoun
pronto soon; **de pronto** suddenly; **por lo pronto** for the moment
propiedad property; propriety
propio own; one's own; very same; himself, herself, itself
proponer to propose
proporcionar to give, supply, provide
propósito purpose
propuesta proposal
propuesto *adj.* proposed
prospecto prospectus; instructions
prosperidad prosperity
proteccionismo protectionism
proteger to protect
provenir (ie,i) to come from

providencial providential, resulting from divine intervention
provocar to provoke; to cause
prueba proof, piece of evidence
prusiano Prussian
público *adj.* public; *n.* audience
pueblo people of a region or country; town, village
puente *m.* bridge
pues since, because
puesta en escena *n.* staging
puesto *n.* position, job; **puesto laboral** position, job; **puesto que** *conj.* since
pujante strong, vigorous
pulido polished
pulmón lung
puñado fistful
puñal *m.* dagger
puño fist; **puños** cuffs (sleeves)
punto de vista point of view
punzante piercing; biting
puro *n.* cigar; *adj.* pure; mere

quebrado broken, shattered
quedar to be left, remain; **quedarse** to stay; **quedarse con** to keep; to end up with
quemar to burn
querido dear (informal letter)
quiebre breakdown, collapse
quieto still, motionless
quietud calmness
quitar to take away, remove

rabo de buey oxtail
racionar to ration
raíz root; **echar raíz** to take root
ranchero rancher, farmer
rancio rancid, stale; long-established
rango rank
rapidez speed
rara vez *adv.* rarely
raro strange, rare
rasgo feature, trait
rastro trace, sign
rasurarse to shave
rata rat
rato *n.* while, short period of time
ratón mouse
rayo ray; thunderbolt; **rayos** lightning
raza race

razón *f.* reason; **razonable** reasonable; **razón social** trade name, firm's name; **tener razón** to be right
Real Escuela Andaluza del Arte Ecuestre Royal Spanish Riding Academy
realizado accomplished
realizar to make, to do; to realize
reanudar to renew; to resume
rebaño herd, flock
rebelde *adj.* rebellious; *n.* rebel
recado message; errand
recalentar (ie) to reheat
recámara bedroom
recargable rechargeable
recargar to recharge; to load on
receptor receiver
recesión recession
receta recipe; **receta médica** prescription
rechazar to reject
recién *adv.* newly, recently
reciente recent
recio strong, tough
recipiente *m.* container
reclamar to claim, demand
reclamo *n.* claim; complaint, protest
recluido shut away, secluded
reclusión seclusion
recobrar to recover, get back
recoger to pick up, gather
recompensa compensation, reward
reconocer to recognize
reconocido recognized
reconocimiento recognition
Reconquista Reconquest (of Spain)
recontraviejo very, very old
recordar (ue) to remember; to recall; to remind
recorrer to travel through
recorrido journey, route
recortado *adj.* cut out
recostado *adj.* reclining
recuerdo *n.* memory, recollection
recuperarse to recover, recuperate
recurrir to turn, resort to
recurso resource
red network
redacción composition; writing; **jefe de redacción** editor
redactar to write, draft
redactor editor; writer
redada police raid
reducir to reduce
reemplazar to replace

referirse (ie, i) to refer to
refinamiento refinement
reflejado reflected
reflejar to reflect
reflejo *n.* reflex; reflection
reflexionar to reflect on, think about
refrescar to refresh; to cool down
refresco *n.* soft drink
refugiado *n.* refugee
refugiarse to take refuge, shelter
refugio *n.* shelter
refutar to refute
regadera shower head
regalar to give (*as a present*)
regar (ie) to water
régimen regime; diet
regir (i, i) to rule, govern
regla rule
reglamento regulations, rules
reina *n.* queen
reinado reign
reinar to reign, rule
reino *n.* kingdom
reja grid, iron bars
relajarse to relax
relegado excluded, marginalized
relegar to relegate; to exclude
rellenar to fill in; to stuff
reluciente shining, gleaming
rematar to finish off
remediar to remedy; to put right
remedio *n.* **no tener más remedio que** to have no alternative but to
remendado mended, patched
remitente *m./f.* sender
remolino swirl, whirl
remordimiento remorse
remoto remote, distant
renacer to be reborn
renacimiento renaissance; rebirth
rendija crack, crevice
rendirse (i, i) to give up, surrender
renombrado renowned
rentable profitable
rentista *m./f.* stockholder
renuncia resignation
reparar to fix, repair
repartición distribution
repartir to distribute
reparto *n.* cast of a play/film; distribution; **reparto de casas** housing subdivision
repique ringing, chiming
replantear to raise (a question) again
repleto filled

reponer to replace, refill
reportaje news report, article
representante *n. m./f.* representative
reprochar to reproach
reproche *n.* reproach
repuesto (*p.p. of* **reponer**) replaced; *n.* refill
requerir (ie, i) to require
resaltar to stand out
rescatar to rescue
reseña review; **reseña de cine** film review; **reseña biográfica** profile
residencia residence; dormitory
residuo residue; **residuos** waste, refuse
resistente resistant
resistir to resist; to endure
resolver (ue) to solve; to settle
resonancia resonance; importance
resoplido heavy breathing; snort
respecto: al respecto about the matter
respetuoso respectful
respirar to breathe
responder to answer, respond
respuesta answer
resquebrajado cracked
resquicio crack, opening
restante remaining
restaurar to restore
resultado *n.* result; **tener como/por resultado** to result in
resultar to turn out; **resultar de** to result from
resumen summary
resumir to summarize
resurgente reemergent, resurgent
resurgimiento resurgence, reemergence
resurgir to reappear, reemerge
retirada withdrawal
retirar to withdraw; to retreat
retocar to touch up
retorcido twisted
retornable returnable
retraso delay; deficiency
retrato portrait
retumbar to resonate
reunir to assemble; to raise; **reunirse** to meet, gather
revelar to reveal
reverso back, other side
reviejo very old
revista magazine
revolotear to flutter, fly about

revolver (ue) to mix, stir
revuelo fluttering; stir, commotion
rey *m.* king; **día de Reyes** Epiphany, January 6; **los Reyes** the Three Wise Men; **Reyes Católicos** Ferdinand and Isabella
rezar to pray
riada flood, torrent
Ricitos de Oro Goldilocks
rico rich; tasty, delicious
riel rail, track
riesgo risk
rigidez rigidity
rima rhyme
rincón corner
riqueza riches, wealth
risa laugh; **desternillarse de risa** to split one's sides laughing
risotada burst of laughter
ritmo rhythm
rizado curly
robar to steal, rob
robo *n.* theft, robbery
roca rock
rocío dew
rodar to roll along, roll down; to shoot (film)
rodeado surrounded
rodear to enclose; to surround
rogar (ue) to beg, plead
rol role
romano Roman
ropero wardrobe (piece of furniture)
rostro face
rótulo sign
rotundamente flatly, roundly
rozar to rub; to scrape
rueda de prensa press conference
ruego request, entreaty
ruido noise
rumbo route, direction
runrún noise, roar, hum
rusófilo "Russophile"
ruta route

sábana bed sheet
saber to know; **no saber ni la cartilla** not to know a single thing; *n.* knowledge
sabido known
sabio *adj.* wise; *n.* wise man; **Alfonso el Sabio** Alfonso the Learned
sabor *n.* taste
saborear to taste, savor

sabroso delicious

sacar to take out, extract; **sacarle el jugo** to get the most out of it; **sacarle las castañas del fuego** to help out someone in a bad situation

sacerdote priest

saco *n.* bag, sack; coat

sacudida *n.* shake, shaking

sagradas escrituras Holy Scriptures

sagrado sacred

salado salty

salario mínimo minimum wage

salida departure; exit; projection, prominence

saltar to jump

salud health

saludable healthy

saludo greeting

salvaje wild; savage

salvar to save; **salvarse el pellejo** to save one's skin

sancocho stew

sangre *f.* blood

sangría spilling of blood; Spanish punch with red wine and fruit

sangriento bloody

sanguijuela leech, bloodsucker

sano healthy

santería religion of mixed African and Christian origin

Santo Grial Holy Grail

sapo toad

sartén *f.* frying pan; **tomar la sartén por el mango** to take action

sastre tailor

sazonar to season (food)

sea: o sea that is to say, in other words; **sea como fuere** be that as it may

secar to dry

seco *n.* dry

secta sect; cult

secuestro kidnapping; hijacking

secundaria *f.* high school

seda silk

Sefarad Sepharad, Hebrew name for Spain

sefardita Sephardic, Spanish-Jewish

seguida: en seguida at once, right away

seguidor *m.* follower

seguir (i, i) to follow

según according to; while

seguro *adj.* sure; safe, secure; *n.* insurance; **seguro de sí** sure of oneself, confident

sello stamp, seal

selva jungle, forest

sembrar (ie) to sow, plant

semejante similar

semejanza similarity, likeness

semilla seed

senador senator

señal *f.* sign; **con pelos y señales** with lots of details

señalar to point out; to indicate

senil senile

sensato sensible

sensibilidad sensitivity

sensible sensitive

sentado: darse por sentado to take something for granted

sentar(ie) to sit; **sentar las bases** to lay the foundations; **sentar un precedente** to set a precedent

sentencia ruling, decision

sentido meaning, sense; **tener sentido** to make sense

sentimiento feeling

séptimo seventh

sepultar to bury

sequía drought

ser humano human being

serpiente *f.* snake

servilleta napkin

servir (i, i) to be useful; **servir de** to serve as

seudónimo pseudonym, false name

siembra sowing, planting

sien *f.* temple (anatomy)

sigla abbreviation, initials

siglo century

significado meaning

significar to mean; to signify

significativo significant

siguiente following

silbido whistle

sinagoga synagogue

singular exceptional, unique; peculiar

siniestra: a diestra y siniestra *adv.* right and left, all around

sinónimo synonym

síntesis *f.* synthesis

Sísifo Sisyphus

sistema *m.* system

sitio place; site

situado located

situar to situate

soberbio magnificent, superb

soborno bribe; bribery

sobra *n.* leftover, surplus; **de sobra** more than enough

sobrar to remain, be left (over)

sobre envelope

sobredosis *f.* overdose

sobrepasar to exceed, surpass

sobrepoblar to overpopulate

sobresalto *n.* start, fright

sobrevivir to survive

sociedad anónima (S.A.) corporation (Inc.)

socio partner; member

sofocar to suffocate, stifle

sofreír (i, i) to sauté

sol sun; former monetary unit of Peru

solapa lapel; flap

solas: a solas alone

soleado sunny

soledad solitude, loneliness

soler (ue) to be in the habit of; to usually (do)

solicitante *m./f.* applicant

solicitar to apply for

solicitud application; **a solicitud** on request

sollozo *n.* sob

soltar (ue) to let go, release

sombra shadow

someterse to yield, give in, submit

somier spring mattress

somnolencia sleepiness, drowsiness

son tune; type of Cuban music/dance

soñador dreamer

sonrisa smile

sopera soup tureen

sopero nosy, gossipy

sopetón: de un sopetón suddenly

soplar to blow

sorbo sip

sórdido dirty; sordid

sorprender to surprise

soslayo: de soslayo sideways

soso tasteless; insipid, dull

sospecha *n.* suspicion

sospechar to suspect

sospechoso suspicious

sostén support; woman's bra

sostener (ie) to maintain; to hold up, support

sotana priest's cassock

sótano basement

suave soft, smooth

subdesarrollo underdevelopment

subempleado underemployed

subida *n.* climb, ascent; rise, increase

subir to go up; to get on; to climb

súbitamente suddenly, unexpectedly
subrayar to underline
subsuelo basement
suceder to happen, occur
suceso event
suciedad dirtiness, obscenity
sudado sweaty
sudor sweat
sueldo salary
suelo floor; ground; soil
suerte *f.* luck; sort, kind
suficiente enough, sufficient
sufijo suffix
sugerencia suggestion
sugerir (ie, i) to suggest
sumado added
sumamente extremely
sumarísimo swift, expeditious
sumergirse to sink, submerge
sumiso *adj.* submissive
sumo *adj.* great, extreme
suncho metal band
superar to overcome
superexplotación overexploitation
superficie *f.* surface
superpoblación overpopulation
supervivencia survival
suprimir to suppress; to omit
supuesto supposed
surgimiento emergence
surgir to appear; to emerge; to arise
susceptible de liable to; capable of
suspicacia suspicion, mistrust
sustantivo noun

tableteo rattle, clatter
tablilla tablet, pad of paper
taburete stool; bench
tajante sharp, cutting
tajear to cut up, slash
tal *adj.* such; *adv.* just as; **con tal de que** provided that
talar to cut down; to destroy
tal cual just as it is
talentoso talented
taller workshop
tallo stem
tamal tamale
también also, too
tambor drum
tanto: mientras tanto meanwhile; **por lo tanto** therefore; **tanto A como B** both A and B

tapa *n.* cover; dish of hors d'oeuvres
tapar to cover up
taquígrafo stenographer
tardar to delay; to take (time)
tardío *adj.* late
tarea chore; homework
tarifa tariff, tax; customs duty
tarjeta card; business card; **tarjeta postal** postcard
tartamudear to stammer, stutter
tartamudo *adj.* stuttering; *n.* stutterer
tasa rate
taurino: arte taurino art of bullfighting
techo roof
técnica technique
tehuano from Tehuantepec
tela fabric; oil painting
telaraña spider web
telenovela soap opera
telón theater curtain
tema *m.* topic, theme
tembloroso *adj.* trembling
temer to fear
temeridad recklessness, hastiness
temor fear
temperamento temperament, nature
temporada period, season
tenaz persistent, tenacious
tender (ie) to stretch; to extend; to tend to
tendido: hablar tendido to speak for a long time
tenedor de libros bookkeeper
tener (ie) to have; **tener en cuenta** to take into account; **tener ganas de** to feel like; **tener lugar en** to take place in; **tener previsto** to anticipate; **tener razón** to be right; **tener sentido** to make sense
tensar to tauten; to stretch
tercio third
terminante conclusive, definite
terminar to end, finish
término term; end, conclusion; **en último término** as a last result; **término medio** compromise; happy medium
ternura tenderness
terraplén agricultural terrace
terrateniente landowner
terraza outdoor terrace
terremoto earthquake

terreno terrain; piece of land
tertulia social gathering for conversation
tesis *f.* thesis
tesorero treasurer
tierra earth
tieso stiff, rigid
tila linden-blossom tea
tildar de to label, characterize as
típico *adj.* typical; characteristic
tipo type; typeface
tira *n.* sniper; **tira cómica** comic strip
tiracosas *n.* "thing throwing"
tiránico tyrannical
tirar to throw; **tirar a la basura** to throw out
tiro *n.* shot (of a gun)
tirón pull, tug, sudden jerk
titular *n.* headline
título title; academic degree
tiza chalk
toalla towel
tocar to touch; to play; **tocarle el turno** to be someone's turn; **tocar a su fin** to come to an end
tocino bacon
todavía still, yet; **todavía no** not yet
todo: con todo still, even so; **del todo** entirely, wholly
tomar: tomar la sartén por el mango to take action, take the bull by the horns; **tomarle el pelo** to pull someone's leg
tonelada ton
tonto foolish, stupid
tópico cliché; topic
torcer (ue) to twist; **no dar el brazo a torcer** to stand firm
torcido twisted
tormenta storm
tormentoso stormy
torno: en torno a about; around
toro bull
torre *f.* tower
torturar to torture
trabajador *adj.* hardworking; *n.* worker
traducir to translate
traductor translator
trajeado dressed, clothed
trajinado worn out
trama plot
trance moment, juncture; difficult moment or situation

tranquilidad peace, tranquillity
transcribir to transcribe
tránsito traffic
trapo rag
tras behind, after
trasladar to transfer, move
traslado *n.* move; transfer
traste piece of junk; **trastes** pots and pans
trastorno disturbance, trouble
trasvasijar to pour into another container
trasvasije transfer
tratado treaty; **Tratado de Libre Comercio** North American Free Trade Agreement (NAFTA)
tratar to treat; **tratar de** to be about; to try to; to call
trato *n.* treatment
través: a través de through; across; over
travesía voyage
travesura childish prank
trazar to draw, trace
tregua truce
trepador *adj.* (social) climbing
trepar to climb
tribu *f.* tribe
tripas guts; **hurgar las tripas** to tear out someone's guts
triunfar to triumph; to "succeed"
triunfo *n.* victory, "success"
trofeo trophy
tropezar (ie) to stumble, trip; **tropezar con** to bump into
trueno thunder
tufo bad odor, stink
turrón nougat (candy)
tutela protection, guidance

ubicación placement, location
ubicado located
ubicar to locate, place
últimamente lately
último *adj.* last; **por último** *adv.* lastly
único only; unique
unificador unifying
unificar to unite, unify
urbe *f.* large city
urdido put together, contrived
útero uterus
útil useful

utilidad usefulness; benefit; **utilidades** profits, earnings

vaciar to empty out
vacío *adj.* empty; *n.* void
vagamente lazily; vaguely
vago lazy; vague; *n.* lazy person
vagón train car
vaina thing, small thing
vaivén coming and going
valer to be worth; **más vale** it is better to; **valerse de** to make use of
valiente brave, courageous
valla fence
valle valley
valor value; courage; **valor nominal** face value
valoración valuation, appraisal
valorar to value
vanguardia vanguard; avant-garde
vaquero cowboy; **vaqueros** jeans
varilla rod, rail
varios several, various
varón male, man
vasco Basque
vasija pot; container
vatio watt
¡Vaya...! What a . . .!
vecino *n.* neighbor; *adj.* neighboring
vela candle
veloz quick, fast
vena vein
venal corrupt, venal
vencer to defeat; to beat
vencido: darse por vencido to give up
vendedor salesperson
venenoso poisonous
venidero *adj.* coming
venta sale; selling
ventaja advantage
ventajoso advantageous
ventanal large window
ventilador electric fan
ver to see; **verse** to be, to find oneself
vera side, edge
veracidad truthfulness
verba eloquence
verdad: de verdad real
verdadero true
verdugo executioner; hangman
vergüenza shame
verificar to verify
verso line of poetry

verter (ie) to pour or dump out
vez *f.* time, occasion; **a la vez que** while; **a veces** sometimes, at times; **de vez en cuando** every so often, from time to time; **en vez de** instead of; **érase una vez** once upon a time there was; **otra vez** again; **por primera vez** for the first time; **rara vez** rarely
vía way, route; train tracks; **en vías de** in the process of; **en vías de desarollo** developing
viable feasible, viable
vibrar to vibrate
vicio vice; bad habit
víctima victim
vida life
vidrio glass
viento: a los cuatro vientos to the four winds, in every direction
vientre *m.* stomach, belly
vigente valid; prevailing
vigilar to watch, watch over
vigor: entrar en vigor to take effect, come into force
villa village; villa
vincular to link; to tie
vínculo link
violinista *m./f.* violin player
virginidad virginity
visigodo *n.* Visigoth; *adj.* Visigothic
vista view; **con vistas a** with a view to; **fijar la vista** to stare at; **perder de vista** to lose sight of; **punto de vista** point of view
vistazo glance; **echar un vistazo** to take a look at
viuda widow
viudo widower
vivacidad vivacity, liveliness
vivienda housing
vivo alive; smart
vocablo word
vocativo vocative, case of direct address
vociferar to shout out, vociferate
voluminoso massive; voluminous
voluntad will; **buena voluntad** goodwill
volverse (ue) to turn, become
vos *sing.* you
voto vote; vow
voz *f.* voice
vozarrón *m.* booming voice

vuelo   flight

vuelta   return; walk, stroll; **a la vuelta de**   just around; **darle vueltas a algo** to think a matter over; **darse vuelta**   to turn around; **dar vueltas**   to turn, spin, go around

ya   already; right now; **ya no**   not anymore; **ya que**   since

yacer   to lie; to rest

yautía   a starchy, edible root

yerba (hierba)   grass; herb

yerno   son-in-law

yuca   yucca

yuxtaposición   juxtaposition

zacate   hay, fodder; grass

zaguán   front hall

zapatero   shoemaker

zoco   Arab market

zumbido *n.*   buzz, hum

zumo   juice

zurdo   left-handed; clumsy

Permissions and Credits

Text Permissions Continued

(continued from p. iv)
Chapter 2: pages 27-28, Printed with permission from *Más/Univisión*, New York, NY; 37, Cuento "El abecedario", de Luisa Valenzuela, col. Los heréticos (1967); **Chapter 3:** pages 46-47, Reprinted with permission from Abercrombie & Kent International, Inc.; 55-56, 57-58, © Bernardo Atexaga, 1989. By arrangement with Ediciones B.S.A., Barcelona, Spain; **Chapter 4:** pages 65-67, Reprinted from *Qué Pasa*, Santiago, Chile, August 28, 1993, pp. 44-45; 76-77, Reprinted with permission from Siglo Vientiuno Editores, México, D.F.; **Chapter 5:** pages 83-84; "La reina rumba habla de la salsa" by Norma Niurka. Printed with permission. Originally printed in *El Nuevo Herald*, Miami, June 5, 1987; 93, "Ausencia," Printed with permission from FAF Publishing, New York, NY; 93-94, Act. 16, *Music and Song*, by Tim Murphey, Oxford University Press, 1992. Printed by permission of Oxford University Press; 95, Permission granted by Agencia Literaria Latinoamericana; **Chapter 6:** pages 101-102, "La historia oficial por canal 23" by Beatriz Parga. Printed with permission. Originally printed in *El nuevo Herald*, Miami; 104, "Política a ritmo de tango", by César Santos Fontenla. Originally printed in *Cambio 16*, No. 743, Feb. 24, 1986, p. 119; 112-115, Reprinted with permission from *Colección de 1990* (Editorial Alfaguara, pp. 149–152.); **Chapter 7:** pages 121-122, Reprinted with permission from *Tiempo Hispanoamericano* (México); 133, "Paseo de la Reforma", *Los trabajos del mar*, 1983, p. 77; 134, "Las ruinas de México, Parte II, Sección 5", *Miro la tierra* (Mexico City, Ediciones Era), p. 18; 135, Printed with permission from *Reuters* Wire Services, November 9, 1993; **Chapter 8:** pages 139-140, *Revista Visión—La revista latinoamericana* Editada en Buenos Aires, Bogotá, y México; 151-156, © Julio Ramón Ribeyro; **Chapter 9:** pages 162-164, Reprinted from *Américas*, a bimonthly magazine published by the General Secretariat of the Organization of American States in English and Spanish; 175-178, "Garabatos" from *Spiks* by Pedro Juan Soto. (Rio Piedras, Puerto Rico, 1980); **Chapter 10:** page182, Poem originally printed in *Piso 13* (San Juan) Año 2, Vol 7, April 1994; 197-202, Ediciones Torremozas. Apartado 19.032. 8080 Madrid, España. Colección "Ellas también cuentan"; **Chapter 11:** pages 207, "Manifiesto *Cambio 16* en favor de la legalización de las drogas" by Gabriel García Márquez. Originally printed in *Cambio 16*, No., 1,154, January 3, 1994, p. 6; 209, "Legalización de las drogas" by Juan Tomas de Salas. Originally printed in *Cambio 16*, No. 1,154, January 3, 1994, p. 5; **Chapter 12:** pages 226-227, Cortesía de *La Opinión*; 236-239, "Naranjas" by Angela McEwan-Alvarado is reprinted with permission from the publisher of A Decade of Hispanic Literature: An Anniversary Anthology (Houston: Arte Publico Press-University of Houston, 1982).

Text Sources

Instructor's Guide: page IAE xiv, Partially based on a sample in Brodsky, David and Eileen Meagher. "Journals and Political Science," Fulwiler, Toby. *The Journal Book*. Portsmouth, N.H.: Boynton/Cook Publishers, 1987. **Chapter 3:** page 60, Partially inspired by Act. 19, "Fairytale Update", in Hadfield, Charles and Jill Hadfield. *Writing Games*. Walton-on-Thames, Surrey: Thomas Nelson and Sons, 1990. **Chapter 7:** page 118, "Tierra llamando a Río: S.O.S.", by Rafael Tamayo. *Cambio 16*, No. 1,071, June 10, 1992, pp. 58-59; **Chapter 9:** pages 166-172, Partially based on information contained on pages 38-40 of Day, Holliday T., and Hollister Sturges. *Art of the Fantastic: Latin America, 1920-1987*. Indianapolis: Indianapolis Museum of Art, 1987; **Chapter 10:** pages 189-193, Groff, Susan Hill, and Mary Hill Rojas. *Contemporary Issues for Women in Latin America*. St. Louis Park, Minnesota: Upper Midwest Women's History Center, 1991.

Illustrations

Anna Veltfort

Photo Credits

Preliminary Chapter: page 1, © Victor Englebert/Photo Researchers; 5, © Robert Frerck/ Odyssey/Chicago; 9 top left, © David Simson; 9 top right, © Beryl Goldberg; 9 bottom left, © Beryl Goldberg; 9 bottom middle left, © Victor Englebert; 9 bottom middle right, © David Simson; 9 bottom right, © Beryl Goldberg; **Chapter 1:** page 13 left, UPI/Bettmann; 13 right, Sygma; 13 middle, © Chantal Regnault/Gamma-Liaison; 14 left, © Benali/Gamma-Liaison; 14 bottom right, © Gamma-Liaison; 14 top right, © Steve Allen/Gamma-Liaison; 21, © Bob Daemmrich/Stock Boston; **Chapter 2:** page 33 top left, © David R. Frazier Photolibrary; 33 bottom right, © Paulo Fridman/Sygma; 34, © Robert Perron/DDB Stock Photo; **Chapter 3:** page 43, Courtesy of the Spanish government tourism office, NY; 47 right, Marketing Ahead; 47 left, © Robert Frerck/Odyssey/Chicago; 47 bottom, © Nik Wheeler; 47 right, © Nik Wheeler; 47 left, © Jean Becker/Sygma; **Chapter 4:** page 62, © Will & Deni McIntyre/Photo Researchers; 72, © Chip & Rosa Maria Peterson; 73 left, © David Simson; 73 right, © Robert Frerck/Odyssey/Chicago; 76, © Gary Payne/Liaison International; 77, © Robert Frerck/Tony Stone Images; **Chapter 5:** page 83, courtesy of RMM records; 89, *Sarabanda-Rompe Monte* by Felipe Garcia Villamil. Photo: © 1993 C. Daniel Dawson; **Chapter 6:** page 98, © Robert Frerck/Tony Stone Images; 101, Everett Collection; 108, © Larry Downing/Sygma 1774; **Chapter 7:** page 118, L.7.1 (opener) - © Ferry/JB Pictures; 128 top left, © Victor Englebert; 128 bottom right, © Randall Hyman/Stock Boston; 129, © Juca Martins/F4/DDB Stock Photo; 133, © Peter Menzel/Stock Boston; **Chapter 8:** page 139, © Bob Daemmrich; 147 top, © Chip & Rosa Maria Peterson; 148, © Robert Frerck/Odyssey/Chicago; 147 bottom, © Bob Daemmrich; **Chapter 9:** page 159, Courtesy of Christie's; 162, Harry Ransom Humanities Research Center, The University of Texas at Austin. Reproduccion autorizada por el Instituto Nacional de Bellas Artes y Literatura.; 163, © Bob Schalkwijk/Art Resource, NY; 166, Collection of the artist; 167, Courtesy of the Donald Morris Gallery, Inc.; 168 top, © Schalkwijk/Art Resource, NY; 169, Collection of the artist; 170, Collection of the artist; 171, Cecilia de Torres, Ltd., New York; **Chapter 10:** page 189, © David R. Frazier Photolibrary; 191, Reuters/Bettmann; 192, © Zane Williams; **Chapter 11:** page 205, © Les Stone/Sygma; 211, © Carlos Angel/Liaison International; 212, © David R. Frazier Photolibrary; **Chapter 12:** page 224 top left, © Chronis Jons/Tony Stone Images; 224 top right, © Robert Frerck/Odyssey/ Chicago; 224 bottom right, © Comstock; 224 bottom left, © Bob Daemmrich/Stock Boston BAD1103F; 227, © Paul Conklin; 231, © Tony Arruza; 233, © Gerald Marella/DDB Stock Photo.

Realia

Preliminary Chapter: page 3, Reprinted with permission of La Universidad de las Americas, Puebla; **Chapter 2:** pages 36, 39, 40, Reproduced by permission from *The American Heritage Spanish Dictionary.* Copyright © 1986 by Houghton Mifflin Company;

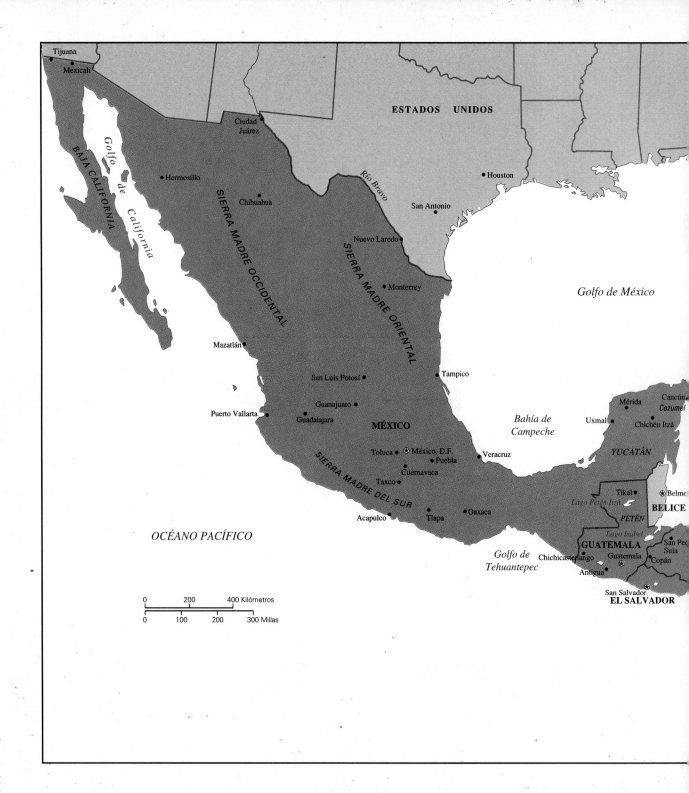

MÉXICO, AMÉRICA CENTRAL Y LAS ANTILLAS